salis

Alfonso Hophan

DIE CHRONIK DES BALTHASAR HAUSER

salis

ALFONSO HOPHAN
DIE CHRONIK DES BALTHASAR HAUSER

VERLAG	SALIS VERLAG AG, ZÜRICH
	www.salisverlag.com
	info@salisverlag.com
	www.facebook.com/salisverlag
	www.twitter.com/salisverlag
LEKTORAT	PATRICK SCHÄR, BASEL
KORREKTORAT	INA SERIF, BASEL
GESTALTUNG UMSCHLAG	MICHEL GILGEN, ZÜRICH
UMSCHLAGBILD	JOHANNES STUMPF, SCHWEIZER CHRONIK 1548
SATZ	BARBARA HERRMANN, FREIBURG
GESAMTHERSTELLUNG	CPI BOOKS GMBH, LECK

1. AUFLAGE 2014

© 2014, SALIS VERLAG AG, ZÜRICH

ALLE RECHTE VORBEHALTEN

ISBN 978-3-906195-11-7

PRINTED IN GERMANY

Dem Lande Glarus gewidmet.

Chronica der stürmisch zyt reformationis im land Glarus

an tag bracht durch

Balthasarn Arzethauser
anno Domini M·D·L·XXX·VI

*D*er mensch ist nichts wan staub und wie schon in der Heilgen Schrifft geschriben stat, kehrt der mensch am ende seins lebens zum staub zurück! Ich, wolmeinender lieber leser, bin alt und gebrechlich, und drum möcht ich, in den letzten tagen meines greisen lebensabends, in denen ich zuwylen das liecht der ewigkeyt erblick, für mein seelenheil die wahrheyt über die gefüegnisse in meiner jugend brichten, uff das die wahrheyt mich fry mach!

Vor ungezellten jahren han ich mir selbst geschworn, dass ich uffschryben würd, was wirklich ward, dozemal in der zyt, sintdemal als der mehrtheil der bilder in kilchen unsres landts Glarus schandtlich und gewaltiglich zerhuwen und zerstört wart. Eine sünd, wie sie in der gesampten eydtgnoschaft geschach, und jämmerlicherwis eine, an der ich theil hatt. Item schwur ich dis zu schryben, wilent die gschicht, so man in der chronica *des seligen Valentin Tschudi list, nicht unverschertet ist. Wisse, holder leser, dass vieltheils stuck gestrichen wurdend, uss zuneigung und gütekeit zu mir. Nu aber, da myn leben wol verlauffen, da ich allerley erlebt und darby dank Valentin Tschudis fründtlichkeit nicht ra-*

che fürchten musste, will ich bey seinem eifer zur wahrheyt die ganze historie bescheiden. So, wie sie warlich geschach und nit anders, so, wie GOTT will, dass dasselb wol grath, so wie er will, dass die wahrheyt ewigklichen bestand haben soll. Uff das die wahrheyt den staub meines greisen körpers überdauern mög. Amen.

Laus Deo.

Erster Teil

Dass die Geschichte die Mitwisserin der Zeiten, eine Künderin alter Erfahrung ist, kann nicht bestritten werden [...]. Es ist etwas Köstliches, im Wissen um die Fehlleistungen anderer unser Leben besser aufzubauen und auf Grund von Vorbildern anderer erkennen zu können, was man erstreben oder meiden soll.

Philip Beroald, 1505 in Paris
Von Ulrich Zwingli hervorgehobene Stelle

Erstes Kapitel

Da sprach der HERR *zu Mose und Aaron: Füllt eure Hände mit Ruß aus dem Ofen, und Mose werfe ihn vor dem Pharao gen Himmel, dass er über ganz Ägyptenland staube und böse Blattern aufbrechen an den Menschen und am Vieh in ganz Ägyptenland.*

Exodus 9,9–10

Worin die Umstände der Zeit erklärt werden und
ich geliebte Menschen verliere.

Die Geschichte, die ich erzählen will, meine Geschichte, beginnt im Jahre des Herrn 1526.
In besagtem Jahre sahen die Eidgenossenschaft und der Weltkreis um sie herum so anders denn heute aus, dass es meinem müden und grauen Gedächtnis erscheint, als seien seither mehrere Zeitalter vergangen ... Kann es wirklich sein, dass es nur sechs Jahrzehnte her ist? Ich bin alt und das Gefühl für die Zeit irrt und verliert sich, täuscht mich, wo ich nun meinen Erinnerungen und den Begebenheiten jener Tage Bedeutung beizumessen versuche. So wiegt die Last von sechzig Wintern schwer auf meinem Körper, doch gleichermaßen spurlos wie ihr Schnee vergingen sie, so will mir jetzt erscheinen, im Vergleich zu jenen Monaten meines jungen Lebens. Wieder nähere ich mich ihnen. Jenen wenigen Monaten, da die Grundfesten unseres Glaubens und unserer bekannten

Welt erschüttert, entzweit, zerstört und neu erbaut wurden. Ich bete zu Gott, dem Allmächtigen, dass Er in seiner Gnade meine Feder führen möge, um den Wandel einzufangen, der in der Luft und in allem lag, der Wandel, der sich vor unseren staunenden Augen vollzog, der Wandel, der ganze Länder zerteilte, Täler, braver Leute Heim und Haus entzweite, Brüder und Freunde gegeneinander aufhetzte und eine jahrhundertealte Ordnung auf ewig vernichtete.
Gewiss ist es ratsam, wenn ich die genauen Umstände dieser Zeit und dieses Jahres schildere, um dem Leser meiner bescheidenen chronica *Einsicht in die vielfältigen und komplizierten Wirren zu gewähren, die man heute Reformation zu nennen pflegt.*

Anno Domini nostri Iesu Christi 1526 war das Jahr einer alten Weltordnung, die an der Schwelle zur Neuerung stand. Diese Neuerung freilich hatte – wie wohl jeder große Umbruch in der Geschichte – mit vielen Feinden zu kämpfen. Zuerst mit Worten, aber dann auch, anno 1529, mit Lanzen und Schwertern, in den beiden Kappeler Kriegen. Doch diese Geschichte soll in anderen Schriften erzählt werden.
In der Eidgenossenschaft des Jahres 1526 sah es aus, als sei dieses neue Gedankengut nichts weiter als ein übles Krebsgeschwür. In die Herzen guter Christen durch Eiferer wie den Sachsen Martin Luther und natürlich Ulrich Zwingli eingepflanzt, zersetzte es nach und nach den frommen Glauben des Volkes. Natürlich galt es, hart gegen jenes Geschwür vorzugehen. Jede Predigt Zwinglis war der altgläubigen Obrigkeit ein Dorn im Auge. Sein neugläubiges Zürich, Hochburg seiner neuen Lehre, war der Stachel im Fleisch der Eidgenossenschaft. Doch in den Augen der edlen Herr-

schaften in den Räten muss Zwingli nichts weiter als ein Pfaff mit verrückten Ideen gewesen sein. Ein verblendeter Narr, der kraft seiner aufwieglerischen Worte beim niederen Volke Anklang fand. Wie sollte einer wie er mit den uralten Traditionen und Bräuchen der römischen Kirche brechen können? Wenn ich nun so zurückdenke, bezweifle ich, dass die Altgläubigen der Eidgenossenschaft, ja die Altgläubigen der ganzen Christenheit – der damalige Papst Clemens VII. miteingeschlossen – die Tragweite dieser Bewegung erkannten. Factum ist, dass sie zu spät handelten. Denn als sie dies taten, hatte sich die Christenheit bereits für immer entzweit und deren großer Teil war für sie auf ewig verloren.

1526 fand denn also zu Baden die große und vielerwähnte Badener Disputation statt, die erste außerhalb des zwinglianischen Zürichs. Vier der insgesamt dreizehn Stände der Eidgenossenschaft entschieden sich dort für die neue Lehre. Trotz dieses eigentlichen Sieges für die altgläubigen inneren Orte markierte die Tagsatzung im Mai selbigen Jahres den Umbruch. Einen ersten Schritt zur Wende. Und es war dieser Beschluss zu Baden, der das Ende der einheitlichen Alten Eidgenossenschaft bedeutete, wie unsere Väter und Vorväter sie einst kannten. Der Spaltpilz Zwinglis dehnte sich aus. Nach allen Seiten griff er und eroberte Gebiete ohne den Stahl der Schwerter, sondern einzig mit dem Wort. Dem Wort des Herrn.
Indessen schlossen der habsburgische Kaiser Karl V. und der französische König Franz I. Anfang des Jahres 1526 den Frieden von Madrid, womit der Kaiser versuchte, den blutigen Italienischen Kriegen unserer Zeit ein Ende zu bereiten. Seit dem ersten franzö-

sischen Feldzug 1494 dauerte das Schlachten in mehreren Phasen nun schon an, ohne dass ein Ende ersichtlich wurde. Nach seiner Kaiserkrönung 1521 sah sich auch der Kaiser miteinbezogen, doch sein Einwirken änderte nichts am bekannten Verlauf des Krieges; Städte wurden belagert, erobert, erneut belagert und zurückerobert. All dies zum Preis sich auftürmender Leichenberge gefallener Soldaten. Und wer hat denn nicht die Geschichten von den Abertausenden toten Eidgenossen gehört, die für Mailand in den Feldern der Riesenschlacht zu Marignano fielen?

Nun war jedoch der König von Frankreich in der Schlacht bei Pavia, wo mein geliebter Vater zusammen mit vielen weiteren tapferen Eidgenossen starb – der Herrgott möge ihrer aller Seelen gnädig sein –, gefangen genommen worden. Franz I. unterzeichnete den Waffenstillstand mit Karl V., nur um ihn kurze Zeit danach wieder zu brechen. Der Kampf in Oberitalien um die Vorherrschaft der Christenheit entbrannte von Neuem, und es zogen auch in späteren Jahren noch viele Reisläufer der altgläubigen Stände gen Mailand, um zu kämpfen, und nur wenige kamen je zurück.

Nebst dem großen Sterben in den Kriegen Italiens muss ebenfalls erwähnt sein, dass zu der Zeit etwa, als sich der französische König in Gefangenschaft befand und zu Pavia die Blutpfützen des Vorjahres weggespült wurden, mit dem neuen Gedankengut aus Zürich noch etwas anderes in unser geliebtes Land Glarus vordrang. Und wie das Geflüster der neuen Lehre kam es langsam, schleichend, unaufhaltsam, jedoch tausendmal schrecklicher: der Schwarze Tod. Glücklicherweise traf es in den ersten Monaten die-

ses Jahres nur wenige Dörfer aus dem Unterland, namentlich Bilten, Nieder- und Oberurnen sowie Näfels. Ich spreche von Glück angesichts des Schreckens, der nur kurze Zeit später folgte.

Ich war damals ein junger Bursche mit Namen Balthasar Arzethauser, genannt Balzli, und lebte mit meiner Mutter Annemarie und meinem Bruder Fritzli auf einem kleinen Hof zu Bilten nahe der Maag, die als starker Fluss vorbeifloss, um sich ein paar Meilen weiter im moorigen Sumpfgebiet des ehemaligen Tuggenersees zu verlieren und schlussendlich in den Zürichsee zu münden. Mein Nachname rührt von der kleinen Streusiedlung Arzathus im Südosten von Bilten, nahe der St.-Katharina-Kapelle, deren Bewohner Arzethuser oder -hauser genannt wurden und von deren Geschlecht mein Vater abstammte; der Bequemlichkeit halber wurden wir aber meistens nur Huser oder Hauser genannt, ein Name, wie er sich meines Wissens unterdessen in Bilten und im ganzen Lande eingebürgert hat.

Viele Erinnerungen an diesen ersten Lebensabschnitt sind verblasst im Schatten der Ereignisse, welche ich hier niederzuschreiben versuche. Es scheint mir jetzt, als seien mir nur die schlimmen Augenblicke meiner Kindheit zu Bilten in Erinnerung, obschon es auch gute und schöne Zeiten gegeben haben muss. Ja, ganz bestimmt sogar, denn ich liebte unseren Hof.

Soviel ich weiß und auch später erfuhr, hatten wir das Land und die Kühe gepachtet und verdienten daraus gerade genug zum Leben, während mein Vater Fritz Arzethauser im Regiment des Hauptmanns Jörg Engelhard Solddienst in Italien leistete. Ich schaute oftmals nach den Kühen und kümmerte mich fürsorglich um die neugeborenen oder kränklichen Kälbli, während meine

Mutter im Haus käste oder sich um den kleinen Fritzli sorgte, der noch ein winziges Kleinkind war. Unser Stück Land war sehr feucht und sumpfig, und wenn bei starkem Regen die Maag wieder einmal über ihre Ufer trat, war das Elend groß. Überhaupt war es kein einfaches Leben. Doch damals kannte ich nichts anderes und niemals hörte ich meine Mutter klagen, also sagte auch ich nie etwas, sondern half, wo ich nur konnte.

Anfang des Jahres 1526 also, als der Schwarze Tod seinen Schatten auf unser Tal warf und in Bilten die ersten Menschen mit Beulen an ihren Körpern zugrunde gingen und sich überall die Angst ausbreitete und an allem und jedem klebte und zu riechen war wie kalter Schweiß, kam der Jakob Blum, ein befreundeter Bauer aus dem Dorfe, zu uns nach Hause.

Ich sah ihn schon von Weitem, weil ich gerade aus dem Stall in den gefrorenen Schnee trat. Ich hatte soeben einer Kuh eine heilsame Salbe auf den entzündeten Euter gestrichen. Jakob Blums Gesicht war seltsam ausdruckslos. Stumm trottete er durch den Schnee. Als er mich bemerkte, fragte er nur, wo meine Mutter sei, und meinte dann, als ich ihm sagte, sie mache gerade frischen Anken mit der Milch von heute Morgen, ich solle mit ihm mitkommen. Seine Stimme klang ungewohnt hohl und er vermied es, mir in die Augen zu schauen. Als wir in die Hütte kamen, erklärte er meiner Mutter mit derselben tonlosen Stimme, er komme gerade von Glarus her. Es sei viel losgewesen, in ganz Glarus, denn es war ein Bote aus dem Italienischen vor den Rat getreten. Meine Mutter blickte ihn mit einer Mischung aus Angst und Hoffnung an.

»Ich …«, begann Jakob Blum mit schwerer Stimme, doch brach dann wieder ab. »Annemarie, es tut mir leid. Der Herold des Rates hat verkündet, dass die Glarner Regimenter der Hauptleute Fridli Landolt und Jörg Engelhard … allesamt … in Pavia gegen die kaiserlichen und päpstlichen Legionen tapfer kämpften … und dann jedoch unterlagen.«

»Und Fritz?«, fragte meine Mutter. Sie musste die Antwort ahnen. Ihre Augen waren feucht und ihre Lippen zitterten, als sie sich mit dieser Frage an die letzte Hoffnung klammerte.

»Ja, Annemarie, der Herold hat die Namen heruntergelesen. Fritz Arzethauser war auch dabei. Möge Gott sich seiner Seele erbarmen, Annemarie, er war ein guter Mann!«

Die Milch kippte um, als meine Mutter zusammenbrach, zu Boden fiel und liegen blieb. Tränen liefen ihr übers Gesicht und ein stummes Schluchzen schüttelte ihren ganzen Körper. Heiser schnappte sie nach Luft, ballte kraftlos ihre Hände zu Fäusten, wehrte sich verzweifelt, um das soeben Gehörte nicht annehmen zu müssen, doch half alles nichts. Mehrmals verzog sie den Mund, als wollte sie schreien, doch man hörte nur ein leises Wimmern. Schluchzend, stumm zuckend und weinend lag sie in der großen, weißen Pfütze, die sich auf dem Fußboden ausbreitete. Ich stand neben ihr und konnte nichts sagen. Ich war zu erschüttert, meine Mutter so elendiglich weinen zu sehen, wie sie es sonst nie getan hatte, auch nicht, als uns einmal eine Kuh in die Maag gefallen und ertrunken war.

An diesem gramvollen Tag kamen viele aus dem ganzen Dorfe zu uns in die Hütte und gaben meiner Mutter die Hand, sagten, es tue ihnen leid, und bekräftigten, was für ein wackerer Mann und tapferer Krieger mein Vater doch gewesen sei. Tröstend ver-

sicherten sie, dass er nun beim Herrgott in der Ewigkeit auf uns herabschaue und über uns wache mit allen Engeln und Heiligen. Als ich schließlich, nachdem alle wieder ins Dorf zurückgegangen waren, meine Mutter fragte, ob denn jetzt der Vater nicht mehr zurückkehre, schaute sie mich lange mit ihren matten, ausgeheulten Augen an. Tiefe Schatten hatten sich über ihr sonst so fröhliches Gesicht gelegt. Dann schüttelte sie den Kopf.
»Nein, Balzli, der Vater kommt nicht mehr zurück. Er ist jetzt im Himmel.«
Und erst da verstand ich und ich weinte die ganze Nacht, während der kleine Fritzli unwissend schlief und meine Mutter stumm neben mir wach lag und meinem Wehklagen lauschte.

Seit diesem Tag war meine Mutter nicht mehr die Gleiche. Ihr ging es zusehends schlechter, sie wurde bleich und kränklich. Sie verlor den Hunger, aß weniger und wurde so hager, dass ihre Wangen ausmergelten und knochig hervorstanden. Oft klagte sie über Kopfschmerzen, und ich nahm an, dass sie traurig über den Tod meines Vaters sei und dass sich ebendiese Trauer jetzt auf ihren Körper und ihre Gesundheit auswirke. Umso mehr arbeitete ich auf dem Hof, molk die Kühe und schickte sie, da der Schnee früh zu schmelzen begann, auf die Wiese hinter dem Stall, wobei ich immer schön darauf achtete, dass keine zu nahe an die Maag kam und womöglich hineinfiel. Ich befürchtete nämlich, dass meine liebe Mutter einen solchen zusätzlichen Schlag nicht verkraften könnte. Fleißig arbeitete ich, im Glauben, dass, wenn ich härter mit anpackte, meine Mutter umso schneller genesen würde. Das Anknen gelang mir nicht so gut, obwohl ich viele Male dabei zugeschaut hatte. Der fertige Anken war nie so fest wie der meiner

Mutter. Und für das Käsen hatte ich schlichtweg nicht genügend Kraft in den Armen. Meine Mutter versuchte es zwar anfangs noch, aber innert einer Woche war sie sogar dafür zu schwach. Ich machte mir große Sorgen, da ich ihr nicht zu helfen wusste. Keine meiner Mühen hatte ihr geholfen, im Gegenteil. Als ich ihr eines Tages die Salbe auf ihren schwitzenden Körper streichen wollte, mit der man die entzündeten Kuheuter der kränklichen Tiere behandelt, winkte sie ab und sagte mit fiebriger Stimme, ich solle mit dem Blödsinn aufhören und ins Dorf Gerste kaufen gehen und eine Suppe kochen, ihr dünke, dem Fritzli sei auch nicht gerade wohl.

Im Dorfe waren wenige Leute zugegen, es schien fast ausgestorben, und die wenigen, die ich sah, liefen mit einem Tuch vor der Nase herum. Auch am Markt standen nur noch wenige Verkäufer. Als ich dann bei einem Händler am Hauptplatz die Gerste für eineinhalb Schillinge gekauft hatte und ihm erzählte, wie schlecht es meiner Mutter ergehe, und fragte, ob denn jemand Arznei oder Hilfe für eine derartige Trauer wisse, meinte der Verkäufer, man solle den Arzt rufen, welcher glücklicherweise gerade im Dorfe war.
Es war der ehrbare Chirurg, Wundarzt, Bader und Barbier *medicus* Gallati, von Näfels, von dem ich schon viel gehört hatte. Ihm folgte der damalige Priester von Niederurnen, Pfarrer Manoser oder einfach nur Noser, welcher ihn bei seinem Rundgang durch das »Gebiet der *pestilencia*«, wie er es nannte, begleitete und im Namen des Allmächtigen zur Seite stand.
Zu Hause bei uns auf dem Hof tischte ich den ehrwürdigen Herren sowie mir selbst frische Milch auf und sah zu, wie der Pfarrer Gebete in der *lingua latina* sprach, die ich nicht ver-

stand, während der *medicus* meine Mutter bat, ihre Arme zu heben. Zu meinem Erstaunen befanden sich in ihren Achselhöhlen große, dunkle und eitrige Flecken, und sie schrie auf, als ob ihr jemand Leid antäte, als er mit einem Stöcklein die Flecken sachte berührte. Pfarrer Noser bekreuzigte sich dreimal und murmelte noch eindringlicher seine lateinischen Gebete. Wie sich unter Schmerzensgeschrei meiner Mutter herausstellte, hatte sie solche dunklen Flecken, welche Herr Gallati auf Latein *bubones* nannte, auch am Halse und ganz große an den Leisten. Als er sie dort mit dem Stöcklein berührte, begann meine Mutter zwischen Keuchen und Schreien im Fieberwahn ganz wüst und lästerlich zu fluchen, wie ich es nie zuvor von ihr gehört hatte. Der Fall sei klar, murmelte der *medicus* düster, sie habe die *pestis bubonica*, wie befürchtet. Pfarrer Noser bekreuzigte sich dreimal und keuchte: »Beim Heiligen Sankt Rochus!«
»Was ist das, die *pestis*?«, fragte ich. Was war es, das meine Mutter so verändern ließ?
Pfarrer Noser nahm mich bei der Hand und führte mich vor die Türe. Sein Blick war ernst und er schaute mir in die Augen, als er sagte: »Balzli, du musst jetzt gut zuhören! Deine Mutter leidet an der schlimmen Seuche, der fünften Plage, mit der schon im Alten Testament die Tiere der Ägypter gestraft wurden, der *pestis*, die auch die Menschen befiel, damals wie auch zu unserer Zeit. Heute Morgen haben wir im Dorf zwei Leute begraben, die ebenfalls die *pestis* hatten!«
Erneut öffnete ich den Mund, um zu fragen, doch er kam mir zuvor. Streng hob er den Zeigefinger der rechten Hand. »Die *pestis* ist – wie jeder weiß – eine schlimme und tödliche Krankheit. Eine Strafe Gottes.«

»Eine Strafe Gottes?«

»Oder Machwerk des Teufels, Balzli. Diese Dinge entziehen sich unserer Kenntnis. Krankheiten kommen und gehen. Gut möglich, dass der Teufel Urheber und Anstifter von mancherlei dieser Plagen ist. Aber was können wir Menschen denn schon gegen die Mächte der Hölle ausrichten? Und wenn er es nicht ist: Wer sind wir Menschen, Gottes Ratschlüsse hinterfragen zu wollen? Es bleibt uns nichts übrig, als auf Gottes Gnade zu hoffen und diese Prüfung demütig zu überstehen, Balzli.«

Ein jämmerlicher Schrei aus dem Inneren der Hütte ließ mich mitten im Satze aufschrecken. Schnell lief ich hinein und sah, wie der der *medicus* aus seinem Sack allerlei wunderliche Instrumente gezogen und sich in einen dicken, dunklen Mantel gehüllt hatte. An den Händen trug er Lederhandschuhe und um sein Gesicht hatte er ein schwarzes Tuch gebunden. Mit einem blutigen Messer öffnete er gerade eine dicke Beule an der Leiste meiner vor Schmerz zuckenden Mutter. Eiter und Blut liefen von ihrem Oberschenkel herunter und tropften auf den Boden.

Mein Bruder Fritzli, der von dem Geschrei und Gefluche unserer Mutter aufgewacht war, schrie und weinte nun auch. Ich dachte traurig an das Leid, das in den Frieden unseres Lebens eingebrochen war, und ich verstand ihre Schreie als grämliches Klagelied für unseren Vater. Unser Vater, der jetzt im Himmel beim Herrgott war. Bei jeder Beule, an der des Gallatis Messer ansetzte, wurde das Lied schlimmer und grässlicher anzuhören, und mir war, als drehe sich alles. Dann ging ich zu Fritzli und hob das Tüchlein und sein Kleid und sah darunter, wie schon vorher bei unserer Mutter, die *bubones* der *pestis*. Pfarrer Noser

erschrak, als er dies bemerkte, und bedeckte sich sogleich den Mund mit einem Tuch, wobei er durch den Stoff hindurchpresste: »Verlassen! Gott hat diesen Hof verlassen! Kommt geschwind, Peter, wir müssen gehen, ehe es auch uns trifft!«
Der *medicus* Gallati unterbrach dieses Lied des Grauens und der Trauer, indem er das Messer ablegte. Schnellen Schrittes kam er zu mir, riss meinen Arm hoch und untersuchte meine Achseln.
»Auf wundersame Weise hat es dieses Kind nicht erwischt«, sagte er leise, doch ich hörte nicht zu, sondern blickte zu meiner Mutter, welche nass vor Schweiß, Eiter und Blut auf dem Tuche im Stroh lag. Sie keuchte schwer und rasselnd und zitterte am ganzen Körper. Herr Gallati öffnete die Schnur um meine Hüfte, zog den braunen Bauernrock herunter und untersuchte nun meine Leisten ebenfalls. Meine Mutter wimmerte leise und verdrehte die Augen vor Schmerz. Fritzli war auch verstummt, als sei er des Schreiens müde.
»Traurig«, sagte ich flüsternd. Die plötzliche Stille erfüllte gespenstisch die kleine Hütte und ich wagte es nicht, sie zu brechen.
»Wie bitte?« Gallati stocherte mit dem Stöcklein auf meinem Oberschenkel herum.
»Traurig«, wiederholte ich, ohne den Blick von meiner Mutter zu lassen, ohne ihr heiseres Wehklagen zu übertönen.
»Gütiger Gott, Peter, er fiebert! Er spricht bereits im Wahn!«, warnte Pfarrer Noser durch das Tuch vor seinem Munde.
»Nein, Euer Ehrwürden, er sieht gesund aus, obschon er Tage in engem Kontakt mit den siechenden Opfern verbracht hat. Es scheint so, als hätte Gott diese Hütte doch nicht verlassen!«
»Ich war all diese Tage im Stall und draußen bei den Kühen«, sprach ich, immer noch starren Blickes, »und meine Mutter ist

nicht siechend, sie ist traurig. Sie ist traurig, weil der Vater gestorben ist und nun nie mehr vom Italienischen heimkehrt.«
Herr Gallati und Pfarrer Noser sahen sich erstaunt an, dann erklärte der Pfarrer: »Des Balzlis Vater, der Fritz Hauser, war in Jörg Engelhards Regiment gen Mailand gezogen.«
»Fritz Hauser? Arzethauser? Gehörte er denn zu den Gefallenen Pavias?«
»Ja«, antwortete ich, »und Mutter und Fritzli sind nun so traurig darüber, dass sie selber verenden. Weshalb bin ich nicht auch so? Bin ich ... bin ich etwa nicht traurig genug?« Pfarrer Noser senkte langsam das Tuch vom Munde und nahm auf dem Holzstuhl meines verstorbenen Vaters Platz. Sein ernster Blick, der auf mir gelegen hatte, wurde mildevoll.
»Balzli, dies hier ist keine Sache des Trauerns. Es ist ein Gebrechen, welches sie dahinraffen lässt, so wie auch andere Leute im Dorf anfangen zu sterben. Sei froh, bete und danke, dass Gott dich unter seinen Schäflein behalten und vor diesem Grauen bewahrt hat«, sagte er priesterlich mahnend. »Bete! Mehr kannst du für sie und für deinen seligen Vater nicht mehr tun. Alles andere entscheidet der Allmächtige im Himmel für uns.«
Dann stand Pfarrer Noser auf und blickte zum *medicus*. Dieser nickte kurz und ernst und sprach sogleich: »Nehmt ihn mit zurück ins Dorf. Ich werde Blut lassen. Der Aderlass ist das letzte Menschenmögliche, was ihnen vielleicht noch helfen kann, so Gott will, aber er«, und er deutete mit einer Kopfbewegung zu mir, »soll es nicht mit ansehen.«
»Nun denn, so sei es!«, sprach Pfarrer Noser, während er sein Tuch wieder zum Mund führte. »Du kommst mit, Balzli, *nolens volens*! Wenn dir hier etwas teuer ist, so nimm es mit!«

Ich war verwirrt. Ich verstand nicht, was geschehen würde, und fragte deshalb, während ich die Schnur um meine Hüfte wieder zuband: »Aber komm' ich denn nicht zurück?«

Der Geistliche blickte mich stumm an, während Herr Gallati sich wieder dem Sack voller Instrumente zuwandte.

»Nimm mit, was du brauchst, und nimm Abschied. So Gott will, siehst du sie wieder, in diesem oder im nächsten Leben«, sprach Pfarrer Noser mit einer Endgültigkeit, die mir Tränen in die Augen trieb. Ich blickte zu meiner Mutter. Sie atmete flach, doch ihr vom Fieber schweißnasser Körper zitterte und ihre einst so schönen Augen waren schon ganz matt und trüb. Ihre Haut war wächsern und weiß wie die Milch, die immer noch unangetastet auf dem Tisch stand. Das einzig Dunkle an ihr waren die Beulen, das Blut und der Eiter, dieses niemals enden wollende Gemisch, welches ihr aus diesen Wundmalen der *pestis* herausquoll und sie tötete, genau wie eine Klinge in Italien meinen Vater getötet hatte, jedoch viel leiser und schleichender. Ich ging einen Schritt auf sie zu. Sofort hielten mich der Pfarrer und der *medicus* zurück.

»Närrisches Kind! Bist du denn von Sinnen?«, rief der Pfarrer durch sein Tuch und zog mich an den Haaren zurück.

»Ich will mich doch nur verabschieden, sie ... sie sind das Einzige, was mir hier drin lieb und teuer ist, denn wenn ich schon nicht auf dem Hof mit allen Kühen bleiben kann, dann will ich nichts außer meiner Mutter und dem Fritzli mitnehmen. Sie sind das Letzte, was mir bleibt auf dieser Welt!«

»Halte ein, du holst dir noch den Tod ob deiner Tumbheit!«, zischte Pfarrer Noser, griff mein Handgelenk und zerrte mich aus der Hütte hinaus. Als ich draußen begriff, dass dies das Lebewohl gewesen war, begann ich zu weinen. Ich hatte mich gar nicht von Fritzli verabschiedet.

Meine Tränen verwässerten den ganzen Weg ins Dorf. Ich hatte mehrmals zurückgeschaut, auf die Hütte, den Stall, die Maag, und ich hatte den markerschütternden Schrei meiner Mutter gehört, der jäh die Luft zerriss. Pfarrer Noser lief unbeirrt schnellen Schrittes und betete laut und auf Latein. Ich sprach mit, was ich von der Messe her kannte, aber es war nicht viel, denn man hatte ja nie wirklich viel Zeit gehabt, um in Niederurnen die Messe sonntags zu besuchen, seit der Vater zum wiederholten Male in den Solddienst getreten war. In diesem Augenblicke bereute ich es, denn gern wollte ich laut für meine Geliebten beten, so laut, dass es ganz Bilten und das Unterland hörte, so laut, dass es an den steilen Bergwänden – welche höher und höher werden, je weiter man in das Tal der Linth schreitet – wiederhalle und weitergehe, entgegen dem warmen Föhn, bis zum Tödiberg, den ich zwar noch nie gesehen hatte, der jedoch hoch war wie der Turm zu Babel. Und vom Tödi aus soll mein Gebet über die Alpen in den Süden fahren, ins Italienische, wo irgendwo in den Trümmern der Stadt Pavia das Grab meines Vaters war, und von dort in den Himmel, zu allen Engeln und Heiligen und zum lieben Herrgott, der dort sitzt mit seinem Sohn, Jesus Christus, mit dem Heiligen Geist und mit meinem Vater, Fritz Hauser.

In Bilten angekommen, umschleierte die Dämmerung der Nacht bereits die Berge, und es kamen mehrere besorgte Leute auf den Pfarrer Noser zugerannt. Es liege, drüben bei den Bussys, der

junge Melk im Sterben, ob der Pfarrer ihm denn nicht, bevor ihn die Seuche noch ganz wegraffe, die letzte Ölung geben könne. Pfarrer Noser beruhigte die Leute und sagte, er gehe sogleich zu den Bussys, aber erst müsse er mich zu den Blums bringen, denn ich bräuchte jetzt eine Bleibe, anders ginge das nicht. Ich sah verwundert auf und blinzelte meine Tränen weg. Das Tuch erneut fest auf Nase und Mund gedrückt, sprach er im Weiterlaufen: »Mach dir keine Sorgen, Balzli, das ist nur vorübergehend, bis über deine Zukunft entschieden worden ist. Bald werden ich oder der Peter Gallati dich abholen kommen. Aber so lange bleibst du bei den Blums, verstanden?«
Wir hatten uns dem Hof der Blums genäht, von wo aus man weder die Maag noch unsern Hof sah. Pfarrer Noser klopfte laut, und nach wenigen Augenblicken machte Margret Blum auf, das stämmige Eheweib des Jakob. Sie bat uns verwundert, jedoch nicht minder freundlich herein und wir betraten das warme Häuschen. Es war größer als unsere Hütte und schön eingerichtet, mit einem langen Tisch, wo alle Blums Platz hatten. Über der Feuerstelle köchelte eine Gerstensuppe, die sogar einzelne Stückchen geräucherten Specks in sich hatte, was für mich etwas sehr Seltenes und Köstliches war. Es duftete herrlich. Pfarrer Noser erklärte das Vorgefallene in kurzen Sätzen, doch ich hörte nicht hin. Mit meinen Gedanken war ich an einem gänzlich anderen Orte, als es dieser war; ob zu Hause an den Ufern der Maag, in Pavia oder auf dem Tödiberg vermochte ich nicht zu sagen. Schließlich stand der Pfarrer auf und ging zur letzten Ölung des armen Melk, der ja ebenfalls im Sterben lag. Er fuhr mir beim Hinausgehen tröstend über den Kopf und sagte: »Balzli, sei fromm und standhaft. Bete und vertrau auf Gottes Gnade, komme, was wolle!«

Am nächsten Abend besuchte mich der Herr Gallati. Er verlangte, mit mir alleine zu sprechen. Ich folgte ihm nach draußen, und obwohl ich wusste, was der Inhalt dieser wichtigen Mitteilung – wie er sie im Haus genannt hatte – sein würde, brach es mir das Herz in tausend Stücke, als er mir sagte, dass meine Mutter gestern am späten Abend während des Aderlasses und Fritzli heut Morgen an den Folgen der *pestis* gestorben seien.
»Möge Gott ihren Seelen im Himmel gnädig sein. Ihnen und allen anderen, die gewiss noch folgen werden«, sprach er düster, während er auf die Häuser Biltens und der umliegenden Gemeinden schaute, als sähe er in diesem Augenblick das traurige Ausmaß des Leids, welches der Schwarze Tod über das ganze Lande Glarus noch bringen würde.

Zweites Kapitel

So nun unser landleüth des glaubens halb trefenlich zweispaltig warend, sandtend auf solche Gemeind Ihr Botschaft Lucern, Uri, Schwyz, Underwalden, Zug, batend und ermanntend unser Landleüth trungenlich in kein weg sich von Ihnen zu sönderen, sunder Blyben bey Ihren guten Bräuchen und herkommen.

Chronik des Valentin Tschudi

Worin ich aufgenommen werde und erneut mein Heim verliere, um in Glarus ein neues zu finden.

Sodann verbrachte ich im Hause der Blums eine Zeit, in welcher sie sich mit aller ihrerseits nur möglichen Wärme um mich kümmerten. Sie gaben mir am ersten Abend viel zu essen, eine große Schale voller Gerstensuppe mit Speck und ebenso ein großes Stück Käs mit Brot; alles in allem mehr, als sie selber aßen, weil sie dachten, dass man mit vollem Magen einen solchen Verlust besser verdaue. Doch ich wollte dies nicht. Mir verlangte es nicht nach einer Sonderbehandlung oder nach Mitleid. Wenn ich weinte, dann nur versteckt und zurückgezogen. Ich wollte mein altes Leben zurück, oder – da dies nicht ging – ein meinem alten Leben möglichst ähnliches neues.
So arbeitete ich hart in dieser Zeit, mehr als je zuvor, und ich war glücklich, wenn ich abends erschöpft auf mein Strohbett sank und so müde war, dass ich augenblicklich in einen tiefen,

traumlosen Schlaf fiel, ohne an blutige Schlachten in fremden Städten oder Pestbeulen denken zu müssen, ohne von der blassen, sterbenden Gestalt meiner Mutter zu träumen.
Dennoch und trotz aller Arbeit, die ich verrichtete, blieb die *pestis* gegenwärtig. Jeden Morgen und Abend überprüften wir unsere Achselhöhlen nach Beulen, und Jakob Blum sagte, es sei fürs Erste sicherer, sonntags nicht in die Kirche nach Niederurnen zu gehen, wo die Menschen ebenfalls stürben, sondern zu Hause alle zusammen Rosenkränze, Ave Mariae und das Vaterunser zu beten. In der Stube hingen verschiedene Pflanzenwurzeln; Frau Blum hatte sie aufgehängt, wegen der alten Weisheit, die sie immer widerholte: »Bibernelle und Stränze sind guet für Pestillänze!«

Jedoch nahm die Gefahr in den nächsten Wochen glücklicherweise ab und das Leben der Biltner, Nieder- und Oberurner und Näfelser, wo die meisten gestorben waren, nahm wieder seinen gewohnten Lauf. Insgesamt starben in Bilten noch elf Personen, welche, wie alle Pestopfer, weit hinter dem Dorf in ein großes Loch geworfen und verscharrt wurden, wo wohl auch meine Mutter und der Fritzli lagen. Ich betete täglich für ihre armen Seelen im Himmel und versuchte mit ihnen zu sprechen. Ich fragte, wie es ihnen jetzt ginge, wo sie doch mit unserem Vater und dem Herrgott zusammen seien, im Paradies. Doch ihre Antwort blieb ein Schweigen, und ich brachte es auch nicht übers Herz, zu unserem Hof am Ufer der Maag zu gehen, um nachzuschauen, was jetzt draus geworden war. Im Dorf gehe um, sagte mir einmal Kaspar, der älteste Sohn der Blums, dass der Gallati mit dem alten Sepp Landolt gesprochen habe, von dem meine Eltern das Gut und die Kühe einst gepachtet hatten, und er habe jetzt die Kühe mitgenommen, aber die Hütte stehe leer und verwahrlost und gelte als das »Pesthüttli«.

So verging also die Zeit, und ehe ich mich versah, war es schon Spätsommer, wo ich ebenfalls viel zu tun hatte, denn zum ersten Mal in meinem jungen Leben durfte ich heuen, was wir auf unserem Hof nicht mehr getan hatten, seit der Vater gen Mailand gezogen war.

Unter der warmen Sommersonne heuten wir die Felder mit langen Sensen, und ich bekam sogar eine eigene schöne Heugabel aus Holz, die mir so sehr gefiel und mit der ich so schnell und unermüdlich war, dass, als die Sonne spätabends unterging und alle müde zum Hof zurückkehren wollten, um den Nachtbraten zu essen – den es dank der zur Heuet niedrigeren Fleischpreise gab –, ich einfach blieb und bis in die stockfinstere Nacht weiterarbeitete. Dann warf ich mich auf den noch warmen Boden, in den wunderbar würzigen Heugeruch, zwischen die friedlich zirpenden Grillen, legte die Heugabel neben mich hin, als wenn sie ein guter Freund wäre, und blickte hinauf zu den vielen Tausenden und Abertausenden Sternen, die sich in dieser Spätsommernacht besonders prächtig zeigten. Und während ich so dalag und an meine Geliebten dachte und wie sie wohl dort oben sein mussten, beim barmherzigen Herrgott, dankte ich ihnen, dass sie es mir so lieb gemacht hatten. Es war schön, dass ich bei den Blums sein konnte, wo das Leben zwar anstrengend, aber freudig war. Und ich überlegte, wie ich einmal Bauer sein wolle auf unserem alten Hof neben der Maag, mit Weib und Kindern, vielen Kühen und Schafen und einer Alphütte, irgendwo hoch in den Bergen, wo ich dem Himmel sicher noch näher wäre als hier auf dem Talboden.

Und so dachte ich lange nach und wäre gerade glücklich in der lauen Wärme dieser milden Nacht eingeschlafen, wenn ich nicht Rufe des Jakob Blum in der Finsternis ausgemacht hätte. Dieser war mit einem brennenden Kienspan gekommen, um mich zu suchen. Als er mich im Grase liegend fand, half er mir auf und gab mir eine Ohrfeige. Aber es war keine böse, sondern eine, die man gibt, weil man sich Sorgen gemacht hat, nicht weil man wütend ist.

Er und ich sprachen kein Wort auf dem Heimweg, nur einmal meinte er, ich solle keinen solchen Blödsinn mehr machen, in der Nacht müsse man im Hause sein und mit dem sei nicht zu spaßen. Ich hielt mir die Wange mit der Hand, fühlte die Wärme an der Stelle, wo er mich geschlagen hatte, und deutete es als stilles Zeichen der Zuneigung. Ich blickte noch einmal zu den Sternen hinauf und lachte.

Diese Zeit der Arbeit bei den Blums in Bilten war für mich ein Quell der Kraft und des Trostes, welcher die offenen Wunden des schmerzlichen Verlusts trefflich zu heilen wusste. Nicht, dass ich meine Mutter und Fritzli je vergessen hätte, oh nein! Gott der Allmächtige war und ist mein Zeuge, dass ich seit dem Anfang des Jahres 1526 täglich für ihre Seelen betete und sie immer mit mir im Herzen trug ... Mit nur einer traurigen Ausnahme in meinem späteren Leben, doch ist es noch zu früh, davon zu schreiben, viel zu früh, denn das Verhängnis, in welches ich mich bald hineingezogen sah, war, als ich bei den Blums lebte und arbeitete, noch nicht am Endkreis, am äußersten Ende, dem finitor *meiner Zu-*

kunft auszumachen. Verzeiht mir, geneigter Leser, wie mir scheint, bin ich ein schwatzhafter Greis geworden; ich schweife ab und greife vor in meiner chronica, *welche noch so viel zu erzählen hat.*

Der Sommer des Jahres 1526 war denn also rückblickend ein fröhlicher und heiterer Sommer, Balsam für meine von Gram getrübte Seele. Die Pest im Unterland unseres Landes verschwand so plötzlich, wie sie gekommen war, und der finstre Schatten wich einer Sonne im Leben der Menschen, sodass der medicus *Gallati, welcher sich furcht- und selbstlos in jedes Pesthaus getraut hatte, um den Opfern der Seuche Blut zu lassen oder die* bubones *aufzuschneiden oder mit allerlei Kräutern zu salben, und der Pfarrer Noser, der während all dieser Zeit weiterhin Messe gehalten sowie edlen, wertvollen Weihrauch verbrannt und den Segen Gottes ausgesprochen hatte, bald als Helden gefeiert wurden. Im Allgemeinen war das Volk nach dieser Zeit der Unsicherheit in großer Feierstimmung. Man feierte, dass die kriechende Angst und der schleichende Tod nun endlich vorbei waren. Man feierte, dass man noch lebte.*
In Niederurnen wurde Musik auf dem Platze vor der Kirche gespielt, es wurde freudig gejodelt und man tanzte fröhlich und ausgelassen. Verwandte und Bekannte umarmten sich froh und dankbar. Es gab reife Früchte zu essen und es gab Wein, etwas, was ich bis dato noch nie in meinem Bauernleben gekostet hatte; allerdings war er verdünnt mit Wasser, weil ich ja noch nicht vierzehn Jahre alt und eigentlich noch ein Kind war. Rückblickend denke ich, dass es bei diesem Feste war – ich weiß es nicht genau, denn ich spielte mit den anderen Kindern vom Dorfe auf

der großen Wiese –, dass Jakob Blum wieder mit Herrn Gallati sprach oder umgekehrt. Factum *ist jedoch, dass in der Woche darauf, als ich am Abend zusammen mit Kaspar und den anderen Söhnen der Blums aus dem Stall trat und die frisch gemolkene Milch in einem Bottich ins Haus trug, der* medicus *die kleine Straße zum Hof hinaufgestiegen kam.*
In den Zeiten der Pest war das Kommen des Herrn Gallati kein gutes Omen gewesen. Aber die Pest war durch den Segen Gottes aus dem Dorfe gebannt, und weder die Linth noch die Maag waren überschwemmt und das Wetter war schön und warm gewesen, somit es auch unwahrscheinlich schien, dass jemanden das Wechselfieber gepackt hatte. Der medicus *hatte auch keinen Sack dabei, mit dem er sonst zu den Kranken ging und in dem er alle seine medizinischen Instrumente trug; mehrere Scheren und Messer für Schnitte und Eingriffe, wie sie bei einem Steinschnitt nötig waren, Schienen für Brüche, verschiedene Zangen für faule Zähne, ferner eiserne Stäbe, die sich erhitzen ließen und mit denen man Wunden ausbrannte, sowie die bekannten vierundzwanzig Heilpflanzen, schön aufbewahrt in Säckchen oder Fläschlein, unter diesen waren Salbei, Schlafmohn, der Fenchel, Wermut und noch viele andere Kräutlein, ein jedes gegen eine Krankheit gut. Wie es sich jedoch herausstellte, kam er wegen keiner Krankheit, sondern wegen mir.*

Herr Gallati lächelte gutmütig. Das Versprechen, das der Pfarrer Noser gegeben habe, sei kein leeres Geschwätz gewesen, sagte er und erzählte, dass er nach dem Ableben meiner Angehörigen und nachdem er erfahren habe, dass ich der *filius* des jüngst von uns gegangenen Fritz Hauser sei, umgehend einen Brief nach Glarus geschickt habe, zu den Hässis. Die Blums waren bei der Erwähnung dieses Namens schwer beeindruckt, aber ich kannte die genannten Hässis nicht.

»Der Heinrich Hässi«, erklärte mir Gallati sogleich, »ist Säckelmeister des Landes Glarus und war Hauptmann im Dienste der französischen Krone, für die er zuletzt 1521 drei Male gen Mailand gezogen ist!«

Dazumal sei mein seliger Vater einer seiner Soldaten gewesen und habe ihm in einer Schlacht das Leben gerettet. Wie genau, wisse man nicht, aber der Heinrich Hässi habe seit damals nie aufgehört, in den höchsten Tönen vom Fritz Hauser zu sprechen. In dem Brief hatte Herr Gallati meine Umstände geschildert und das schreckliche Elend beschrieben, das die ganze nördliche Region unseres Landes befallen hatte.

»Eine Woche später kam die Antwort von Heinrich Hässi, Balzli, in der er mir schrieb, dass es ›das Mindeste sowie eine außerordentliche Ehre für ihn sei, den Sohn des tapferen Mannes aufzunehmen und zu ernähren, dem er eigentlich noch so viel mehr schulde, im Leben wie auch jetzt, im ruhmreichen Tode.‹ Ach, diese Franzosensöldner schreiben immer so aufgeblasen! Nun denn, des Weiteren schreibt er, dass die Situation dennoch ›gelinde gesagt heikel‹ sei und er deshalb noch warten wolle, bis sicher sei, dass ›besagtes Pflegekind nicht doch noch den tödlichen Keim der *pestis* in sich trage.‹ Er schließt damit, dass ich dich zur Kilbizeit, welche jetzt beginnt, nach Glarus begleiten solle, sofern du nicht vorher schon an der *pestis* erkrankt oder gar gestorben wärest«, las Gallati aus dem Briefe des Heinrich Hässi vor.

So also endete durch ein Abkommen, von dem ich nichts gewusst hatte, mein Lebensabschnitt in Bilten. Ich packte am nächsten Morgen meine wenigen Kleider zusammen und wollte auch noch die schöne Heugabel mitnehmen, die mir so ans Herz gewachsen war und die ich mittlerweile so gut bediente, als wäre sie die natürliche Verlängerung meines Armes. Der Gallati musste lachen und der Jakob Blum sagte belustigt, dass ich so etwas bei den Hässis in Glarus bestimmt nicht brauchen werde. So verabschiedete ich mich, während der Herr Gallati schon mit dem unruhig schnaubenden Pferd vor der Türe wartete. Mir schien es, als verlöre ich zum zweiten Male innert kürzester Zeit die mir wichtigsten Menschen. Damals konnte ich nicht ahnen, dass es mein trauriges Schicksal sein würde, nie lange an einem Ort zu bleiben, sondern von den stürmischen Ereignissen durch die Geschichte geweht zu werden wie ein trockenes Blatt im Herbstwind.
Ich saß auf und Herr Gallati führte mich den Weg hinunter, aus dem mir vertrauten Bilten hinaus auf die Landstraße, wo auch er aufstieg. Die Blums winkten mir nach, bis wir um eine Häuserecke verschwunden waren, und ich war traurig, obwohl sie mir versichert hatten, in Glarus werde es mir gewiss viel besser gehen, weil die Hässis wohlhabende und angesehene Leute seien. Hätte ich damals gewusst, dass ich sie dort das letzte Mal sehen sollte, ich hätte geweint und gejammert, wie ungerecht diese Welt doch sei. Wie ungerecht sie mit mir noch sein würde, ahnte ich jedoch nicht.

Der Ritt nach Glarus dauerte einige Stunden, denn wir galoppierten nicht, sondern trabten gemächlich die Straße entlang.
Ich war in meinem ganzen Leben bis zu jenem Tage nur einmal im Hauptort Glarus gewesen, mit meiner Mutter und meinem

Vater, als wir beim päpstlichen Legat, der anno 1518 in unser Land gekommen war, um die starken Eidgenossen als Söldner für Papst Leo X. anzuwerben, einen Ablassbrief kauften, der unser Heim von zwölf Jahren »totlicher« Schuld befreite und uns die römische Gnade erwies. Aber dies hatte ich stets nur erzählt bekommen, denn damals war ich noch ein winziges Kind gewesen und der Fritzli hatte noch lange nicht das Licht der Welt erblickt. In Näfels war ich auch schon gewesen, natürlich um die Näfelser Fahrt zu besuchen, wo sich Glarner aus allen Dörfern mit ihren Bannern und Kreuzen aus den jeweiligen Kirchhören versammelten, um der tapferen Vorfahren zu gedenken, welche unser Tal ebenso mutig wie blutig gegen die eindringenden Habsburger beschützt hatten. Auch durfte ich einmal mit meinem Vater nach Näfels zum Thomasmarkt im Dezember gehen und wir verkauften sogar ein junges Kälbli; aber daran konnte ich mich auch nicht mehr genau erinnern, wie an alles, was ich mit meinem Vater getan hatte. Es war schon so lange her, dass er in den Süden gezogen war, um zu kämpfen und zu sterben. Ja, wenn ich seiner gedachte, verspürte ich nur einen schwachen Nachhall des Gefühls der Wärme, das er mir einst gegeben hatte.
Wir ritten den Pfad entlang, der neben dem mächtigen Fluss namens Linth verlief. Wären wir ihn bis zum Schluss abgeritten, hätte er uns bis zum letzten Dorf des Großtals gebracht, Linthal, welches am Fuße des großen Tödiberges lag, wo auch die Linth entsprang.

Die meiste Zeit sagte ich nichts, sondern bestaunte nur die mir unbekannte Umgebung. Als wir das Dorf Netstal hinter uns gelassen hatten, begann der Herr Gallati mir von Dingen zu erzäh-

len, die in letzter Zeit im Lande vorgefallen waren: »Letzten Monat gab es einigen Tumult«, begann er griesgrämig.
»So?«
Die Sonne stand am höchsten Punkt und wir konnten die ersten Häuser von Glarus ausmachen, während die Linth neben uns breit und stark in entgegengesetzter Richtung dahinfloss.
»Ja, wegen der Landsgemeinde am Thäniberg in Schwanden! Es galt, den Bundesschwur der Stände der Eidgenossenschaft zu erneuern ... Aber wegen des elenden Zürcherzeugs mussten wir einiges über uns ergehen lassen!«

Es stimmte, etwas ging um. Etwas lag in der Luft. Man hörte die Leute raunen und flüstern. In den Schänken wurde über Bierkrügen und Weinbechern diskutiert. Selbst ich hatte einige Gesprächsfetzen bei den Blums und im Dorfe aufgeschnappt. Doch ich verstand damals nichts von diesem religiösen Zwist, der aus Zürich kam. Vieles sollte sich mir erst viel später offenbaren.
An der besagten Landsgemeinde musste das Volk, als es mit den eidgenössischen Boten zusammen den Bundesschwur geleistet und somit erneuert hatte, eine Zusage geben, dass es beim alten, wahren, christlichen Glauben bliebe und nicht zu den Lügen der Lehre Zwinglis überliefe. Die Boten ermahnten die Glarner im Ring »tugendlich sich in keinem Weg von ihnen abzusondern«. Doch die Worte der Neugläubigen Zürichs und von überall fingen auch im Lande Glarus an zu keimen und Früchte zu tragen. Vielerorts gab es vereinzelte Predicanten – wie die neugläubigen Prediger genannt wurden – sowie treue und gläubige Zuhörer. Sie predigten versteckt, in Hinterhöfen, auf Dorfplätzen, ohne dass die Obrigkeiten viel dagegen tun konnten. Denn es ist schwer, et-

was einzufangen, das so flüchtig ist wie ein Wort, und Gedanken lassen sich nun einmal nicht einsperren. Doch zu alledem komme ich noch, denn das Ausmaß sollte sich ändern. Schon sehr bald.

»Der Usurpator Zürichs, der Elendige, hat einen Samen der Zwietracht in die Herzen der Eidgenossenschaft gesät, und siehe da: Es bricht der Friede! Es wundert mich nicht, dass bei solch giftigen Gedanken die Bauern im Lande Zürich sich erheben und nicht mehr leben wollen, wie Gott es ihnen befahl, im Stande, der ihnen seit Anbeginn der Zeit zusteht!«, regte sich der *medicus* auf, während ich still zuhörte und zu verstehen versuchte. Sein Gesicht verdüsterte sich: »Überhaupt gelingt es ihm, seine lästerlichen Ideen nur mit höchster Gewalt und eiserner Strenge durchzubringen! Man hört immer wieder, welche Strafen er gegen die altgläubigen, wahren Christen verhängt und wie fürchterlich grausam er mit jenen umgeht, die sich ihm in den Weg stellen! Vielen bereits barg die Limmat ein nasses Grab.«
»Wie schrecklich!«
»Und natürlich kommt mit dem Mehl von Zürich auch die Unruhe mit! In Werdenberg gab es heftige Aufstände, und es wäre weitaus schlimmer gekommen, wäre nicht der Altammann Tschudi hingegangen, um für Ruhe und Ordnung zu sorgen!« Der Gallati verwarf die Hände.
»Ist Werdenberg nahe beim Tödiberg?«, fragte ich schüchtern.
»Nein, Himmel, nein! Werdenberg liegt hinter dem Walensee, hinter Walenstadt, im Süden der Fürstabtei Sankt Gallen. Seit neun Jahren, seit die Freiherren von Hewen es dem Lande veräußerten, ist es Glarner Untertanengebiet, wo nun von der Landsgemeinde bestimmte Vögte herrschen. Aber die Bauern

dort machten Unfug, verweigerten Zahlung der Zehnten und Zinsen! Wo sind wir denn, Balzli? Will der Pfaff von Zürich die Eidgenossenschaft in ein neues Babylon verwandeln, wo Recht und Ordnung, Traditionen und Sitten über den Haufen geworfen werden? Oh, welch grimmige Zeiten sind diese, die wir die unsrigen zu nennen verflucht sind!«, sprach er laut, während wir an einer Gruppe von Leuten vorbeitrotteten, welche augenscheinlich ebenfalls nach Glarus gingen. Wir hörten die Kirchglocken des Hauptortes läuten.

»Er war hier gewesen, der unsägliche Ulrich Zwingli, hier in Glarus! Er hatte gepredigt und Messe gelesen, während zwölf langer Jahre. Das Volk hatte ihn geliebt. Kaum trat er jedoch sein Amt im Großmünster in Zürich an, muss der Teufel sich seiner Seele bemächtigt haben! Stell dir nur vor, Balzli: Man erzählt sich hinter vorgehaltener Hand, dass er – nachdem er vor zwei Jahren in seiner Stadt die Bilder der Kirchen entfernte, die Sakramente der Beichte und Messe sowie Prozessionen und Wallfahrten abschaffte, ja, nachdem er sogar die Hochburgen des Wissens der Christenheit, die Klöster nämlich, aufhob –, dass er dann, als Gipfel der Blasphemie, Schamlosigkeit und Dreistigkeit, sich eine Frau namens Anna Reinhart zum Weibe nahm und fortan die Priesterheirat erlaubte! Fürwahr, dunkle und gottlose Zeiten sind es, in denen selbst die Hirten des Herrn dem sündigen Fleische verfallen und herumhuren!«

»Aber ist dem Zwingli sein Teufelszeug auch in unserem Tal und in Glarus?«, fragte ich verängstigt. Es gefiel mir nicht, was ich von diesem Mann hörte.

»Mach dir keine Sorgen, Balzli! Es gibt zwar einige wenige Anhänger Zwinglis und derlei anderer. Und es wird sie immer ge-

ben, so fürchte ich. Der Tod tanzt schaurig durch unser Leben, denn wie das Leben selbst ist er Teil des göttlichen Weltplanes. Und wie auch den Tod finden wir auf unserem Wege allerlei Verlockungen des Bösen vor, Fallen des Antichrists, Balzli. Der Fromme widersteht ihnen. Der Fromme bleibt standhaft und unbeirrt. Deshalb ist auch der christliche Glaube im Lande stark, denn wir haben sehr fromme, sehr standhafte Männer, die gegen den Humbug kämpfen; so zum Beispiel unser Landammann Marx Mad, das noble und alte Haus Tschudi sowie auch die Toblers, die Freulers und die Hässis, zu denen ich dich jetzt bringe. Also verzage nicht, Balzli, angesichts der Lügen aus dem Munde der Irregeleiteten. Sei fromm! Sei standhaft!«
»Ich werde nicht verzagen!«, sagte ich. Ich versuchte sicher, fromm und standhaft zu klingen, doch große Beklemmung hatte sich um mein Herz gelegt.

Wir ritten in Glarus ein und wir waren nicht die Einzigen. Überall auf dem Wege hatten wir Grüppchen gesehen, Männer, Frauen und Kinder, mit Wagen und Karren und mit Veh. Wir kamen über die Reichsgasse her, unter dem Galgenbüchel vorbei, wo man die Verbrecher – Räuber, Diebe, Ehebrecher und dergleichen – verscharre, so erklärte mir der Gallati. Der Galgen diene jedoch vor allem als Abschreckung, denn gehängt werde selten. Meistens würden die von den Malefizrichtern im Blutgericht verurteilten Übeltäter beim Ygruben mit dem Schlachtschwert hingerichtet.
Glarus war groß, viel größer als Bilten und Niederurnen, ja sogar noch größer als Näfels. Der *medicus* sagte, dass, zusammen mit allen verstreuten Höfen und mit Riedern – dem kleinen Dorf

nahe dem Klöntalersee –, fast eintausend Seelen in Glarus lebten. Außerdem war in Glarus gerade Kilbi und überall waren Leute an aufgestellten Ständen und manche sangen, musizierten oder jodelten. Als wir an der Burgkapelle, welche klein, aber dennoch erhaben und majestätisch auf dem Burghügel stand und auf das rege Treiben des Ortes hinabblickte, als wir dort also vorbeiritten und zum Spielhof kamen, der gleich bei der Hauptkirche stand, neben dem Friedhof, sahen wir auf dem großen Platz einen Markt mit ganz vielen Menschen und ihrem Veh. Außerdem sah ich viele bunte Fahnen, die ich nicht kannte, und sie zeigten auch nicht Sankt Fridolin, den Heiligen unseres Landes, sondern ganz andere Dinge. Ich fragte den *medicus*, der fast alle Leute auf dem Markt zu kennen schien, was das denn für Fahnen seien.

»Jedes Jahr im Erntemonat August, wenn hier in Glarus Kilbi ist, werden Leute aus einem Dorf der Eidgenossenschaft als Gäste eingeladen, als Zeichen der Brüderlichkeit und Verbundenheit. Dieses Jahr sind zweihundert Gäste aus Ilanz gekommen, der Hauptstadt des Grauen Bundes, welches sich im Osten von Glarus befindet, auf der anderen Seite der Berge«, sprach er belehrend, doch ich hörte gar nicht mehr richtig zu. Glarus war so schön an diesem Tage, ich konnte mich nicht sattsehen. Herr Gallati sah mein Staunen und sagte, dies hier sei weder das *caput mundi* noch das himmlische Jerusalem, sondern nur Glarus, und musste lachen.

Er stieg vom Ross, half mir runter und brachte es zu einem Pferdestall in der Nähe eines neuen Brunnens, wo er für den Hafer als Futter bezahlte. Es gelte jetzt, meinte er, als wir uns der Kilbi zuwandten, den Heinrich Hässi zu finden. Das sei bei Gott keine leichte Aufgabe, denn er sei ein Reisläuferveteran und Franzosengänger und das beides bedeute, dass er gut im Trinken sei. So gingen wir zu zweit durch die Menge und ich bestaunte alles. Es gab Tänze auf dem Platz und junge Mädchen in langen Gewändern und Trachten, und Knaben in ihrer Sonntagskleidung bewegten ihre baren Füße zu einer lustigen und fröhlichen Musik, während die Rundherumstehenden sangen, riefen, lachten und pfiffen. Die Kühe auf dem Markt trugen alle einen schönen Kopfschmuck aus geflochtenen Pflanzen und schönen Bergblumen, verschiedensten Nelken, Knabenkräutern, Alpenrosen, hie und da süß duftende Männertreu und manchmal gar filzig lachendes Edelweiß. Die Tiere waren schön geputzt, manche trugen sogar hell klingende Schellen an starken Lederriemen um den Hals, und ich musste traurig an die Kühe auf unserem Hof in Bilten zurückdenken und wie es ihnen hier wohl gefallen hätte, denn es war ein Wettbewerb, welche die schönste Kuh im ganzen Lande Glarus sei.

Dann gingen wir zu den Ständen, wo feinster Glarner Ziger nebst bester Milch und vielen anderen Käserädern von der Alp verkauft wurden, wo himmlisches, salzig duftendes, geräuchertes Fleisch oder Speck, aber auch lange, an Fäden hängende Kuhzungen und preiswerte, in Töpfen gelagerte Innereien sowie große, dunkle Blutwürste angeboten wurden. Ebenfalls gab es streng riechende Forellen, Egli und andere Fische aus dem Walensee, an denen sich Schwärme von Fliegen versammelten, an einem andern Marktstand Mehl und frisch gebackenes, rundes Brot aus Zürich, welches auf dem Wasserweg hierhertransportiert worden war und als das beste galt. Denn wie die Glarner immerzu Milch und Käse zu den Märkten der Limmatstadt brachten, so war Zürich immer die Brotkammer des Landes Glarus gewesen.

Des Weiteren fanden sich Händler für Gemüse wie Kohl, Karotten, Lauch, Bohnen, Zwiebeln und Knoblauch und natürlich auch Weizen sowie Hafer und Gerste für die Pferde und die Suppe, allerlei Wurzeln und auch knackiges Obst, frisch gepflückte, rötliche Äpfel und hellgelbe, saftige Birnen. Auch ein Schreiner war da, der seine Möbelstücke und Stühle mit schönen Verzierungen und Schnitzereien anbot, neben ihm ein Harzer, der das in den Wäldern gewonnene Baumharz verkaufte, welches dann vor allem im Schiffsbau benötigt wurde.

Es fanden sich Waren von Weesen, der Handelsstadt am Walensee, so erklärte mir Herr Gallati, wo vielerlei Sachen aus allen Windrichtungen versammelt und von dort aus weitergeflößt wurden. Dabei deutete er unter anderem auf das glänzende, in Kisten gestapelte Eisen aus dem nahen Gonzenbergwerk oder aber auf das feine weiße Salz aus dem Tirol, welches sowohl für die Küche wie auch für das Veh gebraucht werde, auf den kräftigen Rotwein aus dem Mittelland, in Fässern und Schläuchen gelagert, sowie auch auf verschiedene Stoffe aus dem Italienischen, fein und farbig, als da waren Samt, Seide, Schafs- und Baumwolle.

An einem andern Stand verkaufte man fachmännisch gegerbtes Leder und schönste Ziegenfelle sowie Pelze von wilden Tieren wie Eichhörnchen, Mardern, aber auch Füchsen, deren hell schimmernde, buschige Schwänze mich verzauberten.

Am meisten jedoch beeindruckte mich ein Stand mit einem Händler aus dem Toggenburg, der Pülverchen und Essenzen gegen jedes Gebrechen und Leid kannte. Er pries seine Waren lautstark an und meinte, er habe Amulette und Talismane gegen

Pech, Hunger und Missernten sowie einen seltenen Stein, der – wenn man ihn immer mit sich trage – die bekannten Kopf- und Kreuzschmerzen beim Föhn verhindere. Natürlich, versicherte er immer schelmisch lächelnd, sei alles gut christlich, er sei schließlich ein frommer Mann und kein abergläubiger Schwarzmagier. Wer an Unfruchtbarkeit leide, solle nur dieses geriebene Steinbockhorn in die Suppe tun oder jenes gesegnete Wunderwasser aus Paris einnehmen, wo sich scheinbar sogar die Adligen um die seltenen Fläschchen stritten. Er hatte Kräuter gegen den Kummer im Winter, gegen die Angst vor dem Tod und natürlich eine Phiole mit einem höchst seltenen, geweihten Wasser von einem Pilger aus dem Heiligen Land, das, wenn man es tränke und dabei drei Ave Mariae bete, gegen die Trägheit des Mittagsdämons wirke, welcher ja bekanntlich eines der acht Hauptlaster sei und zu den sieben Todsünden führe und an dem bisweilen sogar die reinsten und frömmsten Mönche zerbrächen und in schändlichste und gottlose Unzucht abfielen. Ich hätte ihm den ganzen Tag lang zuhören können, wenn mich nicht der *medicus* rüde weggezogen hätte.

»Diese Quacksalber und Scharlatane, hüte dich ja vor ihnen!«, raunte er. »Überhaupt ist immer allerlei Gesindel an den Kilbenen, nimm dich in Acht!« Er deutete auf die zahlreichen Bettler, fahrenden Studenten und Wanderleute, die man überall sah. Die Reisenden erkannte man an ihren fremdartigen, abgenutzten Kleidern. Sie waren redselig, wussten viel von der weiten Welt und den fernen Ländern zu berichten, in denen sie angeblich gewesen waren, und ließen sich gerne zu einem Umtrunk einladen. Andere spielten gegen klimperndes Münzmetall Musik auf ihren Flöten, Drehleiern oder Dudelsäcken. Die Bettler er-

kannte man an ihren Lumpen, die sie in Fetzen um ihre verkrüppelten Leiber trugen. Ich sah Beinstümpfe, fehlende Arme und abgefrorene Finger vom letzten Winter. Einige waren wohl Veteranen von den Schlachtfeldern Norditaliens; heimgekommene Söldner, gescheitert, gebrochen und ihrem eigenen Hause eine unwillkommene Last. Der Gallati legte seine Hand um meine Schulter, während er auf eine kleine Holztribüne zulief, die mitten im Spielhof errichtet worden war und auf die gerade zwei fein gekleidete Herren stiegen.
Der eine war, wie ich erfuhr, der amtierende Ammann des Landes Glarus, Marx Mad. Bei sich trug er als Zeichen seiner Macht das große Landesschwert. Der Stahl der breiten Klinge glänzte magisch im Sonnenschein. Er sprach mit schallender Stimme über die ganze Kilbi hinweg und dankte den Gästen aus Ilanz für ihr zahlreiches Erscheinen und für den Zusammenhalt, den sie in diesen von Zwist geprägten Zeiten bewiesen. Der andere Herr war der Ammann des Grauen Bundes und sprach seinerseits den Dank im Namen aller Ilanzer aus, die freudig der Einladung der Glarner nachgekommen waren. Er dankte Gott im Himmel für die Banden der Freundschaft, für die Eidgenossenschaft und für diese Kilbi, und all dies tat er in einem ganz lustigen Teutsch, wie ich es nie zuvor gehört hatte. Die Leute klatschten, jubelten und jauchzten, und die Musik, welche für die Ansprache kurz innegehalten hatte, begann von Neuem. Auch der Toggenburger rief wieder seine Waren aus.
»Komm, Balzli, ich glaube, ich habe den Heinrich Hässi erspäht!«, sagte plötzlich der Gallati und lief gezielt auf die Gruppe zu, die vor dem Wirtshaus zum Löwen stand und mit dem Ammann sprach.

Diese Männer waren sehr fein gekleidet, trugen Wämser und Krägen aus wunderschönen farbigen Stoffen und unglaublich schöne Hüte, die ich so noch nie gesehen hatte, denn es steckten Federn drin, von sehr großen, mir unbekannten Vögeln. An den Hälsen der Männer hingen Ketten aus Silber oder gar Gold und an den Fingern sah ich große Ringe mit gravierten Siegeln oder glänzenden Steinen. Ihre engen Beinkleider und seltsam spitzigen Lederschuhe waren im Gegensatz zu meinen Leinenhosen und derben, eckigen Holzschuhen so edel, dass ich mir nicht vorstellen konnte, wie sie damit in den Stall zu den Kühen gingen. Sie sahen in ihrer ganzen Stoff-, Schmuck- und Farbenpracht ganz anders aus als ich und die Leute, die ich bis dato in meinem Leben gekannt hatte. Jene trugen, wie ich, nur braune oder graue Kleider aus einem viel grobmaschigeren Stoff, der im Winter warm gab und stach und in dem sich im Sommer manchmal Flöhe und ganz selten Zecken in den Falten versteckten. Auch war ihre Kleidung sauber, im Gegensatz zu meiner, die stark nach Stall, Veh und Pferdeäpfeln roch sowie nach Schweiß wegen der Reise. Diese Menschen waren wohl, so dachte ich, die *nobiles*, die Edelleut, gute und feine Christen, von denen ich viel gehört hatte, aber die sich nicht in Bilten umhertrieben und die in keine Ställe gingen.

»Gnädige Herren«, unterbrach der Gallati eine Unterhaltung zwischen dem Glarner Ammann Marx Mad und einem Mann mit einem langen, spitzigen, dunkelgrauen Bart, der aussah, als hätten seine wachen Augen – die in diesem Augenblick zu Herrn Gallati huschten – schon sehr vieles dieser Welt unseres Herrn gesehen. Sie weiteten sich erfreut, als er ihn erkannte, und er rief mit kehliger und lauter Stimme: »Ja, das ist jetzt aber eine freudige Überraschung! *Salve*, Peter Gallati!«

Es folgte ein höfliches und ausgesprochen fröhliches Gespräch, in dem man Gott pries, für das Wetter und den Landsgemeindeentscheid bezüglich der Zusage des Bundes, und noch viel mehr priesen sie. Der Mann mit dem Spitzbart lachte viel und schallend und er warf seinen Kopf in den Nacken, wenn er dies tat. Marx Mad grüßte ebenfalls herzlich, verließ dann jedoch die Runde, weil er von den Ilanzern zum Mittagessen erwartet wurde. Beim Vorbeigehen tätschelte er meinen Kopf, und das war der Augenblick, als der bärtige, edle Mann – Heinrich Hässi – zum ersten Mal zu mir herunterschaute.
»Ist das jetzt das Kind vom Fritz Hauser, seh' ich das richtig? Natürlich, Grundgütiger, er sieht ihm wie aus dem Gesichte geschnitten ähnlich!«, lachte er und kniff mich schmerzhaft in die Wange. Sein Atem roch nach Wein. »Wie gefällt dir Glarus, junger Fritz?«
»Balzli, ich heiße Balzli, und Glarus gefällt mir sehr gut. Es ist nur schade, dass meine Mutter und mein Bruder dies nicht sehen können«, antwortete ich scheu.
Herr Gallati legte, als er dies hörte, seine Hand auf meine Schulter und sprach sanft: »Keine Angst, Balzli, sie sehen es«, er deutete mit einem Finger in den klaren Sonnenhimmel über Glarus, »sie sehen es.«
Heinrich Hässi, der nichts dazu zu sagen hatte, fragte den *medicus*, ob er mit zu ihm nach Hause wolle, es sei schon bald Mittag und es gebe Schweinebraten und Pastete, das könne er sich nicht entgehen lassen.
»So gerne ich kommen würde, Heinrich, ich muss zurück ins Unterland«, sagte dieser pflichtbewusst, schüttelte dem Säckelmeister noch einmal kräftig die Hand und verabschiedete sich

von mir, alles Gute wünschend. Heinrich Hässi lachte durch seinen Bart und meinte dann, ja wenn's denn sein müsse, dann solle er in Gottes Namen gehen, ehe in der Linthebene die *pestis* erneut ausbreche. Herr Gallati war jedoch schon zwischen den Menschen Richtung Pferdestall verschwunden.
»Nun denn, komm, kleiner Fritz«, seufzte Heinrich Hässi zufrieden, »bringen wir dich in dein neues Zuhause.«

Drittes Kapitel

Rut antwortete: Rede mir nicht ein, dass ich dich verlassen und von dir umkehren sollte. Wo du hingehst, da will ich auch hingehen; wo du bleibst, da bleibe ich auch. Dein Volk ist mein Volk, und dein Gott ist mein Gott. Wo du stirbst, da sterbe ich auch, da will ich auch begraben werden. Der HERR tue mir dies und das, nur der Tod wird mich und dich scheiden.

Buch Rut 1,16–17

Worin ich in das Haus der Hässis komme und eine schicksalsschwere Begegnung habe.

Ich sehe es noch vor mir, das Haus des Säckelmeisters und Hauptmannes samt all seiner Pracht. Es stand unweit des Spielhofes, im Schutz und Schatten einer großen Linde. Es war keine armselige Hütte, wie wir sie in Bilten nahe der Maag gehabt hatten, es war auch kein bescheidenes Häuschen, wie die Blums eines besaßen. Es war ein stolzes Herrenhaus, groß und ganz aus Stein, mit dicken, hell verputzten Wänden, auf welchen man kunstreiche Malereien sah, von eidgenössischen Reisläufern im Kriege in fremden Ländern, mit vielen langen Speeren und wehenden Fahnen. Am Türbogen und an den Fenstern fanden sich spielerische Kratzstuckverzierungen, wie sie zunehmend an modernen und vornehmen Häusern zu beobachten waren. Die Eichenholztür war ebenfalls prächtig anzusehen, mit zahlreichen Schnitzereien versehen, und neben ihr hing eine kleine Glocke mit einer Schnur. Wortlos öffnete Heinrich Hässi die Türe und ließ mich hinein.

Das Haus Hässi umfasste neun Personen. Heinrich und seine Frau Vreni, item Rolf, den ältesten Sohn, der in Frankreich in einem königlichen Regiment in der Ausbildung war, item Uli, der in einem Kloster in Frankreich in der Nähe von Paris war, itemque Sophie, die in meinem Alter war, sowie Jean-Jacques und Franz, beides noch kleine Kinder, der Franz gar noch kleiner, als es der Fritzli in Bilten gewesen war. Dazu kam Ruth, die etwas rundliche Köchin und Magd aus Sool im Hinterland, die bei den Hässis arbeitete, und Samuel, der Knecht des Hauses, der sich auch um die Pferdeställe kümmerte. Ich erinnere mich, wie sie in der Stube standen, neben einem herrlichen, hellgrün bemalten Kachelofen, und mich neugierig ansahen, während mich Heinrich Hässi vorstellte als den Sohn des Fritz Hauser. Immerzu nannte er mich den kleinen Fritz.

»Balzli ist mein Name«, piepste ich schüchtern, vor Scham hinabblickend, und Heinrich Hässi meinte lachend, eben, Balzli, der kleine Fritz. Ich schämte mich, in meinem dreckigen Bauernrock vor ihnen zu stehen, die sie alle feine Kleider aus farbiger Seide oder gar köstlichem Samt trugen, und ich blickte auf den Boden, sodass ich bei dieser ersten Begegnung niemandem direkt ins Gesicht sehen musste, sondern mich mit reinem Unwohlfühlen begnügte. Zu meinem Glück wurden wir sogleich von der Ruth zu Tisch gebeten.

Der getäfelte Tisch war nicht voller Kratzer und Brandflecken wie der unsrige in Bilten, sondern wies nur einige Wachsflecken auf, denn die Hässis verbrannten keine Kienspäne in der Nacht, sondern teure, süß duftende Honigwachskerzen oder aufwendig gestaltete Öllampen. Auf dem Tisch standen Teller und Becher aus echtem, hell glänzendem Zinn, etwas, was ich noch nie gesehen hatte und was selbst in den Städten und Wirtschaften der Zünfte eine Seltenheit war. In einer großen Schüssel in der Mitte war ein Schweinebraten, der in Agrest – dem Saft gepresster, unreifer Trauben – gar gekocht und mit geschnittener Petersilie, Knoblauch sowie ganz wenig sündhaft teurem, zerstoßenem Pfeffer gewürzt war.

Mit dem Messer, das sie an einer Kordel um den Hals trug, schnitt die Ruth den Braten in Stücke. Heinrich Hässi saß am Kopf des Tisches, unter einem prächtigen, silbernen Kruzifix, das den gekreuzigten Herrn Jesus Christus zeigte. Links neben ihm saßen, wie es sich gehörte, seine Frau, dann Sophie, dann die Ruth. Rechts war mir ein Platz zugeteilt, neben dem Samuel, der mit einem warmen Gebäck in das Zimmer kam. Die Kinder schliefen bereits ihren Kindermittagsschlaf. Bevor wir alle Platz nahmen, standen wir auf und der Heinrich Hässi schloss die Augen und sagte mit seiner lauten Stimme: »Allmächtiger Herrgott, Schöpfer der Welt, wir danken Dir für Speise und Trank, durch sie gewährst Du uns Leben und Freude und wir danken Dir auch dafür, dass Du unserem Heim und Haus ein neues Mitglied geschenkt hast, den Sohn des tapferen Fritz Hauser. Gepriesen seiest Du in alle Ewigkeit.«
»Amen!«, sprachen wir alle mit und setzten uns dann auf die Holzhocker, denn nur der Herr und die Frau Hässi hatten

Stuhllehnen und Armstützen. Heinrich Hässi griff in die Schüssel und nahm sich ein großes Stück Braten mit den Fingern und fing an, daran zu beißen. Die anderen taten es ihm gleich. Ich nahm zuerst nur ein Stück Weißbrot und aß verunsichert die Rinde. Durfte ich auch vom Fleisch nehmen? Der Hausherr beantwortete meine Frage, indem er sich kurz an einem Tuch die schmierigen Finger abtupfte, erneut in die Schüssel griff und mir ein Stück Schweinebraten in den Teller warf.
»Iss!«, befahl er. »Sonst verhungerst du noch!«

Bis zu diesem Punkt meines jungen Lebens war Fleisch eine große Seltenheit gewesen, und nur wenige Male hatten wir Fleisch in unserer Hütte gegessen, vor der Abreise meines Vaters zum Beispiel, als ein Zicklein geschlachtet und eingekocht wurde. Großbauern konnten es sich leisten, einmal im Jahr, im Herbst, einige ihrer Tiere zu schlachten, das Fleisch zu räuchern, zu pökeln oder mit dem Blut zu Würsten verarbeiten zu lassen, sodass es über den Winter hielt. Wir nicht.
Ich biss also zum ersten Mal in einen Braten und fühlte auf der Zunge den vorherrschenden, sauren Agrest und wie er sich noch im Biss mit dem warmen Fleischsaft des Bratens zu einem mir neuen Geschmack entwickelte. Als Nächstes kam die leichte pflanzliche Note der Petersilie als Gegengewicht im Munde, und lange hielten sich die Geschmäcker die Waage, bis ich auf ein Pfefferkorn biss und es mir war, als ob mein Mund brenne, so scharf war dieses teure Gewürz aus den fernen Ländern, wo der Pfeffer wächst. Als ich das erste Stück hinuntergeschluckt hatte, blieb mir der wohlige Nachgeschmack des Knoblauchs im Gaumen. Ich schmecke die Speise, geneigter Leser, über all die Jahre hinweg,

und das selbst noch in einem Alter wie dem meinigen, da das Salz nicht mehr würzt, wie die Bibel sagt, und das, was ich mit meinen wenigen Zähnen noch zu beißen vermag, auf der Zunge längst nach kalter Asche schmeckt. Aber so ist das: Wir zehren von unserer Vergangenheit.

Während des Essens wurde nicht gesprochen, und allgemein versuchte ich, die gute Tischzucht von den anderen abzuschauen. Sie schmatzten nicht und würgten auch nicht herunter wie vielerorts. Ich griff meinen Becher und trank einen Schluck. Es war Wein drin. Ich musste husten, da ich an dessen Geschmack nicht gewöhnt war. Der Hausherr sah mich mit erhobenen Augenbrauen an.
»Ist der Wein nicht gut, kleiner Fritz?«, fragte er.
»Nein! Ich meine: Doch, natürlich ist er gut! Es tut mir leid, aber ich trinke sonst nur Wasser oder Milch«, antwortete ich hastig und nahm den nächsten Bissen des warmen Fleisches. Heinrich Hässi schleckte sich die Finger ab und meinte: »Bring uns ein bisschen Milch für die Pastete, Samuel!« Samuel erhob sich und verschwand hinter der Türe. Dann schnitt die Ruth das Gebäck auf, welches der Heinrich Hässi Pastete nannte.
»In Frankreich – beim König Franz I. –, musst du wissen, isst man viele Pasteten, nur tun sie dort gutes Fleisch rein«, erklärte er. In dieser waren zerhackte und zerstampfte Früchte, Pflaumen, Äpfel und Birnen. Dazu gab es Bienenhonig. »Dies ist eine Abwandlung der französischen Machart. Man könnte sie *Glarner Pastete* nennen!«, sagte Heinrich Hässi und musste lachen. Die Pastete war unter dem Teig herrlich süß und sehr wohlschmeckend, und ich wusste nicht, ob ich das feine Essen

loben sollte oder ob das unsittlich sei. Also sagte ich nichts, sondern sprach brav und mit sattem Bauch Amen zum Tischgebet, welches das Mahl schloss.

Bei den Hässis traf ich unerfahrenes Kind auf eine Welt, die ich nicht gekannt hatte. Es war, als sei ich nicht mehr im Glarnerland, sondern in einem fernen Schloss bei einem der Könige aus den Erzählungen und Sagen. Ich fühlte mich wie ein Höfling oder feiner Herr, denn mir wurden die Bauernsachen nach dem Essen ausgezogen und ich bekam alte Kleider vom Rolf, der ja in Frankreich war. So trug auch ich enge Beinkleider und spitze Lederschuhe anstelle der einfachen Bundschuhe. Vielleicht war es einfältig und dumm von mir, mich so einfach und schnell vom Prunk blenden zu lassen. Aber ist es denn nicht allzu verständlich? Wie sonst, wenn nicht staunend, betritt man eine andere Welt?

Nachdem ich frisch eingekleidet worden war, saß ich in der Stube neben dem mit vielen Eindrücken des ländlichen Lebens bemalten Kachelofen und schaute aus dem Fenster auf das lebendige Glarus. Heinrich Hässi war wieder an die Kilbi gegangen; nicht, um etwas zu kaufen, sondern um Politik zu betreiben, sagte seine Frau, die nun auf einem Stuhl saß und strickte. Ich wusste nicht, was sie damit meinte, jedoch sagte ich nichts. Nach einiger Zeit des stillen Wunderns ob all der Dinge, welche die Hässis besaßen, wurde mir langweilig und ich überlegte, was ich machen konnte. Ob ich im Stall etwas tun könne, fragte ich die Frau Hässi, melken, putzen oder ausmisten. Ich könne auch käsen und anknen, das habe ich bei der

Margret Blum gelernt, und außerdem sei ich ein guter Vehhirt, wenn sie wolle, könne ich am Nachmittag auf das Veh aufpassen. Sie blickte mich einige Augenblicke verdutzt an, dann lachte sie kurz auf und meinte, ihre Kühe seien nicht mehr bei ihnen, die seien allesamt verpachtet, ebenso der Stall und die Alp, und das führe jetzt alles einer aus Matt im Sernftal und der mache auch Käse, und den Anken, den mache die Ruth sicherlich besser als ich. Sie, die Hässis, seien schon lange keine Bauern mehr, denn schon der Großvater Hässi sei ein großer Söldner gewesen. Gewiss hätte ich auch noch anderes zu tun, meinte sie zuletzt.

Also ging ich ein wenig betrübt die Treppen zur Schlafkammer des Rolf hinauf, wo ich mich eingerichtet hatte. Ich setzte mich auf das schöne Himmelbett, das nicht nur aus Stroh und einem Leintuch bestand wie die Schlafstätte in unserer Hütte zu Bilten. Dieses Bett hatte ein eigenes hölzernes Bettgestell und war mit Federn gefüllt. Es stach bei Weitem nicht so, wie Strohbetten es für gewöhnlich taten. Ich blickte zu den mächtigen Holzbalken an der Decke und dachte an die Pracht dieses Ortes, an den Reichtum der Hässis, der sich durch alles in diesem Haus zeigte. Es war dies wahrlich eine andere Welt, und fremd und einsam fühlte ich mich in ihr. In diesem Augenblick hätte ich alles gerne, liebend gerne, getauscht gegen das weniger feine und edle Leben in unserer Hütte in Bilten, mit meiner Mutter, dem kleinen Fritzli und unseren Kühen. Ich vermisste auch die Blums, die sich so gut um mich gekümmert hatten und bei denen ich wenigstens hatte arbeiten können. Und dann kam mir meine schöne Heugabel in den Sinn und all das, was ich hinter mir gelassen hatte. Schwarze Trauer legte sich da über mich, jene, gegen die man ohnmächtig ist. Die lähmende Trauer des Verlusts, der man nichts entgegenzusetzen hat. Ich erinnerte mich an meine Mutter, wie sie in der Milchpfütze gelegen hatte, wie sie stumm um meinen verstorbenen Vater geweint hatte. Wie sie legte ich mich hin und versuchte mit ihr, mit meinem Vater und mit Gott zu sprechen. Aus dem flüsternden Gebet wurde immer mehr ein Wimmern. Ich war nicht fromm und standhaft. Ich ergab mich der Trauer und weinte stumme Tränen um all das, was ich verloren hatte.

Sophie Hässi war in das Zimmer gekommen, ohne dass ich es bemerkt hatte. Ich wusste nicht, wie lange sie schon so dastand und mir zuschaute, doch war es gänzlich unwichtig, denn dort, in diesem Augenblick, sah ich zum ersten Mal ihr Gesicht, was ich aus lauter Scham vor und während des Essens tunlichst vermieden hatte. Und ich vergaß alles Schöne und Bezaubernde, was ich am heutigen Tag gesehen hatte, denn so viel schöner und bezaubernder war sie.

Ihre hellbraunen Haare fielen in gleichmäßig wogenden Wellen über ihre zierlichen Schultern und umrahmten ihr betörendes Gesicht, das so hell und makellos war wie der Schnee auf den Bergspitzen, wenn die Sonne sich darin spiegelt. Ihre feinen, rosafarbenen Lippen waren leicht geöffnet, vor Schreck oder Erstaunen, wie die meinigen vor Bewunderung. Ihre Augen waren von einem tiefen Grün, wie ein stiller Bergsee, und ihr Blick war von einer Zärtlichkeit, in der ich mich verlor wie in einem nie endenden Traum, und es war so schön, dass ich hoffte, nicht wieder aufwachen zu müssen. Ich vergaß alle Sorgen, allen Schmerz, der mich vor einem Augenblick noch geplagt hatte. Ja, ich vergaß sogar, ob die Träne, die über meine Wange lief, aus der vorherigen Trauer oder aus der jetzigen Entzückung ge-

boren war. Für diesen flüchtigen und doch ewigen Augenblick, in dem wir uns ansahen, wusste ich, dass ich verliebt war, ohne doch zu wissen, was es hieß und bedeutete.
»Sei gegrüßt«, sagte sie leise, fast flüsternd.
Ich brachte nichts heraus. Lange sahen wir uns nur an.
»Geht es dir gut, Balz?«, fragte sie und kam einen Schritt auf mich zu. Beinah wär' ich in Ohnmacht gefallen. Dann endlich, nach mehreren Ewigkeiten, antwortete ich Tölpel: »Grüß Gott!«
Sie kam erneut einen Schritt auf mich zu, und so nah war sie nun, dass ich ihren Atem auf meiner Wange spürte. Ich hörte das Pochen meines Herzens in meinen Ohren. Überall in der Luft lag ihr sanfter, lieblicher Duft, der von ihren Haaren und ihrer Haut ausging, und ich sah ihr Antlitz nun von viel näher und verlor mich in ihm, denn es war so unbeschreiblich schön. Dann streckte sie ihre weiße, feine Hand aus – und berührte mich an der Wange, wo meine Träne war. Sanft wischte sie sie ab.
»Vermisst du deine Eltern?«, fragte sie flüsternd in mein Ohr.
Ich nickte stumm.
Lange sagten wir beide nichts. Dann, langsam und anmutig, drehte sie sich um und lief zur Türe. Ehe sie hinaustrat, blickte sie zurück und hauchte mit ihrer hellen Engelsstimme: »Ich werde für sie beten, Balzli. Und für dich.« Dann schloss sie die Türe hinter sich.

Am späteren Nachmittag, als die Sonne hinter dem mächtigen Glärnisch verschwand und sich Schatten über Glarus senkten, hörte ich, wie jemand die Haustüre lautstark zuwarf. Ich ging aus meinem Zimmer, in dem ich den ganzen Nachmittag mit mir, meinen Gedanken, Tränen und Gefühlen verbracht hatte, um zu sehen, was los war.

Ich sah gerade noch, wie Heinrich Hässi die letzten Treppenstufen nahm. Er sah ernst aus und er machte mir Angst. Schweigend schritt er an mir vorbei und trat in die Stube, wo Frau Hässi mit den Kindern saß.

»Gerade eben haben sie den Büchelhannes, den Stallknecht der Tschudis, gefunden. Tot!«, sagte er düster.

Frau Hässi stand entsetzt auf. »Wurde er erschlagen?«, fragte sie.

»Nein, Vreni, schlimmer. Es war die *pestis*. Sie hat Glarus erreicht!«

Da war er wieder, dachte ich grimmig. Der Schwarze Tod, der nach mir griff, weil ich ihm in Bilten entwischt war.

Viertes Kapitel

*Ist das nicht ein groß Klag,
zehn Jungfrauen in einem Grab?*

Grabsteininschrift in Glarus, 16. Jahrhundert

Worin die Pest endgültig ins Glarnerland kommt
und ich eine besorgniserregende
Prophezeiung vernehme.

Man hatte gedacht, dass die Pest zu Anfang des Jahres 1526 im Unterland besiegt worden war. Tatsächlich – und das musste unser armes Glarnerland mit Schrecken feststellen – war die Pest in Bilten, in den beiden Urnen und in Näfels nur ein Vorbote gewesen. Der kurze und trügerische Friede vor dem Schwarzen Tod war lediglich die Ruhe vor dem Sturm. Das große Sterben sollte erst beginnen.
Still tanzte der Tod den schaurigen Tanz des Macabré und pflügte sich seine verheerende Schneise durch die Reihen der Menschen. Alt, Jung, Reich, Arm; unterschiedslos alle nahm er mit sich. Es war eine schlimme Zeit, geprägt von Unsicherheit, Misstrauen und Todesangst. Jene wenigen, die es sich leisten konnten, flohen aus dem Lande an sicherere Orte. Von Ennenda gingen so viele, dass die Bevölkerung dieses Dorfes um ein Drittel kleiner geworden war. Auch unser Ammann, der vielgeachtete Herr Marx

Mad, floh nach Uznach, wo er sich in Sicherheit wähnte. Allerorts sah es verlassen aus. Allerorts tötete es.

Ich war inzwischen bei den Hässis eine Art Bote geworden, weil sie merkten, dass ich etwas tun musste, um glücklich zu sein, und weil sie sahen, dass, wenn sie mich allein mit meinen Gedanken ließen, eine Trauer ungeahnten Ausmaßes mich überkam. Dies und der Umstand, dass der Knecht Samuel ebenfalls eines Nachts aus Glarus geflohen war, genügte dem Heinrich Hässi, um mich auf Botengänge durch das verseuchte Land zu schicken. Meine Dienstbarkeit erstreckte sich auf die umliegenden Dörfer, Ennenda und Riedern, manchmal gar bis Netstal oder Mitlödi.
Ich fürchtete den Tod nicht. Vielleicht war es närrisch von mir, doch ich verband mit dem Tod nicht die Angst vor dem tanzenden Skelett, sondern vielmehr das Versprechen, dass er mich zu meinen Geliebten im Himmel geleiten würde. Die Möglichkeit des Todes barg mehr Trost als Leid in sich, denn nur noch sehr weniges hatte ich im Diesseits zu verlieren. Eigentlich nur noch jemanden.

Vereinzelte Tropfen fielen von einem Himmel, der ein Gemisch aus verschiedensten Weiß- und Grautönen war, während ich mit einem versiegelten Brief in der Hand durch ein verlassenes Glarus lief. Ich hüpfte, summte eine Melodie, die ich aufgeschnappt hatte, irgendwann, bevor alles so trist geworden war. Links und rechts von mir standen die Häuser leer, was ich am fehlenden Rauch aus den Schornsteinen erkannte und an den vernagelten Türen, die verhindern sollten, dass Einbrecher ihr übles Werk taten. In anderen Häusern war die Türe aufgebrochen worden, aber nicht des Hab und Gutes wegen; es waren die Pesthäuser, wo die toten Menschen drin gelegen hatten. Die Luft, die um diese Häuser hing, roch schwer, stickig und süßlich nach Tod, Verwesung und Zerfall. In den schwarzen Schlünden der aufgebrochenen Türen huschten piepsende Ratten hin und her, seltsame Begleiterscheinungen dieser finsteren Zeit des Sterbens. An Ketten oder Seilen angebunden sah man manchmal tote, ausgemergelte Hundekadaver in den Gärten liegen; nach dem Dahinscheiden ihrer Herrchen hatte sich niemand getraut, sich ihnen zu nähern, und so waren sie – nach langem Klagegeheule, das die Nächte der *pestis* gespenstisch erfüllte – elendiglich verhungert. Diese Pesthäuser waren markiert mit einem roten Strich an der Hauswand, und man mied sie, selbst wenn ich nicht verstand warum, denn es starben auch viele Menschen, die nie in der Nähe eines Pesthauses gewesen waren.

Glarus ereilte zu der Zeit die Nachricht, dass auch zu Schwanden die Pest wütete. Doch anders als in Glarus wurde in Schwanden gefeiert, im wahnhaften Wunsch, das Leben bis zum letzten Tropfen auszukosten, solange es noch ging. Es waren dies verzweifelte Feste des Irrsinns und Aberwitzes, voll Wollust und Sünde, auf denen der Tod die Fiedel strich und auf der Leier spielte. Ein jeder hatte seine eigene Art, mit seiner Rolle in Gottes Plan umzugehen, wie man sieht.

Schnell tat ich einen Satz zur Seite, um dem Inhalt eines Nachttopfes auszuweichen, der gerade aus dem Fenster geworfen wurde und laut und dreckig auf die Straße spritzte. Man konnte der *pestis* nicht entgehen, solange man hier war. Menschen konnten nichts gegen diese Plage tun. Es lag nicht in ihrer Hand. Man konnte nur auf Gottes Segen hoffen, auf dass Er es schlussendlich gut mit uns armen Sündern meine, wie jeden Sonntag in der Kirche gepredigt wurde.

Meinem Herrn und Ziehvater Heinrich Hässi kam es nicht in den Sinn, von Glarus zu weichen. Eines Morgens, als wir vernommen hatten, dass im Oberdorf eine achtköpfige Sippschaft in einem Haus tot aufgefunden worden war und die Frau Hässi meinte, wir müssten vielleicht auch gehen, bis die Pestilenz vorbei sei, rief Heinrich Hässi wütend: »Auf keinen Fall, wir bleiben im Land!« Sein Kriegerstolz verbot es ihm zu weichen, wie ein feiger kaiserlicher Habsburger es getan hätte. Mein Vater, so sagte er und gab mir dabei einen kräftigen Klaps auf den Rücken, hätte dies nämlich auch nicht getan. Die Hässis sollen allen ein Vorbild an Mut, Standhaftigkeit und frommem Gottvertrauen sein und weiterhin jeden Sonntag die Messe des Valentin Tschudi besuchen, wie es sich gehöre. Denn es gehe noch viel mehr im Lande herum als nur die *pestis*.
Und so war es. Man hörte, dass Wiedertäufer aus dem verruchten Zürich in das Land gekommen seien. In Schwanden und Matt und auch an anderen Orten werde allerlei Unfug gepredigt und Zwist gesät. Heinrich Hässi schüttelte traurig den Kopf, wenn er davon sprach. Gott erbarme sich des Zwinglis, dass er solch einer Teufelei Vater sei, pflegte er dann beizupflichten. Dieser Zwingli, von dem ich immer nur Schlimmes und Schlechtes gehört und den ich mir wie einen gehörnten Teufel mit gespaltener Zunge vorgestellt hatte, war der Gevatter des ältesten Kindes der Hässis, des Rolf, und ihn und die Hässis verband seit seiner Zeit in Glarus eine tiefe Freundschaft.

»Er ist ein rechter Mensch, lieb und zuvorkommend, doch, leider Gottes, verblendet«, sagte mir Heinrich Hässi eines Tages, als ich ihn auf den Usurpator aus Zürich ansprach. »Oftmals frage ich mich, was mein alter Freund mit all dem Unfug erreichen will. Sie sagen, er wolle das Christentum reformieren. Ich frage: Wozu all diese Reformen? Die Welt sei schlecht, antworten sie, die Kirche von Sünde zerfressen. Und ich antworte: Die Welt ist so gut, wie sie sein kann, da unser Herr sie doch geschaffen hat. Es ist die Sünde des Menschen, die sie im Elend hält. Die Sünde des Menschen zerfrisst alles, womit er sich befasst. Aber deshalb müssen wir fromm, standhaft und tugendhaft sein und unser ganzes Denken auf das Leben im Jenseits lenken. Jene, die sich daran machen, diese gottgeschaffene Welt verbessern zu wollen, äußern einzig ihren ebenso sündigen Wunsch, bereits im Diesseits Erfüllung zu finden. Hoffart des Geistes! In der Welt selbst liegt keine Verheißung besserer Dinge. Die Verheißung liegt im Jenseits, nur die Gottlosen vergessen dies. Man *kann* diese Welt nicht verbessern. Man *soll* diese nicht verbessern. Sie ist so, wie sie ist, so, wie Gott sie wollte. Aber der gute Ulrich hatte immer schon wahnwitzige Ideen. Selbst hier in Glarus, als er noch ein anständiger Christ war, aber von der Kanzel aus gegen uns Reisläufer und unser Handwerk wetterte. Als er nach der Schlacht bei Marignano 1515 gegen uns und die französische Krone predigte! Wie konnte er, als kleiner, dahergelaufener Wildhausner, es wagen, sich gegen das alte und ehrwürdige Söldnertum der Glarner auszusprechen, wo doch so viele Häuser ihren Wohlstand nur der Tapferkeit ihrer Söhne, Väter und Brüder auf dem Schlachtfeld verdanken? Nicht zuletzt das unsrige! Vor Jahren, als ich und der Fridli Gallati Mailand und der französischen Krone zu Hülfe eilten und der Kardinal Schiner gleichzeitig zahlreiche Söldner für die päpstliche Seite geworben hatte, sodass wir uns einmal mehr Eidgenossen an der Front gegenübersahen, da verfasste der Ulrich schlimme Briefe gegen das Söldnertum und die Kardinäle. Er schrieb über sie: ›Sie tragen mit Recht rote Hüte und Mäntel. Denn schüttelt man sie, so fallen Dukaten und Kronen heraus, windet man sie, so rinnt deines Sohnes, Bruders, Vaters und Freundes Blut heraus!‹ Nein wirklich, er konnte und durfte nicht bleiben, so sehr wir Glarner seine Person auch schätzten.«

Ich dachte an meinen Vater, der uns in Bilten auch zu Wohlstand verhelfen wollte, indem er in fremden Kriegen für fremde Fürsten kämpfte. Er starb bei diesem Vorhaben, wie so viele andere vor ihm, mit ihm und nach ihm. Ich dachte an den Reichtum, den Heinrich Hässi und seine Vorfahren erworben hatten, weil sie nicht auf dem Feld, in einer Belagerung oder sonst wo in fremden Ländern gestorben waren, und ich sah den Gegensatz zwischen dem Segen der Hässis und dem Fluch und Verlust, den das Söldnerwesen mir beschert hatte. Ich durfte und wollte nicht urteilen, denn ich konnte nichts ändern. Gott hatte es in seinen unerforschlichen Ratschlüssen für gut und richtig erachtet, meinen Vater zu sich zu nehmen. Wer war ich, Seinen Willen hinterfragen zu dürfen? So vergaß ich diese Gedanken und wandte mich wieder dem Beginn des Gesprächs zu. Wahrscheinlich, so dachte ich, hatte mein Ziehvater recht, wenn er darauf bestand, in Glarus zu bleiben. Mir war es genehm, denn ich wollte nicht erneut mir gerade vertraut Gewordenes schmerzlichst verlieren. Besonders nicht Sophie.

Ein Husten und gedämpfte Stimmen ließen mich aufhorchen und unterbrachen meine Gedanken sowie mein einsames Hüpfen durch Glarus. Ich erkannte die Stimme. Es war der Leichenjörg Marti und seine drei Gehülfen. Sein Name sagte alles über sein trauriges Los aus. Er war schon vor der *pestis* Leichenträger und Totengräber gewesen; doch ungleich vielen anderen seinesgleichen waltete er auch nach der Seuche gewissenhaft seines Amtes.

Ich spähte um ein Häusereck und sah ihn und seine in Tücher gewickelten Leute, wie sie gerade einen kranken Mann aus einem Haus trugen. Der geschundene und von unerträglichen Schmerzen gebeutelte Pestkranke hustete und keuchte erbärmlich, und als sie aus Versehen eine schwarze, eitrige Beule am Körper berührten, schrie er in Todesqualen auf. Sie legten ihn auf einen Ochsenkarren. Er schrie weiter, krümmte fiebernd und stöhnend seinen schweißigen, gemarterten Körper. Unter dem Tuch, auf dem er lag, schauten mehrere weiße Beine und Hände hervor.

Ich stand an die Wand eines Hauses gelehnt und ließ den Karren vorbeirollen, schwer und träge, grausam und seltsam faszinierend. Der Leichenjörg nickte mir beim Vorbeifahren höflich zu. Ich winkte und bemerkte, wie eine tote Hand den Boden entlangschleifte.

Der Todeskarren war das einzige immer Betriebsame zu dieser Zeit in Glarus. Unablässig zog er seine grimmigen Bahnen und fuhr Tote und Todkranke zum großen Massengrab außerhalb von Glarus, wo sie verscharrt wurden. Seine Holzräder waren mit Tücherfetzen und Lumpen umbunden, damit man ihn nicht in den Häusern von der Straße her hörte und in Todesängste ausbrach.

Viele brachte die bloße Angst vor dem Schwarzen Tod um den Verstand. Menschen werden zu Tieren, wenn sie genug Angst haben. Es wurden allerlei Beschuldigungen gemacht, man suchte verzweifelt einen Verantwortlichen für dieses Elend, einen Sündenbock, an dem man seine ohnmächtige Wut besser stillen konnte als am Herrgott. Die Bettler wurden verjagt. Es hieß, die Zigeuner – »Zieh-Gäuner«, wie sie mancher nannte – hätten bei ihrem letzten Besuch das Pestgift an die Türklinken der Häuser gestrichen und die Brunnen vergiftet. Wie sonst könne sich die Seuche in so kurzer Zeit so weitflächig ausbreiten, wenn nicht durch fahrende, heimatlose Schurken? Man wusste nicht, was man glauben sollte. Manche verfielen in alte, dunkle Sitten zurück und opferten Kälber, Ziegen und schwarze Hähne, zeichneten mit deren Blut Bannkreise um ihr Haus und Heim. Doch der Pfarrherr Valentin Tschudi verdammte all diese ketzerischen Riten und beteuerte, dass einzig der Herr und nur der Herr uns von diesem Leiden erlösen könne. Ich indes ließ mich wenig von alledem berühren. Der Schwarze Tod zog wie schon einmal geisterhaft an mir vorbei und wenig kümmerte er mich. Meine Gedanken und Träume waren frei von Angst; und wenn sie nicht bei meinen Geliebten im Himmel waren, dann immer bei Sophie.

Seit dieser ewigen und doch so flüchtig vergangenen Begegnung in meinem Zimmer trug ich eine Wärme im Körper, ein vorher nie gekanntes Wohlgefühl: Wenn ich sie sah, ward es mir schwindlig im Kopf und ich war wie betäubt durch ihren Anblick. Mein Herz raste geschwind, es flatterten meine Sinne und es grummelte in meinem Bauch ein seltsames Gefühl, wie wenn man einen Treppenabsatz nicht erwischt. Zuweilen überlief ich vor Glück und Freude, vor Dank und Zuneigung, dann jedoch war ich wiederum bittertraurig und mochte nichts essen. Dennoch war es eine gänzlich andere Trauer, die mich überkam. In nichts glich sie jener, die ich verspürte, wenn ich mich vergeblich nach der warmen Umarmung meiner Mutter sehnte. Es war eine gute und eine reine Trauer, die mir gefiel, weil sie unverkennbarer Ausdruck dieser meiner Liebe zu Sophie war.

Der Weg nach Ennenda war nicht weit, da dieses Dorf gerade auf der anderen Seite der Linth lag. Man musste nur vom Haus der Hässis an der Sägerei vorbei die Landstraße hinunterlaufen. Man lief dort an der Allmeind entlang und an der Abläsch vorbei, bis man die Linthbrücke erreichte, welche beide Dörfer über den großen Fluss hinweg verband. Dort, bei der Brücke, stand ein Junge, den ich vom Sehen her kannte. Er war gleich groß wie ich und hatte zerzaustes, braunes Haar. Seine Kleidung kennzeichnete ihn als einen Bauern. Als er meine Schritte vernahm, drehte er sich um. Er schien erstaunt: »Gott grüß dich, du lebst ja noch!«
»Ja, du auch, wie ich sehe«, antwortete ich das Offensichtliche, aber keinesfalls das Selbstverständliche. »Mein Name ist Balzli Hauser!«
Ich streckte ihm freundlich meine Hand hin. Er zögerte und sah sie an.
»Ich heiße Peter. Wie, sagtest du, ist dein Name?«, fragte er neugierig nach.
»Balzli«, antwortete ich, durch dieses merkwürdige Verhalten ein bisschen verunsichert, »Balzli Hauser, na, eigentlich Arzethauser!«
»Aber du bist doch bei den Hässis, nicht wahr?«
»Dem ist so, aber sie sind nicht meine richtigen Eltern. Sie wa-

ren so gütig, mich bei ihnen aufzunehmen, als Zeichen der Dankbarkeit gegenüber meinem verstorbenen Vater.«
»Ach so«, sagte er plötzlich erleichtert, »dann ergibt es wiederum Sinn!«
»Was ergibt Sinn?«
»Na, dass du noch lebst«, sagte er wie selbstverständlich. »Die Hässis kränkeln doch bestimmt schon. Ganz sicher, denn die ersten Tschudis hat es auch schon erwischt!«, feixte er mit einem bösen Grinsen.
»Was? Nein, die Hässis sind wohlauf, wenn auch traurig über dies Unglück, welches unser Volk und Land ereilt!«
»Sie sind nicht krank?«, stutzte Peter. »Seltsam, dann stimmt es doch nicht ...«
»Was stimmt nicht?«, fragte ich beunruhigt.
»Was uns gesagt wurde. *Er* sagte ... Aber halt, du bist gewiss mit dem Franzosen und den päpstlichen Schergen im Bunde!«
»Wie? Ich bin mit niemandem im Bunde!«, protestierte ich. Peter schaute argwöhnisch.
»Auf welcher Seite stehst du eigentlich?«
»Ich? Bei ... Glarus, auf dieser Seite der Brücke, ich habe ...«, stammelte ich verwirrt, nicht verstehend, was er meinte. Er sah mich ernst an, ging an mir vorbei und rief: »Ihr Altgläubigen werdet schon sehen! Eure Zeit ist gekommen! Der Wandel ist hier, samt Plage, mit der die Ordnung gekippt wird! Im Namen des Herrn, es wird euch alle treffen, Jörg Grebel sagt es: die Franzosengänger und feinen Leute, die von Rom und Paris Verblendeten, den Ammann, die Tschudis, die Freulers, ja, auch euch Hässis!«
Dies waren seine Worte und er ging.

Das Gespräch mit diesem Peter wollte mir auf dem ganzen Weg nach Ennenda und zurück nicht aus dem Kopf. Selbst als ich in Ennenda an einem Massengrab, welches keine sechs Fuß tief, offen und mit mehreren Dutzend stinkender, verwesender Leichen gefüllt war, vorbeikam, dachte ich stets an die Anschuldigungen und die düstere Prophezeiung, die ein mir Unbekannter über die Glarner Obrigkeit gemacht hatte. Was konnte er gemeint haben?

Während ich den toten Menschen unten im Loch in die matten, ausdruckslosen Augen sah, an denen Fliegen klebten, als ich in die geöffneten Münder blickte und die von der Krankheit geschundenen Leiber betrachtete, wo Ratten, Maden und anderes Getier sich gütlich taten, fragte ich mich, was für einen Wandel er gemeint haben könnte. Für wen wurden diese Menschen von Gott bestraft, diese, unter denen sich in Bilten auch meine geliebte Mutter und der kleine Fritzli befunden hatten?

Ratlos trieb ich an diesem Nachmittag durch die nahe Umgebung, saß lange neben der Linth und sah zu, wie sie mächtig und von allem Übel der Welt unbeirrt weiterfloss. Wie sie von allem Leid der Menschen unberührt in das Meer der Ewigkeit strömte.

Als ich schließlich aufstand und nach Hause kam, hatte ich einen Entschluss gefasst: Wenn die *pestis* es auf die feinen und reichen Geschlechter wie die Hässis abgesehen hatte, dann musste ich um alles auf der Welt Sophie Hässi vor dem kommenden Unglück bewahren. Sie galt es zu schützen. Sie, Sophie. Meine Liebe.

Fünftes Kapitel

Denn es werden sich erheben falsche Christusse und falsche Propheten, die Zeichen und Wunder tun, sodass sie die Auserwählten verführen würden, wenn es möglich wäre.

Evangelium nach Markus 13,22

Worin sich die Prophezeiung bewahrheitet und ich eine erschreckende Entdeckung mache.

Am Dienstag der nächsten Woche, es war der sechste Tag des Monats September 1526, kam vom neuen Rathaus ein Bote zu uns.
Es war Mittag und wir saßen alle schon zu Tisch, als die kleine Glocke läutete. Die Botschaft traf Heinrich Hässi wie ein Pfeil: Dem hochvertrauten und hochverehrten Ammann des Landes Glarus, Marx Mad, war es nicht gelungen, dem Schwarzen Tod zu entfliehen. Er hatte ihn in Uznach ereilt und jämmerlich dahingerafft, wie so viele Hunderte andere auch. Glarus stand führungslos in der Eidgenossenschaft da, verlassen von einem guten Christen und einer standhaften Person, die alle geliebt hatten.
Ich für meinen Teil war aus einem ganz anderen Grund erschüttert. Sofort hörte ich des Peters Stimme im Ohr, wie er sagte, es werde den Ammann treffen, die Tschudis, die Freulers und auch die Hässis. Seine düstere Prophezeiung begann sich zu bewahr-

heiten. Ich blickte zu Sophie hinüber, welche still am Tische saß und den Blick gesenkt hatte, wie sie dies immer tat. Es zerriss mir das Herz, mir vorzustellen, wie sie die Nächste sein könnte, wie sie plötzlich unter den Armen und an den Leisten Schmerzen hätte. Ich sah schon die dunklen, eitrigen Beulen an ihrem Körper, sah, wie sich der Schatten des Todes über sie legte, wie sie daliegen würde wie einst meine Mutter, weiß wie Milch, keuchend und hustend, schwitzend und fiebernd. Das durfte ich nicht zulassen!

Der Seelenschmerz, den das Land wegen Marx Mads Tod empfand, wäre bestimmt größer gewesen, wenn nicht überall gestorben worden wäre. Jedes Haus hatte mehrere Todesfälle zu beweinen, und so ist es wohl angebracht zu sagen, dass das Beileidsvermögen der Menschen abgestumpft war. Die Trauermesse in Glarus war kaum besucht, eine Seltenheit in früheren Tagen, zu dieser Zeit jedoch bitterer Alltag. Die Menschen wagten sich nicht mehr weit aus ihren Dörfern, aus ihren Häusern, ja, wenn der Tod des Ammanns überhaupt etwas bewirkt hatte, dann nur, weitere Unsicherheit zwischen die Menschen zu säen. Man sah, dass niemand – weder die Bauern auf dem Felde noch die Politiker im Rate oder im Exil – der Seuche entrinnen konnte. Alle vergingen sie, mit Körper, Geist und Macht. Und was, oh was, ist heute noch übrig von ihrem einstigen Ruhm, von ihrer damaligen Herrlichkeit? Wo ist nun der Glanz Babylons? O quam cito transit gloria mundi! Ob Bauer, Papst oder Kaiser, alle müssen sie sich zuletzt dem Tanz fügen und dem Tod beugen, der allen Kreaturen gewiss ist. Wir sind wahrlich nichts als Staub.

Ich verliere mich in Gedanken über das Ende, dem so nahe ich selbst mich nun sehe, den Abgrund, in den ich zuweilen blicke. Dabei habe ich doch noch so viel vom Leben zu berichten. Verzeiht die Eigenarten eines alten Greises, teurer Leser.
Vielleicht war es meine kindliche Unwissenheit oder meine Sorge um Sophie, jedoch blieb mir damals verborgen, dass gewisse Leute keinen Unstern im Hinscheiden des Ammanns sahen. Im Gegenteil. Sie fanden darin Bestätigung ...

Ich hatte einen Entschluss gefasst. Seit der Totenmesse des Ammanns waren meine Botengänge im Mittelland nur eine Tarnung für meine wahre, wichtigere Aufgabe: jenen Jungen namens Peter zu finden. Dies erwies sich als gar nicht so einfach, wie ich anfangs gedacht hatte. Ich kannte seinen Nachnamen nicht, und Peter, so hießen seit jeher viele in der ganzen Eidgenossenschaft. Zudem waren die Straßen verlassen. Die wenigen, die ich antraf, gingen mir aus dem Weg und scheuchten mich fort. In den Häusern, wo noch Menschen lebten, öffnete man mir erst gar nicht die Türe, sondern schrie, ich solle mich zum Teufel scheren. Die einzige Person, die wirklich mit mir sprach, meinte, Peter gebe es natürlich einige und davon seien heuer gar viele gestorben, er wisse nicht, welchen ich meine, und überhaupt solle ich närrischer Bub um Gottes willen nach Hause gehen und nicht den Tod versuchen oder den Herrgott erzürnen. Schließlich, als ich beinahe aufgegeben hatte, half mir der vielbeschäftigte Leichenjörg Marti weiter, der bei der großen Grube hinter dem Galgenbüchel stand, der weitaus größten Pestgrube im ganzen Großtal. Schwarze Raben umflogen in weiten Kreisen das offene Erdloch. Ein abgemagerter Hund biss in das tote Fleisch einer

Pestleiche. Der Leichenjörg Marti beachtete ihn nicht. Er stützte sich auf eine große, mit Blut und Dreck beschmutze Schaufel, als er mir antwortete: »Ja, den kleinen Peter kenne ich. Weshalb suchst du ihn?«

Ich antwortete ihm, dass Peter mir helfen könne. Er habe Dinge gesagt über die *pestis* und das Land. Ich bräuchte seine Hilfe, um ein Elend zu verhindern. Der Leichenjörg Marti musste lachen, als er mich sprechen hörte. Sein Lachen war wie ein Bellen und es offenbarte seine fauligen Zähne: »Schau in diese Grube, Kind. Welches Elend willst du hier noch verhindern?«

»Ich will ein Mädchen beschützen. Das Mädchen, das ich liebe!«

»So? Das Mädchen, das du liebst. Sag, Kind, ist sie schön?«

»Ja, sie ist sehr schön!«

»Du kannst sie nicht retten, Kind. Weder sie noch ihre Schönheit.«

»Das weißt du nicht!«

»Weiß ich nicht, sagst du? Sag mir, Kind, wer soll es denn besser wissen als ich? Bin es denn nicht ich, der die siechenden Leiber aus den Häusern trägt und schließlich verscharrt? War es denn nicht ich, der ich mein geliebtes Weib in der zweiten Woche dieser vermaledeiten Pestilenz hier vergrub? Sag es, Kind!«

»…«

»Sie war auch schön, weißt du? Sehr schön. Immer hatte ich ihre Schönheit bewundert. Bis zum Schluss, als sie zerfiel. Der Frauenleib, der so zart ist, so glatt, so weich, so köstlich – der Tod macht ihn erzittern, erbleichen. Er macht die Nase sich krümmen, die Adern sich spannen, den Hals sich blähen, das

Fleisch sich auflösen, Gelenke und Nerven sich dehnen und spreizen ... Vergiss Schönheit und alles Irdische. Vergiss das Vergängliche. Wenn du dies begreifst, dann suche nicht nach dem kleinen Peter, sondern suche dein Seelenheil. Und wenn du es in diesen gottlosen Zeiten finden willst, dann höre gut zu, Kind: Im Oktober wird einer kommen, aus Zürich. Er wird hier vorbeigehen und im Oberdorf Quartier beziehen. Er wird das wahre Wort predigen und Licht und Heil bringen in dieses dunkle und kranke Tal. Sei dort und finde, was du suchst!« Und er ging ebenso still und geheimnisvoll an mir vorbei, wie es Peter an der Linthbrücke getan hatte. Sein Blick war müde und ich bemerkte erstmals die vielen Falten unter seinen ungepflegten Bartstoppeln. Grimmig warf er die Schaufel auf den Boden und ging zum Leichenkarren, um wieder ins Dorf zurückzukehren.
Von Linthal her kam warmer Föhn auf und wehte den scheußlich süßen Leichengestank der Grube Richtung Näfels und Bilten. Ich war besorgt. Etwas Seltsames geschah in Glarus und ich wusste nicht, was es war.

Zurück im Hause der Hässis war ich tief in Gedanken versunken. Ich saß auf dem kleinen Trepplein neben dem wärmenden Kachelofen und sah Sophie zu, wie sie mit ihrer Mutter zusammen Französisch lernte. Es war eine mir höchst fremde Sprache und klang in meinen Ohren seltsam, ähnlich wie die lateinischen Predigten und Lesungen in der Kirche, jedoch sanfter, melodiöser und weicher. Ich verstand kein Wort, blickte Sophie aber unentwegt auf die Lippen, wie sie versuchten, die fremdartigen Laute der Sprache des Königs Franz I. zu formen. Es war bezaubernd anzusehen.

Ihre Augen huschten zu mir herüber, unsere Blicke trafen sich kurz und mein Herz schlug eine Kapriole. Ihr Blick war der eines Engels. Dann sah ich die leeren Blicke der Dutzenden Leichen in der Grube, glasig und seelenlos. Für einen winzigen Augenblick sah ich Sophie liegen, im Grab, zwischen weißen Händen und Füßen, schwarzen Beulen, im Gestank des Verderbens und der Verwesung, inmitten allen Getiers, das die sterbliche Hülle frisst. Dort war sie, jene, die ich so sehr liebte. Und ihren Leib, der mein sein sollte, würde ich, hässlich und schmutzig, für immer verlieren. Er wird eine stinkende Mahlzeit sein für die Erde und das Geziefer; der harte Tod endet alle Schönheit ... Ich erschrak und sie wandte den Blick ab. Das Schreckensbild verschwand.

Sogleich war ich wieder zurück in der warmen Stube, neben dem Kachelofen, und die Frau Hässi sagte: »*Tre biä*«, was das Ende dieser Lektion bedeutete, denn sie standen beide auf.

»Balzli«, befahl sie mir, »geh und hol in der Küche Milch und die edle Köstlichkeit, die uns von Frankreich geschickt wurde!« Seit der Samuel geflohen war, war ich mehr Knecht denn Ziehsohn.

Ich tat, wie mir geheißen, und brachte zum Esstisch – wo nun alle saßen – Milch, selbstgebackenes Brot und eigenen Käs sowie eine Leckerei, die dem Heinrich Hässi von einem französischen General geschickt worden war, der in Italien in einem Feldzug auf diese Süßspeise gestoßen war: Die Franzosen nannten sie *marcepain*, italienisch *marzapane* oder in Latein *marci panis*, wie mir Heinrich Hässi erklärt hatte. Es war ein farbiger, teigiger Klumpen und man durfte nur ganz wenig davon probieren, denn es war sehr wertvoll, und in der ganzen Christenheit wurde es nur von den hohen und höchsten Adligen gegessen. Das *marci panis* war süß wie Honig, aber es hatte einen seltsamen Beigeschmack, der mir gänzlich missfiel. Als ich frei heraus meinte, der Bienenhonig sei viel leckerer und den könne man auch als einfacher Bauer essen, weil die Bienen schließlich fleißig seien, schlug mich der Heinrich Hässi auf den Hinterkopf und raunte, ich solle ruhig sein und den Mund halten, ich tumber Narr.

Er war schlecht gelaunt, weil er soeben erfahren hatte, dass die christlichen Ungarn gegen die einfallenden heidnischen Türkenhorden in der Schlacht bei Mohács elendiglich verloren hatten. Die Geißel des Christentums rücke immer weiter vor, fluchte Heinrich Hässi, das Osmanische Reich der türkischen Barbaren dehne sich immer weiter aus, seit das große und heilige Konstantinopel im vorigen Jahrhundert gefallen sei.

»Als ob wir nicht bereits genug Hader mit den Unsrigen hätten!« Dann erhoben wir uns und dankten Gott für diese leckere und seltene Speise, die wir einnehmen durften, und ich räumte ohne weitere Bemerkung alles wieder ab. Zum Schluss meinte der Heinrich Hässi, während er sich nachdenklich über den Bart strich: Ein französischer Adliger zu sein, das wär's eben doch, am Hofe des Königs, wie er als Söldner damals. Die würden nicht so Blödsinn predigen wie hierzulande.

»Es kommt immer mehr auf, in Schwanden, in Matt, in Betschwanden, weiß Gott wo noch überall!«

»Was meint Ihr damit, Herr?«, fragte ich neugierig.

»Zwinglianer, Lutheraner, allerlei Teufelszeug! Sie predigen gegen den Papst in Rom, gegen die Ordnung, die Gott in die Welt gesetzt hat!«

»Aber weshalb tun sie das denn?«

»Sie sind getäuscht worden und eifern einem ketzerischen Traum nach! Man muss ihnen Einhalt gebieten, bevor sich alles noch weiter ausbreitet, bevor die Welt, wie wir sie kennen, ins Wanken gerät! Wer hätte früher solchen Unsinn gepredigt? Unsere Ahnen würden sich unser schämen. Wir müssen in ein paar Wochen in Schwanden einen starken neuen Ammann wählen, der sich gegen all das einsetzt und die Ordnung bewahrt, wie sie war, ist und immer sein soll!« Dies sagte er und ging dann durch die Türe hinaus, wohl um Politik zu betreiben oder Briefe zu schreiben. Allesamt Dinge, die ich nicht verstand.

Die Tage vergingen und die Leute starben. Eines Morgens las mir Heinrich Hässi einen Brief vom ehrenwerten *medicus* Gallati über die jämmerlichen Zustände im Unterland vor. Im Brief stand geschrieben, dass die Blums ebenfalls der *pestis* erlegen waren, alle bis auf Kaspar Blum, der älteste Sohn. Ich trauerte bitterlich um sie und fühlte in meinem Herzen eine grämliche Leere, als sei es mein traurig Los, alle mir lieben Menschen auf dieser Welt zu verlieren. Als sei es ein finsterer Witz des Schwarzen Todes, mich einsam und allein sehen zu wollen, als Letzten zwischen diesen Berghängen.

Man begann vom »Schlimmsten, was dem Lande seit den Habsburgern passiert ist«, zu sprechen. Sonntags in der Kirche gehörten wir zu den wenigen, die noch den Predigten des Leutpriesters Valentin Tschudi lauschten. Das Echo seiner Predigten verhallte beinah ungehört in der fast leeren Stadtkirche zu Glarus.

Der Leichenjörg Marti hatte unterdessen die Stofffetzen und Lumpen um seine Räder weggenommen und eine Glocke an den Wagen gehängt, um zu warnen, dass er komme, mit den Toten und mit der Seuche im Schlepptau. Kurz darauf starb auch er an der *pestis* und vereinte sich mit seiner Geliebten im Himmelreich.

Mich indes beschäftigten andere Sorgen: Die Ankunft des vom seligen Leichenjörg erwähnten Zürchers näherte sich. Ich wurde angespannt und begann, Ausschau zu halten. Häufig, wenn ich nicht auf einem Botengang war, saß ich am Fenster meines Zimmers und schaute an der großen Linde vorbei auf die gepflasterten Straßen von Glarus. So sah ich dann, eines Tages, als winzige Flocken vom Himmel fielen und in der Luft tänzelten, hinter einem Einspänner auf der Straße den von mir so lange gesuchten Peter stehen. Da war er nun endlich! Sofort rannte ich aus dem Haus und lief zu ihm. Als er mich sah, begann er, unauffällig wegzugehen. Ich hielt ihn auf.

»Peter!«, rief ich. Er sah mich, wie schon auf der Linthbrücke, mit großen, argwöhnischen Augen an.

»Du bist ja doch ein Hässi!« Er schaute meine edlen Seidenkleider und meine feinen Lederschuhe an.

»Wie wusstest du, dass Marx Mad sterben würde?«, fragte ich ihn. Er lächelte geheimnisvoll und zufrieden. Dieses Lächeln erzürnte mich. Ich fragte eindringlich weiter: »Wann kommt der Zürcher ins Oberdorf?«

Verwundert zog er die Augenbrauen hoch. »Woher weißt du von ihm?«

»Ich komme mit! Wenn du durch ihn weißt, weshalb die *pestis* die Menschen im Lande tötet, dann weiß er auch, wie ich jemanden davor bewahren kann!«

Peter schaute mich forschend an und höhnte dann: »Du kannst

den bärtigen Franzosen nicht davor bewahren! Der Fall seinesgleichen wird der Wende vorausgehen; Gott wird ihn zu sich nehmen, ihn und alle, die dem Wandel im Wege stehen!«
»Ich meine nicht den Heinrich Hässi! Ich spreche von seiner Tochter!«
»Seiner Tochter?«
»Ja! Höre, Peter, du sprichst in Rätseln: Wende, Wandel – ich weiß nicht, was du dir von dem Elend dieser *pestis* erhoffst, aber Sophie Hässi hat nichts damit zu tun!«
Er blickte mich lange an, spuckte dann auf den Boden und sagte mir, ich solle mitkommen.

Er führte mich ins Oberdorf, eine kleine Ansammlung von Häusern, etwas über Glarus, direkt unter dem großen und mächtigen Berg Glärnisch gelegen. Die steile Bergwand warf einen langen Schatten über ganz Glarus. Wir liefen am kleinen Oberdorfbach entlang, bis wir zu einem ganz gewöhnlichen Hof aus Holz kamen. Peter drehte sich zu mir um.
»Komm, Hässi, ich zeige dir etwas!«
Still gingen wir um den Stall herum. Ich überhörte den Spitznamen, den er mir gegeben hatte.
»Er wird hier nächtigen und speisen, vielleicht für eine Woche. Dann wird er weiterziehen, um unserer Gemeinde in Schwanden beizustehen. Dort, wo wir viele sind«, sprach Peter und lief zu einer Feuerstelle hinter dem Stall. Verkohltes Holz lag darin. Es war kalt und ich fühlte mich unwohl. Die ganze Sache war mir nicht geheuer.
»Wer in Herrgotts Namen seid ihr denn?«, fragte ich. Ich hatte genug von dieser Geheimniskrämerei. Ich wollte die Wahrheit

herausfinden. Nichts ist so erlösend wie die Wahrheit. Peter blickte mich an, deutete auf die Feuerstelle und sagte: »Sieh selbst!«
Ich beugte mich hinunter und ergriff eines der angeschwärzten, rußigen Teile. Schwach waren unter dem verkohlten Holz Linien und Farben, Teile eines ehemaligen Bildes zu erkennen. Mit dem Daumen wischte ich ein wenig Asche beiseite und erkannte es. Es war ein Bild des Heiligen *Franciscus Assisiensis*, des großen Heiligen und Gründers des Franziskanerordens. Erschrocken ließ ich es fallen.
»Grundgütiger!«, keuchte ich fassungslos. »Was soll das?« Es fanden sich noch andere Bilder von Heiligen im verkohlten Haufen. Ich fand sogar ein geschnitztes Bild der Heiligen Jungfrau Maria mit Kind, welche in meinen Händen nur noch ein schwarzes Stück Holz war, verbrannt wie eine gottlose Hexe auf dem Scheiterhaufen. Ich blickte auf und sah, wie Peter verschmitzt grinste.
»Ihr seid ... Anhänger Zwinglis?«, fragte ich ängstlich. Zum ersten Mal hatte ich einen dieser von Heinrich Hässi und vielen anderen verfluchten Neugläubigen vor mir. Ein Zerstörer der alten, gottgewollten Ordnung. Ein Ketzer!
»Mitnichten. Wir sind anders als der verweichlichte Ulrich Zwingli.«
Entsetzt fuhr ich mit der Hand zum Mund: »Wiedertäufer!« Ich wich bestürzt zurück, vor der Stätte der Bilderverbrennung und vor dem Teufel in Kindsgestalt, der sich Peter nannte.
»Gott ist mit jedem von uns, egal, ob reich oder arm, Hässi! Es kommt nicht darauf an, ob man Ablassbriefe zahlt oder nicht. Einzig der Glaube zählt! Wir brauchen keine römischen Pfaffen,

keine falschen, erfundenen Heiligen!«, sprach er mir laut hinterher, während ich zurücktaumelte.

»Schweig!«, schrie ich und lief weg.

Ich rannte weit, mit pochendem Herzen, weit weg, bis es fürchterlich in der Brust brannte. Ich rannte am Spielhof vorbei, auf den Burghügel, wo – leer und verschlossen – die Kapelle des Heiligen Michael stand. Dort erst, inmitten immer dicker werdender Schneeflocken, fiel ich auf die Knie und bekreuzigte mich.

Wiedertäufer! Der Mensch aus Zürich war also ein Wiedertäufer. Der Schwarze Tod war ihr Werk, ihre Waffe. Er sollte ihrem Wandel den Weg ebnen, sollte Fundament eines geheimnisvollen Umsturzes sein. War es denn verwunderlich? War die Seuche denn nicht mit den Lehren aus Zürich ins Land Glarus gekommen? Sie war aufgekommen, als die ersten Predicanten die Luft mit ihrem neuen Glauben verpestet hatten. Welch grausame List!

Unten im Dorf hörte ich die Glocke des Leichenwagens unentwegt bimmeln, dunkel und einsam, im Klang des Sterbens, im Takt des Totentanzes. Eine namenlose Wut überkam mich und füllte meine Augen mit Tränen. Ich musste an meine Mutter denken, an den kleinen Fritzli, an die Blums, an all jene, die ihnen gefolgt waren und noch folgen würden. Die Tränen brannten in meinen Augen, als ich an Sophie denken musste. Sie würden sie nicht kriegen!

Sechstes Kapitel

Zwinglis enge persönliche Beziehungen mit der Gemeinde kommen in zahlreichen brieflichen Zeugnissen nach seinem Weggang zum Ausdruck. Ja, er blieb sogar mit etlichen Kirchgenossen verbunden, die nicht seinem Weg gefolgt sind. So empfahl er 1527 dem um Rat für seine an Brustkrebs leidende Frau fragenden Seckelmeister Heinrich Hässi einen zürcherischen Arzt, obwohl Hässi ein Parteigänger Frankreichs war, um derentwillen er Glarus verlassen hatte. Er war sowohl Hässi wie dem nachmaligen Landammann Hans Äbli [...] Gevatter gewesen, d. h. Pate ihrer Kinder.

Geschichte des Landes Glarus, Jakob Winteler

Worin das Jahr 1526 sowie die Pest endet und ich
Freundschaft schließe.

Meine erschreckende Entdeckung hatte ich geheim gehalten. Was hätte ich tun sollen? Heinrich Hässi benachrichtigen und diesen Peter samt seiner Sippschaft verraten? Wahrscheinlich wäre dies das Vernünftigste gewesen. Doch ich bangte, dass Heinrich Hässi mich verdächtigt hätte, Teil dieses Wiedertäufernests zu sein. Ich fürchtete Tadel, Strafe und Prügel. Tagelang blieb ich deshalb still in meiner Schlafkammer, wo ich traurig aus dem Fenster auf die kahle Linde schaute und beobachtete, wie der Schnee langsam den Dreck der Straßen bedeckte. Ich hatte Angst, war ratlos, und in meiner Verzweiflung wandte ich mich dem Herrn zu. Ich bat ihn,

mich von dieser Qual zu erlösen, bat ihn, den Taumelkelch der Seuche an Sophie vorübergehen zu lassen, sodass mein Einwirken in diese Geschichte nicht nötig sei. Und der Herr war gnädig.
Der kalte Winterbeginn markierte das langersehnte Ende der Pest. Alle Blätter der Bäume waren am Boden, viele Menschen waren gestorben. In Niederurnen 80, in Mollis und Beglingen gar 300, darunter starke und angesehene Leute. In Ennenda deren 130, obwohl der größte Teil geflohen war, sodass Ennenda am Jahresende 1526 wie ein ausgestorbenes Geisterdorf schien. Glarus hatte über 350 Tote zu beklagen, allesamt hinter dem Galgenbüchel in großen Gruben verscharrt oder verbrannt. In Schwanden – das letzte Dorf, dessen die Pest sich bemächtigt hatte – waren es nicht ganz 200.
Überall im Lande trauerten Mütter und Väter, Schwestern und Brüder um ihre Lieben, und zum Weihnachtstag wurden in allen Kirchen des Landes große Totenmessen für alle gehalten und man trug in der Nacht Kerzen zur Kirche und die Glocken läuteten lange und laut durch das ganze Groß- und Kleintal in Erinnerung an die schlimme Zeit des verheerenden Schwarzen Todes. Auf dass er nie wieder seinen Weg in unser Tal fände!
An der Landsgemeinde in Schwanden wurde zudem der neue Ammann, Führer und Hirte der Glarner, gewählt. Das versammelte Volk entschied sich für Hans Aebli, ein guter Christ, altgläubig, fromm und standhaft. Er tat nicht weniges für die Zukunft unseres Landes und viel ist ihm zu verdanken, denn stark kämpfte er für unser Land, für den Frieden und die Einigung. Und als weiser Vermittler offenbarte er sich später zur Zeit der Kappeler Kriege. Hätte er damals nur gewusst, was alles auf ihn zukommen würde. Ach, hätt' ich es nur gewusst. Heu me miserum!

In der letzten Messe jenes Jahres, an Sankt Silvester, fanden sich erheblich mehr Leute in der Kirche zu Glarus ein. Man betete für ein gutes neues Jahr, der Pfarrherr Valentin Tschudi sprach den Segen Gottes über Land und Leute aus und das Amen am Schluss klang wie ein Seufzen, ein gemeinsames Ausatmen aller Sorgen dieses fürwahr finsteren Jahres des Herrn 1526 sowie des Schreckens, den man überlebt hatte. Das unmittelbar darauffolgende Einatmen war dasjenige von Menschen, die sich von derlei bitteren Schicksalsschlägen dennoch nicht entmutigen lassen. Es war dasjenige von Menschen, welche mit neuem, frisch entfachtem Mut, unbeirrter Hoffnung und tiefem Glauben in Gott sich daran machten, ihre Heimat neu aufzubauen, neu zu regeln und auch um jeden Preis und gegen jeden Feind zu verteidigen. Ich sah dort einen ehernen Willen in den Gesichtern der Glarner, der gleich ihrem stieren Dickkopf tief in ihnen verwurzelt schien. Und auf all meinen späteren Reisen durch die Ländereien unseres Herrn fand ich einen solchen Willen niemals wieder. Es mögen da Gottes Seuchen und Plagen über die Glarner kommen, ja, es möge dereinst ganz Glarus niederbrennen; der Wille zur Tat wird ungebrochen bleiben. An jenem Tage war ich mächtig stolz, Glarner zu sein.

Während der Messe blickte ich scheu zu Sophie hinüber, welche die Seuche ebenso unbeschadet überstanden hatte wie den gefürchteten Besuch des Zürchers im Dorfe. Als ergebnislos hatten sich die Machenschaften der Wiedertäufer entpuppt. Gott weiß, wie froh ich darüber war.

Nun, dachte ich, stand unserer Liebe nichts mehr im Wege. Wir beide würden uns den alten Hof an der Maag kaufen. Mit der

Mitgift würden wir uns Kühe und eine sonnige Alp anschaffen, glücklich leben und viele Kinder kriegen, für die ich zeitlebens ein fürsorglicher, liebender Vater sein würde. Ich würde in keine Kriege ziehen, denn ich war bescheiden und der Reichtum der Söldner bedeutete mir nichts. Sophie würde eine gute Mutter sein und sie würde unsere Kinder erwachsen werden sehen. Es gab keine *pestis* mehr, die sie mir und unseren Kindern hätte wegnehmen können. Alles wäre perfekt. Ich musste es ihr nur noch sagen.

Der Januar 1527 war weiß. Der Schnee war fast fünf Ellen hoch, viel höher, als er jemals in der Linthebene in Bilten gewesen war, und Heinrich Hässi berichtete sogar – als er eines Tages vom Rathaus zurückgekommen war –, dass die Verbindung von Schwanden ins Sernf- und Kleintal unterbrochen sei wegen des unpassierbaren Schnees.
Es gab kaum Aufträge für mich in dieser Zeit, und so saß ich viel neben dem ungemein warmen und heimeligen Kachelofen der Hässis und sah Sophie bei ihren Französischstunden zu. Ich verstand zwar kein Wort von dem, was sie sagten, aber Frau Hässi meinte, sie mache ordentlich Fortschritte. Dies zauberte ein zufriedenes Lächeln auf Sophies Lippen, und mir war in diesen Augenblicken, als sei ein leibhaftiger Engel im Zimmer, so unbeschreiblich schön war sie.
Manchmal blickte sie zu mir herüber, nur einen flüchtigen Herzschlag lang – doch seit unserer ersten, schicksalshaften Begegnung hatte sie beinah kein Wort mehr mit mir geredet. Dabei sahen wir uns ständig! Immer wieder kreuzten sich unsere Wege in dem großen und doch so beengenden Gefängnis, wel-

ches das Hässihaus in dieser Zeit des Schnees für mich darstellte. Scheue Blicke, freundliches Lächeln, aber keine Worte. Ich hielt es kaum mehr aus. Um endlich diese unheimliche Stille zwischen uns zu brechen, nahm ich eines Tages all meinen Mut zusammen und zupfte sie leicht am Kleidchen, als sie gerade auf ihr Zimmer gehen wollte. Sie drehte sich erstaunt zu mir um.

»Sophie ...«, stotterte ich aufgewühlt und sogleich von meinem Schritt überrascht.

»Ja, was ist?«, fragte sie mit ihrer hellen Stimme.

»Ich ... Komm mit, ich muss dir etwas sagen ...«, stammelte ich tölpelhaft und ging auf mein Zimmer, unwissend, was ich ihr denn eigentlich sagen wollte. War dies die Zeit und der Ort für mein Liebesgeständnis? Im Zimmer war es kalt und unser beider Atem formte kleine Wölklein vor unseren Mündern. Ich sah auf ihre Lippen.

»Was willst du mir sagen, Balzli?«, fragte sie neugierig. Ja, was wollte ich ihr sagen? Ich riss die Augen von ihrem Mund.

»Ich, also, ich ... wollte ... ich wollte, dass du weißt, dass ... ich ... dich ...« Mein Herz pochte wild in meiner Brust. Mein Hals war trocken.

»Dass du mich was?«, hakte sie nach.

Ich konnte es ihr nicht sagen. Noch nicht.

»Dass ich dich beschützt habe!«, brachte ich schließlich heraus.

Sie sah mich fragend an.

»Wie meinst du das?«

»Ich habe herausgefunden, dass Zürcher Wiedertäufer die *pestis* über das Glarnerland gebracht haben. Sie wollten damit ganze Häuser wie das der Tschudis, der Tolders, des Altammann

Mad und auch das deinige töten! Und vor allem dich, liebe Sophie. Ich hatte Angst um dich!«, rutschte es mir heraus. »Ich bin einem dieser Täufer sogar gefolgt, und als ich von diesen Teufeleien erfuhr, habe ich immer für dich gebetet und auch Stränzenwurzeln in deinem Zimmer versteckt, die ich noch im Sommer gepflückt hatte, weil sie ja bekanntlich gut gegen die *pestis* sind.«
Sie starrte mich mit ihren strahlenden Augen ungläubig an. Ich wusste nicht, was ich noch mehr sagen konnte. Mir fehlten schlicht die Worte.
»Das alles hast du für mich getan?«
»Ja, ich würde alles für –«, begann ich, doch unversehens kam sie auf mich zu und hauchte mir einen zarten Kuss auf die Wange.
»Vergelt's dir Gott, Balzli!«, sagte sie mit leicht geröteten Wangen und drehte sich um. »Weißt du, auch ich habe für dich gebetet, Balzli!«, sagte sie leise an der Türe und ließ mich dann – wie schon bei unserer ersten Begegnung – inmitten meines Zimmers mit einem Sturm von Gefühlen im Herzen alleine zurück.
Ich hielt mir die Wange, dort, wo sie mich geküsst hatte. Die Stelle brannte wie Feuer. Mir ward so wirr, dass ich nicht wusste, ob ich nun lachen oder weinen sollte: Ich fühlte, wie mir leicht im Bauch wurde und wie ich vor Freude hätte jauchzen können. Gleichzeitig drehte sich mir alles im Kopf. Alles drehte sich. Mein Leben drehte sich um sie, Sophie. Ich atmete tief ein und atmete ihren Duft, der wundersam den ganzen Raum erfüllte. Wie seltsam mir plötzlich war. Ich fühlte mich trunken. Meine Sinne waren benebelt. War ich krank? Ach, dachte ich, und wenn schon! Wenn das hier eine Krankheit ist, die vielbesungene Krankheit der Liebe, dann ist sie eine wunderbare, zutiefst gute

Krankheit. Dies dachte ich und lachte mit vor Glück tränenden Augen.

Mit diesen gemischten Gefühlen trat ich dann auch an den Tisch zum Nachtmahl, als ich kurze Zeit später gerufen wurde. Nach dem Tischgebet saß ich still auf meinem Platz. Das Letzte, was uns die *pestis* hinterlassen hatte, war eine starke Teuerung im ganzen Tal, und es fehlte überall an vielem. Man hörte sogar, dass das Heu mit Wagen aus dem Gaster herbeigeschafft werden musste, etwas, was bisher noch nie nötig gewesen sei. Aus purer Notwendigkeit wurde in allen Haushalten gespart und gegeizt. Selbst wir mussten beim Essen und anderem kürzer treten.

Es brannte auf dem Tisch, da es bereits sehr früh dämmerte, noch der Kerzenstummel vom Vortag. Es gab Brot mit Knoblauch und Zwiebeln, einen dampfenden Bohneneintopf, Käs von der Alp sowie Wein. Ich war an dieses spärlichere Essen gewöhnt, denn im Vergleich zu Bilten war es immer noch sehr reichhaltig. Doch für die anderen am Tische war es ein Ausdruck von Elend und Schande, sich wie gewöhnliche Vehhirten und Bauern ernähren zu müssen.

Heinrich Hässi hatte vom Rathaus das große jährliche Landsmandat mitgebracht, in welchem der mehrfache Rat, zu dem auch Heinrich Hässi gehörte, Bestimmungen und Weisungen bekanntgab, das Jahr 1527 betreffend. Er las die neuen, stark erhöhten Preise vor: von Fleisch, Mehl, Brot, Wein, Butter, Ziger und Unschlitt sowie frisch geltende Bestimmungen gegen das Zutrinken in den Wirtschaften, das schändliche Schwören und das Tragen von »zerhauenen« Hosen.

»Dass man solche Sachen überhaupt bestimmen muss, zeigt, an welch traurigem Punkt wir angelangt sind! Es geht bergab. Ja, oftmals deucht's mich, dass das letzte Gericht bald kommen muss, so, wie es um die Menschheit steht! Früher war es anders; da kannte und achtete man noch die guten Sitten, man hatte Respekt vor den Obrigkeiten und vor der Heiligen Mutter Kirche! Früher war es besser, wahrhaftig besser als in diesen gottlosen Zeiten, mit denen wir geschlagen sind!«, schimpfte er, und mir war es, als mache er mir und allen in meiner Zeit Geborenen einen Vorwurf. Wie man an seinen Stirnfalten sah, plagten Heinrich Hässi viele Sorgen. Zu alledem suchte er noch immer vergeblich nach einem neuen Knecht, als Ersatz für den geflüchteten Samuel.

»Es hat nicht genug Männer im Lande, nicht mehr seit den Schlachten bei Marignano, Bicocca, Pavia und längst nicht mehr seit dieser vermaledeiten *pestis*!«, rief er lautstark aus, wobei er mit seiner Rechten auf den Tisch schlug.

Ich trank einen Schluck Wein. Es war jedoch vielmehr Wasser mit einem Hauch Weingeschmack; einer, den man nur erahnte, wenn man von seinem Vorhandensein wusste. Sophie blickte wie immer still auf ihren Teller. Plötzlich ließ Frau Hässi ihr Stück Brot fallen, um sich an die Achsel zu fassen. Sie keuchte kurz auf, als verspürte sie einen jähen Schmerz. Heinrich Hässi hielt mitten in einem Biss inne.

»Was ist los mit dir, Weib?«, fragte er besorgt.

»Nichts, Heiri, ich …«, sagte sie, dann gab sie einen gequälten Ton von sich, »… ich habe Schmerzen.«

»Wo?«

»Hier!«

Sofort stand Heinrich Hässi auf, während Sophie und die Ruth sich erschrocken mit der Hand zum Mund fuhren. Die Beulen der *pestis* platzten gerne an den Achseln auf, dort, wo die Frau Hässi ihre zitternde Hand hielt.

»Ist es das, was ich befürchte?«, wollte Heinrich Hässi todernst wissen. Grässliche Bilder von schwarzen Beulen und Eiter und alledem, was gerade erst überstanden schien, tauchten vor meinen Augen auf. Die *pestis* war doch vorbei gewesen! Ich sah Sophie an. Sie blickte starr vor Entsetzen auf ihre Mutter. Ich bebte innerlich. Die Wiedertäufer würden mir meine Sophie nicht nehmen! Nicht, solange ich es verhindern konnte!

»Nein, es ist nicht unter dem Arm, Heiri, sondern hier an der Brust«, meinte Frau Hässi, während sie auf die Stelle deutete, »ich spüre dort schon seit geraumer Zeit einen kleinen Buckel unter der Haut, als wäre mir eine Walnuss unter das Fleisch gelegt worden ...«

»Wir schicken dem Gallati im Unterland einen Brief. Er soll umgehend kommen. Der Gallati, der weiß, was zu tun ist!«, bestimmte Heinrich Hässi und beendete so das Gespräch über den mysteriösen Buckel, denn es ziemte sich nicht, am Tisch und in der Anwesenheit der Kinder über die Brust der Hausherrin zu sprechen.

Ich hörte jedoch schon gar nicht mehr hin, sondern blickte ungeduldig abwechselnd von Sophie zum Fenster. Draußen war es schon stockfinstere Nacht. Ich musste mich bis zum nächsten Tag gedulden. Ich wartete das Schlussgebet ab und ging sofort auf mein Zimmer, wo ich lange keine Ruhe fand.

Am nächsten Morgen ging ich zeitig los. Mit dem Hahnenschrei stapfte ich über den gefrorenen Schnee von letzter Woche. Es wehte ein eisiger Wind durch die engen Gässlein von Glarus. Hie und da spritzte der Inhalt eines Nachttopfs aus den Fenstern der Häuser auf die Straße, machte den Schnee dreckig, sodass er unschön anzusehen war. Raben krächzten, ein Hund bellte. Ansonsten war es still. Man war auf dem Hof oder in den Häusern. Mein Ziel war klar. Ich ging ins Oberdorf, wo der Schnee noch höher lag.
Schon von Weitem sah ich das Häuschen und den Hof. Es rauchte heimelig aus dem Schornstein. Als ich mich näherte und vielleicht noch einen Steinwurf weit entfernt war, sah ich gerade, wie ein Junge meines Alters mit einem dampfenden Bottich Milch aus dem Stall trat. Es war Peter. Ich begann zu rennen, und als er mich bemerkte, waren nur noch wenige Ellen Abstand zwischen ihm und mir. Er setzte erstaunt den Bottich ab und dann war ich auch schon über ihm. Wie ein wildes Tier schlug ich mit beiden Fäusten auf ihn ein. Schützend hob er die Hände über seinen Kopf.
»Du Elendiger, du und ihr alle!«, schrie ich wie von Sinnen. Mehrmals versuchte er mich abzuwerfen. Wir kämpften und wälzten uns beide auf dem Boden, im Schnee und im Kuhdreck, bis wir nicht mehr konnten und erschöpft, schnaufend und zitternd nebeneinanderlagen. Ich blutete stark aus der Nase und hatte dumpf pochende Kopfschmerzen, Peter hatte eine geplatzte Lippe und mehrere Kratzspuren. Lange sahen wir uns an. Dann erhob er sich, lachte kurz auf und spuckte Blut in den Schnee. Er lief zum Bottich, der immer noch dastand, wo er ihn liegen lassen hatte, hob ihn auf und nahm einen Schluck Milch daraus.

»Du kämpfst nicht schlecht für einen Edelknaben, Hässi«, sagte er. Dann bot er mir ebenfalls einen Schluck an. »Hier, nimm!« Ich zögerte kurz, dann trank ich. Die Milch war herrlich gut, noch warm und schaumig vom Euter der Kühe, wie ich sie in Bilten immer getrunken hatte.

»Komm«, sagte Peter. Er ging samt Bottich ins Haus und ich folgte ihm. Es war ein schmuckes Häuschen aus Holz, wie das der Blums. Niemand war da. Er stellte die Milch auf den Tisch und sagte dann: »Mein Vater und meine Brüder sind im Wald am Holzhacken und Reisigsammeln. Mutter ist drüben im Stall und pflegt das Veh.«

Ich nahm auf einem Holzhocker Platz. In mir brannte die Neugier.

»Ist *er* hier gewesen?«, fragte ich.

»Ja«, antwortete Peter. »Und er ist wieder gegangen, nach einer Woche. Gen Schwanden und ins Kleintal.«

»Hat er etwas gesagt?«

Peter sah mich seltsam an. Er zögerte, bevor er berichtete: »Natürlich, er sagte, dass sich die Botschaft, nämlich das wahre Wort Gottes, überall verbreite –«

»Nein, ich meine nicht euer verteufeltes Ketzerzeug, bleib mir bloß fern damit! Hat er etwas über die *pestis* gesagt?«, unterbrach ich erregt.

Auch dies bejahte er: »Sie treffe die Ungläubigen in den Räten, doch auch von uns sind viele verschieden. Viele, die standhaft und fromm waren ... Weiter sagte er, Gott werde sich unser erbarmen und die Prüfungen beenden, schon sehr bald. Und er hat recht behalten.« Peter warf drei Holzscheitchen in den Ofen, wo die Flammenzungen bereits tänzelten. »Die Seuche ist vorbei.«

»Nein«, widersprach ich wütend, »die *pestis* ist nicht vorbei! Frau Hässi hat einen Buckel nahe dem Unterarm, gewiss eine Beule der Pestilenz!« Peter zuckte mit den Achseln, andeutend, dass dieser Umstand ihn nichts angehe und dass ihm das nur allzu genehm sei. Ausdruckslos blickte er in das knisternde Feuer. Ich stand schnaubend auf, um wieder über ihn herzufallen: »Verdammt sollt ihr Wiedertäufer sein, für das, was ihr den Menschen antut!«

Da sagte er beschwichtigend: »Ich kann nichts dagegen tun! Die Seuche ist nicht das Machwerk der Wiedertäufer, sie ... sie dient nur deren Zielen, wenn sie Leute wie den altgläubigen Ammann Marx Mad trifft!«

Mit zwei Schritten war ich bei ihm und drückte ihn grob gegen die gezimmerten Holzbalken der Hauswand.

»Ihr sündigen Teufel, wie könnt ihr nur solch Elend bringen und euch daran erfreuen, euch am Tode so vieler Hunderter ergötzen?«, presste ich zwischen meinen Zähnen hindurch. Es ging um Sophie, den letzten Menschen auf dieser Welt, der mir noch blieb. Die letzte Person, die ich liebte und die ich mir nicht entreißen lassen würde. Wütend ballte ich die Faust und war zum Schlag bereit.

»Meine Schwestern sind tot.«

Ich hielt inne.

»Was sagst du?«

»Meine beiden Schwestern verstarben letzten Herbst. Beide innert einer Woche dahingerafft. Niemand erfreut sich am Elend, Balzli. Am wenigsten ich.«

Als er mich zum ersten Mal bei meinem richtigen Namen nannte, ließ ich ihn erstaunt los. Was war nur los mit mir? Das Blut auf meinen Kleidern war getrocknet, aber ich schmeckte es noch deutlich in meinem Mund. Peters Lippe sah übel aus und beinahe hätte ich ihn wieder geschlagen. Seit wann war ich so? War es die Sorge oder doch eher jene Liebe für Sophie, die in mir solchen Jähzorn auflodern ließ? Ich war in meiner blinden Wut ungehobelt und grob zu Peter gewesen. Wie lächerlich schien es plötzlich, in ihm einen der Drahtzieher der Seuche sehen zu wollen. Wie falsch, ihn auf solche Weise beschuldigt zu haben.

»Ich kann nichts für die Mutter Hässi tun«, sagte Peter. »Aber erzähl, wie geht es der Tochter?« Er erinnerte sich an unser letztes Gespräch an den Ufern der tosenden Linth.

»Gut. Natürlich bangt sie um ihre Mutter«, antwortete ich, und dann schließlich: »Bitte, verzeih mir mein ungehobeltes Gebaren, ich ...«

Peter lächelte wieder: »Vergessen ist's!« Er hatte gemerkt, wie unangenehm mir das alles war. Vielleicht fühlte er gleich wie ich. Die Türe ging auf und es trat eine gestandene Bäuerin herein, die stark nach Stall und Tieren roch. Es war augenscheinlich Peters Mutter. Sie sah mich an, zog die Augenbrauen hoch, als sie meine blutverschmierten Kleider sah, und fragte Peter dann: »Herrje, was hast du mit deinem Freund gemacht, Peter?«

»Er dachte, er sei stärker als ich, Mutter«, antwortete dieser schelmisch lächelnd.

»Und, ist er's?«

»Unentschieden, Mutter.«

»Dasselbe sagt mir deine Lippe. Geh und wasch dein Gesicht, du Rotzbengel, ehe du hier alles vollblutest!«

Sie nickte mir kurz zur Begrüßung zu und scheuchte mich dann

auch weg, denn es sei schon spät und sie müsse noch die Suppe für das Mittagsmahl machen. »Tut mir leid, Kind, wir würden dich ja gerne einladen zu bleiben, aber das Essen ist knapp dieses Jahr und hungrige Münder hat es weiß Gott immer viele im Haus!«, sagte sie entschuldigend.
»Das macht nichts! Ich sollte sowieso längst wieder unten im Dorf sein«, antwortete ich.
Ich trat aus der Türe und blickte zum Himmel auf. Man sah nur eine weiße Wolkendecke, aber in der Tat, es musste bald Mittag sein. Peter trat nun auch heraus. Er hatte das Blut weggewaschen und hielt sich einen Stofffetzen ans Kinn.
»Kannst du bauern?«, fragte er.
»Sicher doch!«, antwortete ich stolz und mit dem ersten Lächeln am heutigen Tag. »Wir hatten in Bilten unseren Hof, mit vielen Kühen, und bei den Blums hab ich auch geheuet!«
»Gut«, meinte Peter zufrieden, »dann kannst du, wenn dir vielleicht einmal langweilig wird, hierherkommen.«
Ich strahlte vor Freude: »Liebend gerne!«

Im Hause der Hässis erwartete mich eine saftige Ohrfeige von Heinrich Hässi. Der Schlag trieb mir die Tränen in die Augen. Er war wütend und zeigte das Temperament eines Menschen, der im Krieg gekämpft hatte und den Einsatz von Gewalt kannte. Ich stand mit verdreckten und vollgebluteten Kleidern vor ihm und musste ihm erklären, wo zur Hölle ich gewesen sei. Er blickte grimmig, und als ich ihm sagte, ich sei bei einem Freund im Oberdorf gewesen, schmierte er mir erneut eine über das Gesicht und schickte mich ohne Essen ins Zimmer, wo ich diese dreckigen Kleider ausziehen und bleiben solle, bis ich gelernt hätte, dass man nicht einfach aus dem Haus gehe, wie und wann man wolle.

»Dies meinte ich, als ich vom Niedergang der Menschheit sprach, von den fehlenden Sitten und Gepflogenheiten, von der Frechheit der jüngeren Generation! Solche Unverschämtheiten hätte es zu meiner Zeit gar nicht erst gegeben! Nun verschwinde in dein Zimmer, sei aber ja leise, du Flegel, mein Weib liegt in ihrem Bett und ruht!«, rief er mir laut nach.

»Ja, Herr.«

Und ich lief die Treppe hinauf zu meinem Zimmer. Trotz meiner brennenden Wangen war ich von einer Leichtigkeit erfüllt, wie ich sie seit den Tagen bei den Blums nicht mehr gekannt hatte, als ich mitheuen durfte und eine eigene Heugabel bekommen hatte. Ich legte mich ins Bett unter die Leinentücher, denn es war schaurig kalt im Zimmer. Die Kopfschmerzen waren beinah verklungen, nur noch die Nase tat weh. Aber ich konnte wieder durch sie einatmen. Die dreckigen Kleider rochen stark nach Kühen und ich behielt sie in meiner Nähe, denn ich mochte den Geruch gerne, während ich der schönen Zeit im Stall gedachte und einschlief, lächelnd und froh.

Die Glocke an der Türe weckte mich auf. Es war bereits später Nachmittag, dem schwachen Licht im Zimmer nach zu urteilen. Ich hörte Stimmen unten im Hause. Es war Herr Gallati aus Näfels, der anscheinend sogleich hierhergeeilt war, nachdem er den Brief durch den Boten erhalten hatte. Ich zog frische Sachen an und trat in den Gang.

Sie waren bereits im Schlafzimmer der Hässis verschwunden, von wo ich die Stimmen nun vernahm. So leise wie möglich und darauf hoffend, dass die Holzdielen nicht zu sehr knarrten, schlich ich mich zur Türe, die einen Spaltbreit offen stand, und lauschte unbemerkt. So, wie ich vernahm, waren der Heinrich Hässi, seine Frau, die Ruth und der Herr Gallati im Zimmer. Dieser hatte wohl bereits mit der Untersuchung begonnen, denn ich hörte ihn kommentieren: »Nein, es ist eindeutig keine *bubo* der *pestis*, das kann man mit Gewissheit sagen. Diesem Ding fehlen eindeutig der charakteristische *pus* und die typische schwärzliche Färbung. Es handelt sich höchstwahrscheinlich um ein *carcinoma*, ein Geschwür.«

»Was heißt das?«, polterte Heinrich Hässi.

»Es ist ein schon in der Bibel vorkommendes *phaenomenon*, allerdings wird es dort durch Gottes Wille geheilt.«

»Gottes Wille? Bei aller christlichen Gottesfurcht, Peter, aber kannst du nichts machen?«

»Nun, es gibt von Hippokrates überlieferte Schilderungen von einer *sectio*. Nun sind diese jedoch sehr gefährlich und sie«, er musste wohl auf Frau Hässi deuten, »würde dabei ihre Brust verlieren.« Die Ruth stieß einen spitzen Schrei aus. »Hinzu käme noch die Gefahr des Wundbrands«, ergänzte der *medicus*. Man hörte ein angespanntes Räuspern von Heinrich Hässi.

»Wer ist dieser Hippokratus?«, fragte er betreten.

»Ein antiker Grieche, ein Wundarzt und Gelehrter.«

»Ein Heide?!«, entfuhr es Heinrich Hässi. »Eher nehme ich den Rat eines Steinbocks an, als dass ich die Ideen eines Heiden begrüße! Es muss etwas Rechtes, etwas Christliches geben. Peter, ich bitte dich!«

»Nun ja, man geht heutzutage von einem köpereigenen Überschuss an schwarzer Galle, *fellis,* als Ursache aus. Dagegen helfen mehrere Tinkturen, um den eingedickten Körpersaft wieder zu normalisieren. In der Bibel wurde mit Feigen gearbeitet. Und natürlich hilft auch der Aderlass«, antwortete der *medicus* mit Bestimmtheit.

»Nein!«, befahl Heinrich Hässi. »Kein Aderlass! Man lässt die Gegner im Schlachtfeld zur Ader und man tötet sie so. Mein Weib soll leben! Gib ihr alle möglichen Tinkturen, die sie heilen mögen, Peter!«

»Nun gut, die muss ich aber erst mischen. Ich werde nächste Woche wiederkommen und mitnehmen, was ihr irgend helfen kann, Heinrich.«

»Danke, Freund!«, sagte Heinrich Hässi. »Willst du noch einen Schluck guten Wein oder etwas zur Vesper?« Von diesem Satz aufgeschreckt, sprang ich von der Türe weg, aus welcher sogleich die Ruth trat. Ich tat, als ob ich gerade erst hinzugelaufen käme. Im Zimmer sah ich die beiden Herren und die im Bett liegende Frau Hässi, die ihr Kleidungsstück zurechtrückte. Herr Gallati nahm die Einladung freudig und dankend an, meinte aber mit erhobenem Zeigefinger, man solle zuerst die Frau Hässi hinsetzen.

»Sie soll fortan nur noch in sitzender Position schlafen, denn – wie man weiß – die liegende Position ist die Haltung eines Toten, folglich des Todes selbst. Dem müssen wir entgegenwirken. In Frankreich und im Teutschen und in vielen anderer Herren Länder ist's unter den *optimates* üblich geworden, im Sitzen zu schlafen. Hier auf dem Land ist das natürlich übertrieben und undenkbar. Wie will man von den Bauern verlangen, dass sie nach dem strengen Tagwerk im Stroh sitzend schlafen sollen? Das ist schlichtweg nicht möglich. Aber bei außerordentlichen

Fällen wie diesem, bei *carcinoma letalis*, ist dies durchaus gescheit und angebracht!«

»In Frankreich tun es die Adligen so?«, wunderte sich Heinrich Hässi verblüfft. Ich vermutete, dass er auch in seiner Zeit als Hauptmann nie in ein Schloss eines Adligen gegangen war, sondern seine Zeit in Kasernen und Feldlagern verbracht hatte. Er war auf jeden Fall begeistert von dieser Art zu schlafen und verkündete seiner Frau sogleich, sie solle sich nicht sorgen, er werde von heut an ebenfalls so ruhen. Der *medicus* meinte, es sei schön zu sehen, dass es auch vernünftige Menschen und nicht nur sture Dickköpfe im Tal gebe. Als sie beide die geknickte Frau Hässi hingesetzt hatten, machten sie sich auf, einen trinken zu gehen. Ich reagierte nicht rechtzeitig, immer noch im Banne dieser bizarren Szene. Da sah mich der Herr Gallati zum ersten Mal wieder, seit er mich hiergelassen hatte.

»Oh!«, stieß er erfreut aus. »Balzli, wie schön, dich zu sehen! Wie ich unschwer erkenne, geht es dir hier gut. Mir deucht, du hast ein bisschen mehr Fleisch auf deinen Ripplein als das letzte Mal, als wir uns sahen! Natürlich wirst du hier gut behandelt.« Er tätschelte gutmütig meinen Haarschopf.

»Ja!«, antwortete ich und merkte sogleich, dass es gar keine Frage, sondern eine simple Feststellung gewesen war.

Heinrich Hässi schaute streng auf mich herab und sagte dann: »Er ist ein kleiner Schlingel, aber eigentlich ein guter Bub. Aber es scheint, es stecke immer noch ein Bauer in ihm, im jungen Fritz!«

Ich blickte beschämt auf den Boden und schwieg.

»Ja, aber wer will es ihm verübeln«, lachte der Herr Gallati, »schließlich steckt in jedem Glarner ein Bauer, nicht wahr?«

»In den einen mehr als in den anderen«, antwortete Heinrich Hässi ein wenig gekränkt, und sie liefen an mir vorbei und die Treppe hinunter. Ich wollte wieder zurück auf mein Zimmer, als ich bemerkte, dass Sophie hinter mir stand. Sie sah mich an.
»Meinst du, es ist sehr schlimm?« Mein Herz schlug hart in meiner Brust. Ich räusperte mich.
»Ich weiß es nicht. Aber auf jeden Fall ist es nicht die *pestis*, und das ist doch zumindest ein Trost, oder?«, versuchte ich so zuversichtlich wie nur möglich zu klingen. »Und in diesem Falle kann der Herr Gallati bestimmt irgendetwas machen!«
»Meinst du?« Der Anflug eines Lächelns legte sich über ihre feinen Lippen.
»Ja, ganz bestimmt sogar! Aber ich werde für sie beten, genau so, wie ich es für dich tat und noch immer tue!«
Sie sah mich mit ihren glanzvollen Augen an. In den Schatten des Abends glich ihre Farbe dem satten, dunklen Grün der Tannenwälder, wenn die Dämmerung sich über die Nadeln legt. Ich wollte sie in meine Arme schließen. Es fühlte sich richtig an. Sie in die Arme schließen und nie wieder loslassen. Ihr Küsse zu geben wie ein Mann seinem Weibe. Doch ich wagte es nicht.
»Ich mag dich, Balzli!«, sagte sie.
»Ich dich auch, Sophie!«
Sie schlug die Augen nieder. Dann kam sie mir wieder näher und ich roch ihren sanften Duft, der von ihren rosa Lippen, ihrer milchweißen Haut, ihren hellbraunen, geflochtenen Zöpfen ausging. Die Luft war geschwängert von ihm. So mussten Engel duften. Dann hörte man von unten laut den Heinrich Hässi und den *medicus* lachen. Sophie schreckte auf und wich einen Schritt zurück. Wir sahen uns noch einen letzten Augenblick

an, dann ging sie fort und ließ mich zurück. Allein im Schatten des Treppenhauses stand ich da und atmete den Duft der verpassten Gelegenheit.

Siebentes Kapitel

Der Herr ist nahe denen, die zerbrochenen Herzens sind, und hilft denen, die ein zerschlagenes Gemüt haben.

Buch der Psalmen 34,19

Worin mein Herz gebrochen wird.

Ich lief mit Peter durch den Wald ob Glarus und sammelte Reisig für seine Sippe, die Webers. Eigentlich befand ich mich auf einem Botengang nach Riedern, aber ich war absichtlich den ganzen Weg gerannt, um einen genügend großen Zeitvorsprung zu schaffen, damit ich noch ins Oberdorf gehen konnte, ohne dass Heinrich Hässi Verdacht schöpfte. Ich war außer Atem bei Peter angekommen und gab ihm meine Geschenke; eine geräucherte Schweinswurst und ein bisschen von dem *marci panis*, das ich mitgehen ließ und von dem ich wollte, dass der Peter es ebenfalls kostete. Sie hatten das Essen bitter nötig, wie alle Bauern im Lande zu dieser Zeit des Hungers.
Der Schnee war hart, trocken und gefroren und bei Weitem nicht mehr so hoch wie noch vor einigen Wochen. Eisig kalt war es jedoch immer noch und die Luft biss kühl, wo sich Schweiß auf meiner Haut gebildet hatte. Peter nahm mir das in ein Tüchlein eingewickelte *marci panis* aus der Hand.
»Das ist also dieses Zeugs, von dem du erzählt hast?«

Er beschaute das farbige, fremdartige Klümpchen.
»Ja, probier!«, forderte ich ihn auf. Mit einem Achselzucken nahm er es in den Mund, kaute kurz darauf herum und spuckte es sogleich wieder auf den Boden. Er hustete und spuckte weiter, während ich die zerbissene, helle Edelspeise im dreckigen Schnee liegen sah.
»Um Gottes willen!«, würgte Peter. »Also wenn das die feinen Leute Frankreichs essen, dann bin ich froh, in Glarus etwas Rechtes auf den Tisch zu bekommen!«, meinte er. Wir mussten beide lachen und streiften weiter durch den Wald, auf der Suche nach Brennbarem. Von Zeit zu Zeit nahm er einen Zweig oder einen kleinen Ast auf.
»Ach ja, der Gallati, der *medicus* vom Unterland, war wegen der Frau Hässi bei uns«, sagte ich, während ich mich nach einem Stück Holz bückte. Ich wollte nicht, dass er meine Augen sah, denn ich schämte mich immer noch für meine haltlosen Anschuldigungen und die falschen Prügel. Auf Peters Lippe sah man immer noch, wo sie meine Faust getroffen hatte.
»So?«
»Es ist nicht die *pestis*, es ist *carcinoma letalis* ...«, erklärte ich im Aufstehen.
Peter sah mich verdutzt an.
»Was?«
»Nun ja, ein Buckel, der ihr wehtut. Aber ich weiß auch nicht genau Bescheid, schließlich bin ich kein Wundarzt!«, antwortete ich.
Peter schnaubte kopfschüttelnd.
»Ein Buckel, der ihr wehtut? Also wegen eines Buckels ist noch nie jemand gestorben! Ihr seid verweichlichte Herrschaften, das

ist das Problem«, lachte er. Wieder bückte er sich, um ein Zweiglein aufzunehmen. »Und wie geht es eigentlich deiner Angebeteten?«, fragte er.
»Sie heißt Sophie!«
»Wie auch immer, wie geht es ihr?«
»Gut, glaube ich. Ich muss ihr noch sagen, dass ich sie heiraten werde, sobald ich alt genug bin. Es sollte uns nichts im Wege stehen, jetzt, wo die Seuche ja weg ist.«
»Du willst sie heiraten? Wie alt bist du denn?«
»Zwölf Winter, mit diesem.«
»Wie ich!«, bemerkte Peter fröhlich. »Noch zwei Jahre also. Aber du willst sie wirklich heiraten? Mit der kannst du doch gar nichts anfangen, Balzli. Die kann weder melken noch anknen noch käsen, die kann nicht heuen und kochen, nähen und stricken und alles, was ein rechtes Weib machen muss!«
»Nun, ich will es ihr halt beibringen!«
»Das Melken und Heuen vielleicht. Aber das Kochen, Nähen und Stricken?«
»Sie wird es auf unserem Hof in Bilten lernen!«, sagte ich überzeugt.
Peter schüttelte nur ungläubig den Kopf.
Wir erreichten langsam wieder den Waldrand. Das Dach aus hölzernen Fingern über uns lichtete sich. Unter uns sahen wir das verschneite Glarus, wie es friedlich in der Talsohle lag. Aus den Schornsteinen der vielen kleinen Häuser kam Rauch und ich fand es ungemein lieblich und wunderschön anzusehen. Peter jedoch würdigte das Städtlein keines Blickes, sondern stapfte zielsicher zum Eingang seines Hauses. Ich trug ihm mein Reisigbündel nach, und vor seiner Türe verabschiedeten wir uns.

»Und bring mir auf keinen Fall mehr von diesem *Marzipani* mehr mit, hörst du?«, rief er mir nach. Ich winkte lachend und rannte ins Dorf zurück. Ich durfte auf keinen Fall zu spät kommen.

Im Stall der Webers hatte ich mit Peter zusammen in ausgesuchten Augenblicken den Bauern in mir wieder aufleben lassen. Ich fühlte das borstige Fell der Kühe und roch den mir so vertrauten Geruch des trockenen Heus, der sich mit dem starken Gestank des Kuhdrecks vermischte. Ich trank frisch gemolkene Milch und atmete im Stall die Luft meiner Kindheit. Ich war glücklich. Und wenn ich zurück im Hause der Hässis war, drohte das sehnsüchtige Heimweh nach dem Leben zwischen den Tieren auf dem Hof mein Herz zu erwürgen. In den Nächten träumte ich von jenem vergangenen, glücklichen Abschnitt meines Lebens, der jetzt so fremd und unwirklich schien. Ich sah mich heimkehrend von einer der höchsten Alpen, wo ich lange mit den Kühen geweilt hatte. Neben einem Gebüsch, bei einer Quelle liegend, sah ich Sophie, mit einem Kranz schönster Bergblumen im Haar ... Immer wieder verfolgte mich dies Bild in den Nächten und ich träumte es gerne. Ja, ich war ein Träumer, närrisch und tumb. Und was eigentlich a posteriori *zum Lachen wäre, fällt mir dennoch schwer hinzuschreiben, denn zu viel Schmerz erwuchs aus meinen Schwärmereien.*

Mit den Wochen schmolz der Schnee. Der Frost am Morgen schwand im Scheine der warmen Frühlingssonne, und in den Wäldern und auf den Feldern erwachten die Pflanzen zu neuem Leben: Das Gras begann zu wachsen, Blumen sprossen und vor meinem Fenster keimten erste Knospen an den Ästen der Linde. Der bunte Frühling brachte Farben zurück in eine Welt, die während langer Monate nur Schnee, Schlamm und Stein gekannt hatte. Auch ich wurde immer heiterer, ich sang und pfiff im Gehen und lachte öfter. Ich war unbeschwert, und leicht war's mir ums Herz im beginnenden Sommer jenes Jahres. Und mit jedem sonnigen Tag, der verging, bestärkte sich das Gefühl in mir, dass es nicht mehr lange sei. Bald, so sagte ich mir, bald und du hältst um die Hand Sophies an. Und dieser Tag sollte kommen.

Es war der elfte des Monats Juni im Jahre des Herrn 1527. Dieser Tag war dazu bestimmt, mein Leben zu verändern, und das in einer Weise, wie ich es nie vorhergesehen hätte. Vieles – ja, ich bin versucht zu sagen: alles – nahm an diesem elften Juni anno 1527 eine neue Wendung. Ich habe gute Gründe, mich an diesen folgenschweren Tag zu erinnern. Denn man vergisst nicht den Augenblick, in dem der Pfeiler und letztlich vielleicht sogar Sinn dieses leidgeplagten Lebens tosend zusammenstürzt.

Da Freitag war, hatten wir kein Fleisch gegessen. Die Pastete der Ruth sowie Ziger und hartes Brot war alles, was uns vom Winter der Teuerung noch für diesen Fastentag blieb. Der Hausherr Heinrich Hässi war fort, in Schwanden, wo eine ordentliche Landsgemeinde stattfand. Da man erst ab dem vierzehnten Jahr im Ring mindern und mehren durfte, hatte er mich zurückgelassen, zusammen mit den Weibern und Kleinkindern.
Wir waren zu fünft am Tisch; die Ruth mit dem Franz im Arm, Jean-Jacques, Sophie und ich. Vreni Hässi saß in ihrem Zimmer. Die verschiedenen Tinkturen und Säfte des *medicus* Gallati hat-

ten ihr keine Besserung beschert. Ihr ging es zusehends schlechter. Sie war immerzu schwach und hatte grässliche Schmerzen im Kopf, in der Brust, ja, überall, wie es schien. Seit einigen Tagen hustete sie fürchterlich und es kam blutiger Schleim dabei heraus. Heinrich Hässi war außer sich gewesen, als der Gallati gesagt hatte, mehr könne er für sein krankes Weib nicht tun. Es gäbe aber, so Gallati, in anderen Ständen der Eidgenossenschaft bessere Schneidärzte und Bader, die sich auf den gezielten Eingriff, die *sectio*, verstünden. »Wo, in Herrgotts Namen, wo?!«, hatte Heinrich Hässi geschrien. Wut lag in seiner Stimme, aber sein Blick gab seine Verzweiflung preis.

Der Gallati hatte lange geschwiegen, ehe er leise antwortete: »In Zürich, beim Zwingli.«

So saßen wir also an diesem Tage nur zu fünft am Tische. Nach dem Tischgebet kümmerte die Ruth sich um die Kinder und ließ Sophie und mich alleine in der Stube zurück. Wir setzten uns auf die lange, mit Tüchern belegte Bank. Lange geschah nichts und es ward unerträglich still im Zimmer. Dann fasste ich mir ein Herz, um ihr zu sagen, was ich, seit ich sie das erste Mal gesehen, nie über meine Lippen gebracht hatte. Nie gesagte Worte rächen sich und ich wollte sie endlich aussprechen. Die Sonne strahlte hell und warm durch die Fenster herein und es war mir, als sei dies nun der langersehnte und zugleich so gefürchtete Augenblick; mochte er auch nicht perfekt sein, so war er doch immerhin so perfekt, wie es eben ging. Es war still im Zimmer, man hörte einzig von oben den kleinen Franz schreien. Ich räusperte mich laut und ungeschickt, sodass sie zu mir aufsah.

»Sophie«, sagte ich mit heiserer Stimme. Mein Herz schlug mir vor Anspannung bis zum Halse. Ich spürte Schweiß auf meiner

Stirn und meinen Handflächen. Sie schaute mich mit ihrem zauberhaften Blick fragend an.

»Sophie, ich möchte dich schon seit Monaten etwas fragen, was mir wie Feuer auf der Seele brennt ...«, begann ich.

Sie runzelte kurz die Stirn, lächelte dann aber neugierig.

»Was denn, Balzli?«

»Ich ... ich wollte dich fragen, ob du, Sophie ...« Ich stotterte erbärmlichst und schämte mich. So lange hatte ich mir überlegt, was ich ihr in diesem Augenblick sagen wollte, und nun plumpsten ungeschickte Worte wie Kröten aus meinem Munde. »Ich wollte dich fragen, ob du, Sophie Hässi, sobald ich vierzehn Winter alt geworden und erwachsen bin ... mich, Balzli ... Balthasar Arzethauser ... vielleicht ... heiraten willst?«

So, jetzt war es draußen. Endlich war es gesagt. Sie blickte mich erstaunt an.

»Oh!«, sagte sie verwundert.

Es war wieder still, und während ich verzweifelt auf ihre Zustimmung wartete, auf das eine Wort aus ihren feinen Lippen, hörte ich Vreni Hässi von oben her stark husten. Dies schien Sophie von ihrem Schweigen zu erlösen. Sie wandte den Blick ab, schüttelte den Kopf, schaute zu Boden und sagte dann: »Balzli, hör zu! Ich mag dich sehr gerne. Aber selbst wenn ich frei darüber entscheiden dürfte, kann ich nicht Ja sagen.«

»Weshalb denn?« Meine Stimme zitterte.

»Ich bin doch bereits seit dem neunten Lebensjahr mit einem französischen Offizier verlobt, den mein Vater von seinen Feldzügen kennt. Deshalb lerne ich ja auch die Sprache.«

»Oh.«

Da war sie, die Antwort. Sie traf mich wie ein Fausthieb. Mir wurde schlecht und ich fühlte, wie ein tiefes, schwarzes Elendsgefühl kriechend seine kalten Finger um mein Herz schloss. Es war Trauer, die bitterschwere und mir so wohlbekannte Trauer des Verlusts, der man nichts entgegenzusetzen hatte. In meinen Augen brannten Tränen.

»Außerdem«, fügte Sophie hinzu, »kann ich dich gar nicht heiraten, Balzli. Ich bin eine Hässi und du bist – wie mein Vater immer sagt – ein einfacher Bauer. Das geht nicht, Balzli. Der Herrgott will das nicht so.«

Sie stand auf, strich ihren Rock glatt, und ohne weitere Worte verließ sie das Zimmer. Von oben her hörte ich Vreni Hässi husten, würgen und spucken. Ich saß immer noch auf der Bank, in derselben Haltung erstarrt. Schräg fielen die Sonnenstrahlen des beginnenden Sommers hinein, und ich wünschte mir, auch ich könnte Blut spucken, Blut kotzen, jetzt und hier ein Meer von Blut, bis ich darin ertränke und stürbe und so endlich in den Himmel käme, zu den Menschen, die ich liebte und die mir allesamt genommen worden waren. Wozu noch weiterleben? Wozu diese Welt voller Leid und Enttäuschungen noch länger ertragen? Wie viel einfacher wäre es, endlich zu sterben. Oder etwa nicht? Nein. Ich wollte noch nicht sterben. Ich wollte fort von hier, fort von diesem Haus, diesen Menschen, dieser mir fremden Welt. Weg von diesem Ort, wo mich nun nichts mehr hielt. Ich stand auf, lief zur Türe, verließ das Haus der Hässis und rannte los, in die sonnendurchfluteten Gassen von Glarus.

Achtes Kapitel

Nun, HERR, wessen soll ich mich trösten?
Ich hoffe auf Dich.

Buch der Psalmen 39,8

*Wie in Deutschland, so waren in der Schweiz und besonders
auf dem Gebiete des Standes Zürich radikale Strömungen in
Erscheinung getreten, die in religiöser, politischer und sozialer
Hinsicht weit über die durch Zwingli und die weltliche Obrigkeit gesteckten Ziele hinausgingen. Wiedertäufer forderten in
religiöser Schwärmerei eine völlige Revolution des Glaubens
und damit des ganzen Lebens, Bauern fanden die Leibeigenschaft und die Entrichtung der Zehnten und Gefälle mit dem
Evangelium nicht mehr vereinbar.*

Geschichte des Landes Glarus, Jakob Winteler

Worin ich Trost und Hoffnung in den Worten meines Freundes finde und einen Entschluss fasse.

Ich hatte meine Tränen zurückgehalten, bis ich bei Peter war.
Ich zitterte, schluchzte, brach beinah vor ihm zusammen und offenbarte ihm damit eine Schwäche, die ich niemandem hatte zeigen wollen. Ich war nicht fromm genug, nicht standhaft genug.
Meine Mutter in der Milchpfütze; ich war wie sie.
Peter war gut zu mir. Er nahm mich mit zur Allmeind, wo seine

Brüder am Arbeiten waren, und er hörte sich auf dem ganzen Wege meine Geschichte an. An dem traurigsten Punkt der Erzählung legte er sogar tröstend die Hand auf meine Schulter; das wohl höchste Zeichen des Mitleids und der Zuneigung, zu dem er fähig war. Bald zog er sie zurück, denn weder war er es gewohnt, über Gefühle zu sprechen, noch, ihnen mit Taten Ausdruck zu verleihen. Es war einerlei. Ich hatte verstanden und er hatte mir geholfen. Als ich geendet hatte, schüttelte er kurz den Kopf und entflammte sogleich in einer seiner feurigen Reden. Er meinte, es sei sicherlich besser so. Und wie immer, wenn er sprach, kam er auf die Probleme der Welt und den so bitter nötigen Wandel zu sprechen. Ich solle doch froh sein, denn mit diesen Landnoblen könne man – und das wisse jeder Bauer hier in der Gegend – überhaupt nichts anfangen!

»Neben den Hässis sind nur noch die Tschudis schlimmer. Allesamt reich, wohlhabend und sich für etwas Besseres haltend! Ich sage dir: Sei froh, Balzli, dass es so gekommen ist. Vergiss sie!«

»Weder kann ich sie vergessen noch will ich dies, Peter! Und wenn es Gott und die Welt, wie er sie schuf, nicht will, dass wir vereint sind, so will ich dann aber immer in ihrer Nähe sein und sie und ihre zauberhafte Art bestaunen und sie im Geheimen lieben!«, tat ich ihm kund, und ich spürte wieder Tränen in den Augen, die ich jedoch wegblinzelte. Ich wollte nicht, dass Peter mich erneut weinen sah. Ich wollte fromm und standhaft sein. Peter war ob meiner Worte schweigsam geworden. Wir gingen aus Glarus hinaus und sahen ein Stückchen vor uns schon die Allmeind mit dem Veh.

»Balzli, was ist, wenn ich dir sage, dass diese Welt, die Gott uns schuf, nicht starr ist? Dass ihr Gefüge, die Pfeiler, auf der sie

ruht, nicht fest verankert in alle Ewigkeit stehen. Was, wenn ich dir sage, dass Gott uns Menschen die Kraft gab, diese Welt zu verändern, damit wir sie zu einem besseren Ort machen können, als sie ist?«
»Was meinst du damit?«
»Dass du und deine Sophie keinen Platz in dieser Welt habt, in der die Ordnung der Stände so tief verwurzelt ist wie die Sünde selbst. Aber es gibt einen Platz für euch in der Welt, wie sie nach dem Wandel sein wird.«

Es gibt in der Stunde der Verzweiflung nichts Wertvolleres als das Geschenk der Hoffnung, und in Peters Augen sah ich sie brennen, hell und feurig. Hoffnung auf Veränderung und Verbesserung in einer solch elenden und leidgeprüften Welt. Der Funke, der in diesem Augenblick in meiner Brust entflammte, brannte für Sophie und meine Liebe zu ihr. Eine Liebe, die nicht sein sollte, nicht sein durfte.

Peter fuhr fort: »Es kommt von Zürich ein Geist in das Tal, der Geist der Neuerung, geschaffen von Männern wie Zwingli und dem Sachsen Luther. Doch wir wollen mehr als Zwingli. Seine Ideen boten den unsrigen lediglich das Fundament, auf dem sich unsere Gedanken beflügelten, auf dem sich unser eigener Geist entfaltete. Dieser Geist des Täufertums wird die alte Ordnung samt den irrigen Traditionen und ihren vergammelten Riten niederreißen und den christlichen Glauben neu errichten. Doch diesmal ohne die Verderbtheit weltlicher Tyrannen wie der Päpste oder anderer Fürsten und Könige. Diesmal ohne die Lügen aus dem Sündenpfuhl Roms!«

»Aber wie?«

»Dank des Volkes und des Volkes Glaube. Stell dir vor, Balzli, wir leben – nein, wir kämpfen! – in einer Bewegung, in der etwas Gewaltiges geschaffen wird. Wir verrichten einen wahren Dienst an Gott, bei dem es nicht um Ablassbriefe geht, geschrieben mit der habgierigen Feder der römischen Papisten. Weg mit dem Geldstrom, welcher einst in die raffgierigen Hände des falschen und kurzsichtigen Leo X., Hadrian VI. und nun in die offenen Krallen Clemens' VII. fließt. Sie nennen ihn *denarius sancti Petri* und sie fordern ihn, um einen monumentalen und gotteslästerlichen Bau in Rom zu bezahlen, von dem wir nichts wissen und den wir arme Christen zeitlebens nie sehen werden, in dem jedoch die Päpste bis in alle Ewigkeit in Saus und Braus, in Gold und in Marmor leben werden, während wir hungern und sündigen, um erneut zu zahlen!«

Erstaunt, ja verblüfft lauschte ich den Worten Peters. Viel hatte ich über die Lügen gehört, welche die schlangenzüngigen Neugläubigen verbreiteten. Die abtrünnigen Lehren Ulrich Zwinglis, die er in seinem irrgeleiteten Eifer wie Salz in die offenen Wunden der Eidgenossenschaft streute. Und natürlich die radikalen Forderungen der Wiedertäufer, ketzerisch bis ins Mark. Zum ersten Mal vernahm ich ihr credo *aus dem Munde einer der Ihren, sodass selbiges mir so schlimm gar nicht erscheinen wollte. Waren denn dies nicht gute Ziele? Ziele, für die es sich zu kämpfen lohnte? Zumal, wenn sie mich Sophie näherbrachten ...*

»Und wie wird mir das helfen«, fragte ich, »eines Tages Sophie zum Weibe zu nehmen?«

»Verstehst du denn nicht, Balzli? Der Wandel ist im Begriff zu kommen. Viele Bauern im Groß- und Kleintal leben ihn schon, und wenn er erst einmal da ist, dann werden sich die Verhältnisse ändern! Vorbei das Zeitalter der privilegierten Reichen und von uns unterjochten armen Bauern; es ist der Beginn der Kirche für alle Kinder Gottes, denn sagt nicht unser Herr Jesus Christus, dass wir vor dem Allmächtigen alle gleich sind?«
Er sah mich mit glänzendem Gesicht an, voller Erwartung. In seinen Augen brannte lodernd das Feuer der unerschütterlichen Überzeugung. Peter war fromm. Peter war standhaft.
Ich antwortete unsicher: »Vielleicht, Peter. Was weiß denn ich einfacher Bauer schon von dem, was unser Herr Jesus Christus zu uns sagte? Nur sehr weniges verstehe ich von dem Latein, das in den Kirchen gesprochen wird, und meistens begnüge ich mich damit, all das glänzende Gold und die Bilder zu betrachten. Die Schrift lesen doch nur Pfarrer, Mönche und Gelehrte.«
»Eben nicht, Balzli!«, fiel er mir freudig ins Wort. »Die Bibel lesen mit dieser Bewegung alle, und zwar auf Teutsch! Der Glaube gehört allen, doch vor allem uns, die wir so lange unterdrückt und ausgebeutet worden sind, mit Zehnten und Zinsen und allerlei! Das ist die Neuerung, von der ich spreche, und mit ihr wird die Macht der Obrigkeit gebrochen. Alles wird sich wandeln und zum Guten wenden, glaub mir, Balzli. Und so Gott will, wirst du am Ende dieses Wandels deine Sophie als gleichgestellte Frau zum Weibe nehmen und der bärtige Franzose wird nichts dagegen sagen oder machen können, weil er bereits die Flammenzungen der Hölle unter sich brennen spüren wird!«

Zum ersten Male seit langer Zeit verbrachte ich den ganzen Nachmittag in freier Natur, auf der Allmeind zu Glarus, wo ich mit Peter und seinen Geschwistern zusammen das Veh hütete. Ich hatte einen Grashalm im Mund und setzte mich nachdenklich auf einen Stein. Das Gespräch mit Peter wollte mir nicht mehr aus dem Kopf gehen. Es gab eine Möglichkeit, Sophie zu heiraten! Welch Glück, in solchen Zeiten des Umsturzes zu leben, dachte ich. Wie viele Liebende hatten über Jahrtausende hinweg eine unerfüllte Liebe aus der Entfernung leben müssen, weil die Ordnung der Welt ihren Herzen im Wege stand? Er konnte kommen, der Wandel. Ja, ich hieß in willkommen, mit offenen Armen, denn ich erachtete ihn als gut und ich hielt seine Beweggründe für weise. Er würde vielleicht der Weg sein, auf dem ich meinen Traum verwirklichen konnte.
Die Trauer des Verlusts war vergessen, von neuer Hoffnung verdrängt. Zufrieden lehnte ich mich zurück. Ich träumte wieder und sah mich heimkehrend von einer der höchsten Alpen, wo ich lange mit den Kühen geweilt hatte. Neben einem Gebüsch, bei einer sprudelnden Quelle, lag Sophie im hohen Gras, mit einem Kranz schönster Bergblumen im Haar. Sie wartete auf mich.

Am späten Nachmittag, als die Sonne schon nah den hohen Bergen im Westen stand, kam Peters Vater von der Landsgemeinde in Schwanden her auf die Allmeind. Ich sprach mit Peter, dieser mit seinem Bruder und beide wiederum mit ihrem Vater, ob es möglich sei, dass ich bei ihnen ein Dach, einen Schlafplatz und Essen beziehen dürfe. Ich wollte weg vom Hause Hässi, und nirgendwohin zog es mich fester als zu Peter und dem Bauernleben.

»Nach viel verlangt es mir nicht. Ich lebe gern einfach, wie damals mit meiner Mutter und dem Fritzli zu Bilten! Natürlich will ich helfen, so gut ich nur kann und überall, wo ich gebraucht werde!«, versprach ich Peters Vater.

Herr Weber, ein wortkarger, von Wind und Wetter braungebrannter Bauer mit ledriger Haut und Händen wie Bärenpranken, stützte sich auf seinem Stock ab und blickte ein Weilchen still und mit gerunzelter Stirn, tief in Gedanken versunken, Richtung Kärpf, ein Berg, welcher von Glarus aus ungemein schön zu bestaunen war. Schließlich entschied er: »Ja gut, wenn Gott das so will, dann ist es halt so! Fein, Balzli, das trifft sich nicht einmal schlecht, da ich mit meinen ältesten Buben noch dieser Tage auf die Alp will. Du musst wissen, dass wir des Sommers auch sennen. Du bleibst währenddessen mit Peter und mit meinem Weib im Dorf und hilfst ihnen bei allem, was sie dir sagen!« Dann schwieg er, denn er hatte soeben sehr viel am Stück gesprochen. Er drehte sich um und die Sache war damit für ihn erledigt.

Mit dem beruhigenden Wissen, eine neue Bleibe gefunden zu haben, half ich den Webers, die Kühe zurück in den Stall zu treiben. Dann sagte ich dem Peter, ich müsse aber schon noch einmal zu den Hässis, denn ich hätte ja gar keine Kleider und überhaupt fehle es mir noch an allerlei Sachen. Er nickte und meinte, am nächsten Tag würden sie den Alpaufzug vorbereiten. Das sei jedes Mal eine Außerordentlichkeit und eine freudiges und lustiges Unterfangen. Ob ich denn auch dabei sein werde, fragte er zum Schluss. Ich versprach's ihm und er rief mir noch ein munteres »Behüt' dich Gott!« nach, bevor er ins Häuschen trat.

Die Sonne war schon hinter dem Glärnisch verschwunden, als ich durch die Gassen von Glarus in Richtung Hässihaus ging. Da der Sommer begann, war es noch zu Stunden hell, zu denen im Winter bereits stockfinstere Nacht herrschte. Ich war glücklich und freute mich darüber, welch schöne und unvorhergesehene Pfade mein Leben einschlug. Ich würde die nächste Zeit über mit den Webers leben und vieles lernen. Wenn dann dieser Wandel passiert wäre, würde ich zu Sophie zurückkehren und erneut um ihre Hand anhalten. Bis dahin würde ich schon vierzehn Jahre alt sein und unserer Heirat stünde somit nichts mehr im Wege. Mit ihrer Mitgift und Gottes Segen würden wir in Bilten ein neues Leben beginnen und uns eine Alp kaufen. Alles würde sein wie in meinen Träumen.

Unbeschwerten Schrittes und emsig an meiner Zukunft planend, schritt ich durch die dunkle, enge Gasse, durch die kaum ein Fuhrwerk fahren konnte und die deshalb »Meerenge« genannt wurde, nahe dem Spielhof, an der Hauptkirche vorbei, und ich sah die daran angebaute Kapelle des Heiligen Kreuzes unseres Herrn Jesu Christi, worin sich ein Stückchen des heiligen Holzkreuzes von Golgatha befand, das irgendein Herzog aus einem Krieg oder Kreuzzug im Heiligen Land nach Glarus gebracht hatte. Plötzlich vernahm ich einen Ruf von einem Mann hinter mir: »He, Bub, so bleib doch stehen!«

Ich sah einen Reiter auf einem Pferd, mit verstaubten Kleidern. Ich erkannte ihn wieder. Es war ein Bote aus Glarus, den Heinrich Hässi häufig beschäftigte, wenn seine Aufträge außer Landes gingen. Die Nüstern des Pferdes schnaubten warmen Atem, sein Fell glänzte und ich roch den stechenden Geruch des Pferdeschweißes; dieser Bote war hierher galoppiert.

»Du bist doch der Junge, der bei den Hässis wohnt, oder?«, fragte er.
»Freilich!«, antwortete ich. Ich hielt es für ratsam zu verschweigen, dass sich dieser Umstand bald ändern würde.
»Gelobt sei der Allmächtige, dass ich dich finde!«, stieß er aus. »Bring Heinrich Hässi so schnell wie du nur kannst dieses Antwortschreiben aus Zürich. Der Schreiber sagte mir, der Brief sei eiligst auszustellen, und zahlte mir sogar mehr dafür, dass ich alles aus meinem Pferde hole. Bei Gott, ich habe das arme Tier beinah totgeritten, jedoch war ich nicht schnell genug, beizeiten das Rathaus zu erreichen. Bring ihm den Brief, Bub! Geschwind!«, beschwor er mich und nahm aus einer Tasche am Pferd ein verhältnismäßig großes, gefaltetes und versiegeltes Stück Papier heraus. Behutsam gab er es mir in die Hand.
»Nun geh! Geschwind!«, wiederholte der gehetzte Bote, und ich rannte, den Brief in den Händen, zum Hause der Hässis.

Tief holte ich Luft, bereit, alle meine kühnen Pläne darzulegen, obschon ich natürlich den Teil des Wandels und der meiner Freundschaft mit einem Wiedertäuferbuben weglassen würde. Ich nahm die Stufen und trat in die Stube, aus der ich Stimmen vernahm. Als ich eintrat, sah ich die versammelten Hausbewohner. Einzig Vreni Hässi fehlte. Doch sie konnte schon seit einiger Zeit ihr Bett nicht mehr verlassen, war sie doch zu schwach dafür.
Heinrich Hässi, der von der Landsgemeinde zurück war, richtete sich sofort zu seiner ganzen Größe auf und lief mit dem bestimmten Schritt eines Kriegers zu mir hin. Er sprach kein Wort, sondern holte weit aus. Der Schlag warf mich von den Füßen und ich schlug hart auf dem Holzboden auf.

»Steh auf!«, befahl er mir. Ich tat, wie mir geheißen, und als ich auf meinen Füßen stand, folgte der zweite Schlag mit dem Handrücken aus der anderen Richtung. Ein zweites Mal fiel ich mit dem Gesicht zu Boden.

»Du riechst nach Veh, riechst nach Mist! Was habe ich dir ausdrücklich befohlen?«, brüllte er mit seiner tiefen, kehligen Stimme durch den Bart. Ich antwortete nichts und blickte auf die Dielen, unfähig, seinem schrecklichen Blick standzuhalten. Ich bemerkte den Brief, der neben mir auf dem Boden lag. Das Siegel war noch ungebrochen. Auch er schien ihn bemerkt zu haben, denn er verlangte barsch zu wissen: »Woher hast du den?«

»Ein Bote hat ihn mir gegeben, es ist ein Schreiben aus Zürich«, antwortete ich unterwürfig.

»Aus Zürich? Gib her, du Undankbarer!«, herrschte er mich an und riss mir das Papier aus der Hand, die ich ihm entgegenstreckte. Dann drehte er sich um und schien mich zu vergessen. Er murmelte die geschriebenen Worte undeutlich vor sich hin. Sophie, welche die ganze Zeit stumm im Hintergrund gesessen hatte, erhob ihre klare, helle Stimme: »Sind es gute Nachrichten, Vater?«

»In der Tat, mein Kind!«, antwortete er. »Höchst erfreuliche Nachrichten. Es ist ein Schreiben von Ulrich, aus Zürich. Er schreibt, wir sollen sofort zu ihm kommen, er kenne in seiner Stadt mehrere sehr gute Ärzte, die sich auf solche Geschwüre verstünden!«

»Wir fahren nach Zürich?«, fragte sie erstaunt.

»Ja, Sophie, auf dass deine Mutter wieder gesunde!«

Ich traute meinen Ohren nicht. Der Brief, den ich überbracht hatte, war eine Nachricht von Ulrich Zwingli höchstselbst. Der Pfaff aus Zürich, der Usurpator, der Reformator.

»Wann wollt Ihr aufbrechen, Vater?«, fragte Sophie.
»So schnell wie irgend möglich! Morgen in der Früh am besten!«
Und plötzlich war es da, das Gefühl des Aufbruchs und der Tat. Ich las es in den Gesichtern der Hässis. Wenige Worte des Reformators waren es gewesen, die in ihnen – und in unzähligen anderen – eine große Hoffnung weckten. Wahrlich, dieser Mann brachte den Wandel. Und dies, so dachte ich, war der gegebene Augenblick, meinen Fortgang zu verkünden.
»Ich …«, begann ich, doch der Heinrich Hässi fiel mir schneidend ins Wort: »Schweig, Bauerskind! Du wirst noch lernen, was es heißt, mir den Gehorsam zu verweigern, glaub mir! Du wirst nicht mitkommen, sondern hierbleiben, mit der Ruth und den Kindern. Du wirst das Haus nicht verlassen, hast du verstanden? Denn du verhältst dich aufwieglerisch und frech, wie die Narren im Hinterland, in den Gemeinden, die den neuen Glauben mit offenen Armen begrüßen. Ihr niederes Gesindel, in eurem Versuch, euch aufzulehnen gegen Zucht und Ordnung, Regeln und Schwüre, Gesetze und Versprechen! Ehre und Aufrichtigkeit bedeuten euch nichts, Respekt vor den Bräuchen unserer Ahnen kennt ihr nicht. Deine wie die ihre Frechheit ist eine Plage. Bei Gott, sie wollten uns am heutigen Tage, an der Landsgemeinde, daran hindern, den Bundesschwur und das Versprechen zu erneuern. Das Versprechen nämlich, beim alten, wahren Glauben zu bleiben, welches wir schon letztes Jahr gegeben hatten! Es war ein Fehler, dich hierherzunehmen, das seh ich jetzt, deutlicher denn je zuvor! Welch ein Irrglaube, ich könnte aus einem Bauernjungen wie dir einen gepflegten Sprössling meines Ranges machen, oder zumindest doch einen

ehrenhaften Mann, wie dein Vater es war!« Er schrie mich laut und wütend an und ich wich verängstigt mehrere Schritte zurück, bis ich die Kacheln des Ofens hinter mir fühlte.

»Auf dein Zimmer, los!«, befahl er mir. Feige rannte ich hinauf. Oben schlug ich die Türe zu und legte mich aufs Bett, wo ich mich vom Schrecken erholen musste. Mein Herz schlug mit der Gewalt eines Schmiedehammers in meiner Brust.

Ich wartete, bis ich mich beruhigt hatte, dann stand ich auf und fing an, meine alten Bauernkleider, welche ich noch immer in einer großen Truhe im Zimmer aufbewahrte, in einen Sack zu stopfen. Die feinen Kleider der Hässis ließ ich zurück. So auch die Lederschuhe, die mir sehr gefallen hatten. Aber mein Entschluss stand fest: Ich musste weg und dieses Leben hinter mir lassen!

Zum Essen wurde ich nicht gerufen, und niemand kam an meine Türe, um zu klopfen oder mir zu erklären, wie es mit mir weiterginge. Heinrich Hässis Gebrüll war ein unmissverständlicher Befehl gewesen, der es nicht nötig hatte, weiter erläutert zu werden. Ich hörte, wie sie nach dem Abendbrot die Treppe heraufkamen und wie jeder in sein Zimmer ging. Ich lauschte, wie Heinrich Hässi im Schlafgemach am Ende des Ganges noch mit seiner Frau flüsterte. Von ihr vernahm ich die ganze Zeit über nur ihr fürchterliches Husten. Als es schließlich finstere Nacht geworden war und ich sicher war, dass alle schon schliefen, öffnete ich behutsam die Türe und schlich hinaus. Vor Sophies Zimmer blieb ich stehen.

»Ich werde wiederkommen und dich zu mir holen. Versprochen, Geliebte!«, flüsterte ich. Dann drehte ich mich um, entschlossen, mich von ihr zu trennen, weil es nötig war. Und mit wehem Herzen verließ ich das Haus der Hässis, welches nun nicht mehr das meinige war.

Zweiter Teil

O welch eine Tiefe des Reichtums, beides, der Weisheit und der Erkenntnis Gottes! Wie unbegreiflich sind seine Gerichte und unerforschlich seine Wege!

Brief des Paulus an die Römer 11,33

Und bedenket, dass es kein Volk auf Erden gibt, dem christliche Freiheit besser anstände und mehr Ruhe zuteil werden kann, als einer löblichen Eidgenossenschaft. Habt Gott und sein Wort vor Augen, so wird er Euch nie verlassen. Er behalte Euer Land nach seinem Willen in seiner Huld und Ehre. Amen! Lasset Euch Valentin Tschudi, Kilchherren zu Glarus, Fridolin Brunner zu Mollis, Johannes Schindler zu Schwanden [...] und alle, die das Evangelium Christi getreulich lehren und verkünden, empfohlen sein. Nehmet auch dies mein Schreiben zum Besten auf und seid der Gnade Gottes empfohlen. Gegeben zu Zürich am 14. Tag des Heumonats 1523.

Huldreich Zwingli
Euer allzeit Williger

Neuntes Kapitel

Zwingli hat in Wort und Schrift mit besonderer Schärfe gegen die Wiedertäuferbewegung Stellung genommen, die in ihren Vorstellungen über das Urchristentum das Reich Gottes auf Erden verwirklichen wollte, die an den Kindern vollzogene Taufe als ein Kennzeichen der Gnade als verfrüht ablehnte und an Stelle des geistlichen Standes für das Priestertum der Erleuchteten eintrat. Es kam so weit, dass Zürich den Täufern die Strafe des Ertränkens androhte und sie in einem Fall wirklich vollzog.

Geschichte des Landes Glarus, Jakob Winteler

Die Wahrheit ist untödlich!

Letzte Worte des Wiedertäufers Balthasar Hubmaier auf dem Scheiterhaufen anno 1528

Worin ich bei Peter lebe und den Worten
des Täufers lausche.

Ich ließ mich auf einer Wiese nieder. Die Nacht war mild und ich fühlte mich wohl in meinem so viel unbequemeren und doch so unendlich vertrauteren Bauernrock aus grobmaschigem Leinen. Ich blickte hoch zu den Sternen und betrachtete andächtig das Himmelszelt. Meine Gedanken reisten zu meinen Geliebten im Himmel. Welch bemerkenswerte Fügungen hatten mich bisher geleitet, seit der Tod sie mir entrissen hatte. Welche weitere Rolle war wohl in diesen schwierigen Zeiten für mich vorgesehen, im großen göttlichen Plan der Welt?

Die Nacht schwand über meinen Gedanken dahin. Wie ein Schleier umkränzte das schwache Morgenrot die Gipfel im Osten und ließ die Sterne am Himmel verblassen. Dann sah ich die Sonne über den hohen Bergen aufgehen, sah, wie das gleißende Morgenlicht die Firne und Gletscher der gegenüberliegenden Berge im Westen in ein magisches Licht tauchte. Ein Hahn krähte, und bald darauf sah ich die Kutsche der Hässis weiter unten im Dorf aufbrechen. Sie wirbelte hohen Staub auf, als sie in schnellem Tempo Glarus verließ. Sophie. Es tat weh, ihr zuzusehen, wie sie nach Zürich ging. Weg von mir und weg von alledem, was mich mit ihr verband. Aber war es denn nicht das, was ich gewollt hatte? Natürlich, sagte ich mir. Es musste sein. Wir würden wieder zueinanderfinden. Gottes unerforschliche Wege würden mich zu ihr führen; früher oder später.

Als ich in der oberen Tagwe ankam, war der ganze Hof bereits auf den Beinen. Die Kühe standen im noch taufrischen Gras und fraßen munter davon, während die Webers im Haus letzte Vorbereitungen für die Alpauffahrt trafen. Als ich an die Türe klopfte und eintrat, wurde mir kaum Beachtung geschenkt. Emsiges Treiben erfüllte die Stube und die Küche. Peter nickte mir mit einem breiten Lächeln zu.
»Obacht!«, sagte eine tiefe Stimme und eine große Hand stieß mich sachte beiseite. Es war Peters Vater und er hatte einen schweren Mehlsack geschultert, den er aus dem Keller hervor-

trug, um auf der Alp Fenz kochen zu können, diese breiartige und sehr reichhaltige Speise, für welche man nur frischen Anken, Mehl und Schotte benötigte. Da man außer dem Mehl von allen Zutaten auf der Alp weiß Gott genug hatte und Fenz nicht schwer zu kochen und noch dazu ein guter Hungertöter war, erwies er sich als geschaffenes Sennenessen.

Peters Brüder waren schon ganz aufgeregt und sie alle trugen, wie ich bemerkte, schönere Kleider für diesen speziellen Festtag. Der eine von ihnen hielt das Salz für die Kühe in den Händen, der andere viele Werkzeuge, wie Sensen, Sicheln, einen Wetzstein und auch einen großen Hammer, um damit die Alp neu zu umzäunen, falls dies vonnöten sei. Auf den Weg gab Peters Mutter ihnen einen Laib Brot und ein großes Stück Käs mit, beides liebevoll in Tücher eingepackt. Als alles bereit schien, tätschelte Peters Vater mit den Worten »Seid brav!« unsere Köpfe, fasste sodann sein Weib kräftig um die Hüfte, gab ihr einen dicken Kuss, und ohne weitere Bemerkungen oder Verabschiedungen drehte er sich um und trieb, mit dem Stock in seiner Hand, die Kühe auf die Straße und lief voraus. Seine Söhne taten es ihm gleich, und so standen Peter, seine Mutter und ich vor der Türe und sahen der Herde hinterher, bis man sie nicht mehr hörte und sie fast nicht mehr zu sehen war.

Bei uns im Tal waren zwei Kühe geblieben, um uns mit Milch zu versorgen, sowie ein sehr schwaches und ein gerade neugeborenes Kalb. Um sie kümmerten wir uns mit voller Hingabe, aber da diese Arbeit trotz aller Mühe nicht viel hergab, hatten wir Zeit, um miteinander zu spielen oder zu reden. Und Peter hatte mir manches zu erzählen, über die Leute und was man über sie sprach und dachte. Er wusste einiges von seiner Mutter,

die es ihrerseits am Brunnen oder beim Waschen am Bach von den Tratschweibern erfuhr.
Am selben Tag meiner Ankunft berichtete ich Peter von meinem Fortgang bei den Hässis, und als er das mit dem Brief aus Zürich vernahm, konnte er es nicht glauben.
»Wirklich vom Zwingli?«, fragte er erstaunt. Ich bejahte und er begann sogleich wieder vom Wandel zu sprechen, von der letzten Landsgemeinde und wie die hinterlistigen Altgläubigen wieder gewonnen hätten, zum zweiten Male. Er schilderte, wie sich der vornehme Tschudi gegen die Neugläubigen in Schwanden ausgesprochen und sie ermahnt, ja gar bedroht hatte. Ich hörte interessiert zu.
»Wie weißt du das denn, wo doch die Landsgemeinde gestern war und du gar nicht dort warst?«, fragte ich.
»Ich erfahre vieles«, meinte er schelmisch lächelnd und fügte dann in gedämpftem und geheimnisvollem Ton hinzu: »Und außerdem war gestern Abend noch der ehrwürdige Jörg Grebel hier bei uns, wo er etwas Kleines aß, bevor er weiter gen Zürich ritt.«
»Wer?«
»Jörg Grebel, der Täuferprediger!«
»Er war gestern hier?«, fragte ich verwundert.
»Ja, kurz nachdem du gegangen warst!«, antwortete Peter erregt. »Er wird zurückkehren, denn die neugläubige Gemeinde im Hinterland ist stark. Er sagte uns, dass die Täuferbewegung ebenfalls Fuß fasse! Bald wird er wiederkommen und du wirst ihn auch einmal sehen, Balzli!«
Ich nickte freudig und verbarg die gemischten Gefühle, die ich für diesen sagenumwobenen Täufer hegte. Zu lange hatte ich ihn

mir als dunkle Schreckensgestalt, als Giftmischer und Hauptschuldigen an der Seuche vorgestellt. Zu oft hatte ich seinetwegen um das Leben Sophies gefürchtet, wenn er in meinen Albträumen seine vor Pestgift triefenden Krallen nach ihr ausstreckte. Wie würde er wohl sein? Peter sprach weiter und träumte und schwärmte von alledem, was noch kommen sollte. Ich lauschte und blieb still.

Der Sommer des Jahres 1527 war Balsam für meine Seele und er verging im Fluge. Die Tage waren heiß und die Nächte lau, saftig war das Gras und die Ernte reich. Immer noch erinnerten die Teuerung und verlassene Höfe an die Zeit des Schwarzen Todes, doch uns ging es gut. Wir aßen knuspriges, selbstgebackenes Brot mit Ziger oder frischem Anken, selbstgezogenen Knoblauch und Zwiebeln, Trockenfleisch vom letzten Herbst, eigenen Käs, viele Früchte – Äpfel, Birnen und Pflaumen – und Beeren, mit dickem Rahm. Im Spätsommer gab es verschiedene Nüsse. Manchmal gingen Peter und ich zu einem Kastanienbaum, der zwischen Netstal und Glarus stand. Es war ein seltener Baum, einsamer Sohn des Südens, doch vergebens warteten wir auf seine stacheligen Früchte. Sie fielen erst im Herbstwind und sie wurden nicht jedes Jahr reif. Erst trocknete das Gras auf den Feldern, die es zu heuen galt.
Wir verbrachten Stunden unter der Sonne auf dem Feld, mit nacktem Oberkörper und nichts als einer Sense und einer Heugabel, und wir heuten die Wiesen in der Nähe des Hofes ab. Ich erinnerte mich freudig an die Zeit bei den Blums und die Handgriffe kamen von selbst wieder, sodass Peter staunte und mich fragte, wo ich vornehmes Hässikind denn so etwas dermaßen gut

gelernt hätte. Ich darf von mir behaupten – der Himmel vergebe mir meine Eitelkeit! –, dass ich schnell und geschickt in dieser Arbeit war. Doch vor allem galt es, gründlich zu sein, denn wertvoll war das Heu in diesem Jahre und glücklich war jeder, der nicht viel kaufen musste.
Wieder verliere ich mich in Randbemerkungen, wo ich doch die Geschichte weiterschreiben sollte! Verzeiht, werter Leser. Nun denn, es war bereits Herbst, der letzte Tag des Monats September, den die Bauern den Scheiding nennen, als alle Weiden schon geheuet waren und der kühle Wind die Kastanien endlich zu Boden fallen ließ, als sich Folgendes ereignete:

Ich stand vor dem Stall und atmete die trockene Luft ein. Sie war frisch, doch ich stand abseits des Schattens und genoss die angenehmen Strahlen der Sonne auf der Haut. Der Herbst hatte Einzug gehalten; ich merkte es in der Frühe des Morgens, wenn erster Frost über den Weiden lag, und sah es in den bunten Laubwäldern, deren Färbung ein schimmerndes Gemisch von Goldgelb bis Rostrot war. Die Wege und Straßen wurden von braunen, dürren Blättern gesäumt, welche der Wind in kurzen Wirbeln mit sich trug, ehe er sie seufzend wieder zu Boden fallen ließ. Schön war die Welt an diesem Tage, als ich schwärmend vor dem Stall stand.
Plötzlich hörte ich freudige Rufe von der Ferne her. Es waren Peters Vater und seine Brüder mit all ihren Kühen, welche die Alp und das Sennendasein mit dem Ende des Sommers hinter sich gelassen hatten. In regelmäßigen Abständen war von der Alp ein Bruder von Peter hinabgestiegen, mit einem Käserad in einem Holzgespann auf dem Rücken, doch nun kamen sie alle

zusammen, mit vielen Käserädern und mit Heuballen, die sie an den steilen Berghängen der Alp gemäht, jedoch nicht mehr gebraucht und wegen der Knappheit mitgenommen hatten. Ich rief in das Haus und bald standen wir alle draußen und erwarteten freudig die Ankunft der Sennen. Sie kamen stark gebräunt zurück; kräftig und gesund sahen sie aus. Peters bärtiger Vater drückte seinem Weibe, wie schon beim Abschied, einen Kuss auf den Mund und meinte dann, ein bisschen Speck mit Brot, das wäre jetzt also schon nicht verkehrt. So betraten sie seit Langem wieder ihr vertrautes Heim, während Peter und ich die Kühe in den Stall brachten.

Bald darauf gesellten wir uns zu ihnen, und sie erzählten uns von allem, was sie erlebt hatten. Wie zum Beispiel einmal ein unerwarteter Steinschlag fast eine Kuh erschlagen hätte oder wie es einem der Brüder gelang, ein Murmeltier zu fangen, und sie erzählten auch von mehreren Steinböcken und Gämsen, Rehen und Hirschen, die sie in den Steinwänden und Wäldern gesehen hätten. Ich saß am Tisch und lauschte verzaubert den Berichten, welche meine Gedanken beflügelten, bis ich in Träumen schwelgte. Wie sie sah ich mich selbst heimkehrend von einer der höchsten Alpen, wo ich lange mit den Kühen geweilt hatte. Neben einem Gebüsch, bei einer fröhlich plätschernden Quelle liegend, sah ich Sophie, mit einem Kranz schönster Bergblumen im Haar. Sie lächelte, wie Engel lächeln mussten. Sie wartete auf mich.

Ein lautes Hämmern an der Türe riss mich aus meinen Phantastereien. Es war bereits dunkel und Peters Mutter hatte einen Kienspan entzündet. Alle verstummten. Ein Besucher um diese Zeit? Peters Vater stand mit müden Gliedern auf, ging zur Türe und fragte, wer um Himmels willen denn da sei.

»Ich bin's, Jörg Grebel!«, rief eine Stimme in die angespannte Stille. Peter sah mich vielsagend an. Er war hier, der Zürcher Wiedertäufer, von dem ich so viel gehört hatte. Seine Worte entfachten das Volk und seinen Predigten folgte der Wandel. Aus seinen Lippen stammte die Prophezeiung des Falles der alten Ordnung. Peters Vater öffnete ihm. Ich bekreuzigte mich. Herein trat der Wiedertäufer.

Er war in einen langen, dunklen Reisemantel gehüllt. Seine Kleidung war schlicht und schwarz und er machte einen sehr bescheidenen, ja ärmlichen Eindruck. Er begrüßte Peters Vater mit einer warmen, herzlichen Stimme und sprach seine tiefe Dankbarkeit aus. Der Klang seiner Worte, seine gesamte Sprechart, war der unseren verschieden und sie zeichnete ihn als einen Auswärtigen aus. Er wandte sich zu uns und breitete priesterlich die Arme aus.

»Gegrüßet sei der Herr!«

Der Kienspan erhellte seine Züge und ich sah ihn freundlich lächeln. Sein Gesicht war menschlich und nicht – wie die Wiedertäufer oftmals von Heinrich Hässi beschrieben wurden – krankhaft entstellt. Er hatte keine teuflische Fratze. Und weder hatte er eine gespaltene Zunge noch brannten die Irrlichter des Wahnsinns oder der Besessenheit in seinen Augen. Er war ein gewöhnlicher Mensch, mit buschigen Augenbrauen, einer weiten Stirn und krausem, grau durchsetztem Haupthaar. Seine Augen waren von der Farbe gerösteten Brotes und sie huschten wachsam zu jedem von uns. Er gab allen freundlich die Hand und setzte sich mit einem erschöpften Seufzer auf den Platz am Kopfende des Tisches, der ihm von Peters Vater angeboten wurde.

»Ich danke Gott dem Allmächtigen, dass ich hier in eurem Lande sein kann! Lange war ich mir nicht sicher, das Tal der Linth jemals wiederzusehen. Ja, lange war ich mir meines Lebens nicht mehr sicher, denn glaubet mir, Brüder, die Stadt Zürich ist gefährlicher denn je zuvor!« Er sah uns alle eindringlich an und wir hingen gebannt an seinen Lippen. »Zwinglis Zürich«, wiederholte er, »ist in der Tat so gefährlich wie noch nie für mich und unseresgleichen. Gefährlich für Getaufte und uns Prediger der wahren Lehre. Zwinglis Methoden stehen der römischen Inquisition und der Ketzerverfolgung der Bischöfe in nichts nach. Als ich Zürich vor fast zwei Jahren verließ, waren Sprechverbote gegen uns verhängt worden, denn Zwingli fürchtete unsere Reden, unsere Ideen, welche in der breiten Bevölkerung von Zürich und über Zollikon hinaus auf Wohlwollen stießen. Früchte trägt der Same unseres Wortes, wohin wir auch gehen, ja, sogar bis hier, ins hinterste Ende des Landes Glarus. Doch der despotische Reformator versteht nicht, dass das, was wir machen, nichts als die eherne Konsequenz dessen ist, was er zusammen mit Luther und mancherlei anderen gelehrten Personen vor Jahren begonnen hat; schwachherzig und bang sitzt er in seinem Großmünster und lauscht den Worten von uns Täufern, die wir in den Straßen von Zürich umhergehen und mehr fordern. Kleinmütig, wie er ist, fürchtet er seine eigene Schöpfung, denn sie wächst über ihn hinaus. Und so begann die wilde Hatz nach unseresgleichen. Sie jagen uns wie Tiere und wir mussten fliehen, zurückgezogen predigen und versteckt taufen. Wir lebten in ständiger Gefahr, gefangengenommen zu werden: von den Altgläubigen in vielerlei Ständen wegen unserer – so sagen sie – ›neugläubigen Häresien‹ und von den Neugläubigen Zürichs wegen unserer Forderungen an den Neuaufbau der Kirche Gottes und unserer ›Verteufelung‹ der zwinglianischen Lehren, wie sie es nennen. Doch wie ich erfahren musste, hat sich die Lage in Zürich verdüstert.« Er hielt inne, um seinen folgenden Worten mehr Nachdruck zu verleihen. »Trauert mit mir, Brüder, denn wie ich hörte, wurde einer unserer Gründerväter, Felix Manz, Anfang dieses Jahres von den Vasallen Zwinglis in der Limmat zu Zürich jämmerlich ertränkt!« Peters Vater schüttelte traurig den Kopf. »Die Furcht macht sich breit. Wer weiß, wessen Körper als nächster leblos in den Wassern der Limmat treibt? Viele von uns sind auf der Flucht und verbreiten unsere Lehre. Überall im Osten der Eidgenossenschaft werden unter Lebensgefahr Taufakte vollbracht, und auch ich werde mich gewiss nicht von meiner Berufung abbringen lassen. Ich werde weitermachen wie bisher, im Namen des Allmächtigen, des Schöpfers des Himmels und der Erde!«

»Was gedenkt Ihr, als Nächstes zu tun?«, fragte Peters Vater.

»Entgegen allen Gefahren, Schikanen und aller Müh' will ich den so bitter nötigen Wandel in dies Land bringen. Ich werde ins Hinterland ziehen und eine Schar von überzeugten Gläubigen um mich sammeln. Ich will nicht sagen ›Kämpfer‹, denn nicht im Kampf erfüllt sich Gottes Reich, doch werden wir eine umherziehende Gruppe sein, eine feste Gemeinde, wie jene zu den segensreichen Zeiten unseres Herrn Jesu Christi. Und in unseren Blicken sollen die Zweifler und Ungläubigen das fromme und standhafte Herz sehen, das einzig und allein für den Glauben schlägt und das weder zweifelt noch wankt. Bekehren und erretten werden wir dieses Volk von dem Joch seiner Knechtschaft; nicht mit falschen Versprechungen und leeren Floskeln, sondern einzig mit dem geschriebenen Worte Gottes, dessen unumstößliche Wahrheit feststeht. Und wenn unsere Zeit gekommen ist, wird sich an der Landsgemeinde eine Mehrheit von Täufern erheben, und die Macht der Aeblis, der Tschudis und all derer wird in alle Ewigkeit gebrochen sein!«

Zehntes Kapitel

Durch Gottes Gnade war ich der erste evangelische Prediger zu Glarus, habe deswegen von den Liebhabern der Welt viel Ungemach erlitten, bin meiner Mittel beraubt, verjagt, Summa in Gefahr, Lebens und Mitteln gestürzt worden, in welchem allem aber Gottes Hilf und Trost mir kräftig beigestanden.

*Fridolin Brunner über sich selbst
in einem Brief an den Luzerner Oswald Antonius*

Worin wir ein Gespräch belauschen und ich eine schicksalsschwere Entscheidung treffe.

Mit den Heimkehrern von der Alp und dem Wiedertäufer Jörg Grebel gab es nicht genügend Schlafplätze im Hause Weber, sodass ich den meinen hergab. Ich lag nun in Peters Strohbett und zog das Leinentuch enger um mich. Kalt war die Nacht. Peter lag irgendwo neben mir in der Dunkelheit. Ich sah ihn nicht, doch ich hörte seinen Atem und wusste, dass er – wie ich – keinen Schlaf finden konnte.

»Balzli, bist du schon eingeschlafen?«, flüsterte er mir aus der Dunkelheit zu.

»Nein, ich find' keine Ruh«, wisperte ich zurück.

»Ich auch nicht, aber ich habe nachgedacht.«

»Worüber denn?«

»Nun ja, ich habe mir überlegt, dass wir doch eigentlich mitgehen könnten.«
»Mitgehen?«
»Ja, mit *ihm*, ins Hinterland, um für den neuen Glauben zu kämpfen.«
»Meinst du das im Ernst?«, fragte ich.
»Natürlich meine ich das im Ernst, Balzli!«
»Was werden denn deine Eltern sagen?«
Lange schwieg Peter.
»Sie werden es verstehen. Sie müssen es verstehen! Außerdem sind ja jetzt genug Leute auf dem Hof und sie brauchen unsere Hilfe nicht mehr so dringend. Und vergiss nicht, dass es zuletzt auch bedeutet, dass zwei Münder weniger mitessen.«
Er saß mittlerweile aufrecht im Stroh. Das fahle Mondlicht zeichnete seinen Schatten gegen die hellere Wand hinter ihm. Selbst in der Nacht sah ich das Funkeln in seinen Augen. Dieses Feuer, das ihn antrieb.
»Na, was meinst du, Balzli?«
Ich war unschlüssig. Würde denn dieser Wandel nicht auch ohne unsere Hilfe kommen? Kam er denn nicht schon allmählich überall? Was konnten wir Kinder schon tun?
»Ich weiß nicht«, antwortete ich unsicher.
Peter seufzte enttäuscht.
»Tu es für dein Hässiweib, wenn dir die wahren Gründe nicht genug sind!«
Ich saß nun ebenfalls.
»Sie heißt Sophie, Peter!«
»Wie dem auch sei, Balzli. Ich werde gehen. Mein Entschluss steht … stand schon immer fest. Ich spüre, dass dies mein Weg

ist, und niemand wird mich abhalten, ihn zu gehen. Komm mit, bleib hier oder geh zurück ins Hässihaus, mir ist's einerlei!«, sagte er, und es loderte das Feuer in seinem Blick. Lange sah er mich an, dann drehte er sich wortlos um und schwieg, bis irgendwann sein Atem regelmäßig wurde und er einschlief.
Ich lag noch lange wach und dachte über alles nach. Wieder weggehen? Weshalb rissen mich die Wirren der Zeit stets aus meinem vertrauten Umfeld, warum musste ich nun mein wiedergewonnenes, so hoch geschätztes Bauerndasein erneut hinter mir lassen, um durch das Land zu ziehen? Hatte Peter recht, wenn er meinte, dass dies mich zu Sophie führen würde? War es das wert, alles hinter sich zu lassen und für den Wandel zu kämpfen, auf dass Sophie und ich uns eines fernen Tages in Liebe wiederfinden könnten? Gewiss war es das. Zudem fürchtete ich die Vorstellung, dass Peter als mein letzter und einziger Freund mich verlassen würde. Ich hatte Angst vor der Vorstellung, allein zu sein zwischen diesen Berghängen.
Glücklicherweise hatte ich noch Zeit, mich zu entscheiden. Als wir am nächsten Morgen mit dem Krähen des Hahnes erwachten, stellte sich nämlich heraus, dass Jörg Grebel noch keinerlei Anstalten machte weiterzureisen. Nach dem kräftigen Morgenmahl sagte er, er wolle sich erst mit der Lage hier im Mittelland vertraut machen. Dazu fragte er Peters Eltern aus, wie es sich mit Valentin Tschudi, dem Pfaffen von Glarus, verhalte, den ich von den Kirchgängen mit den Hässis als geachtete Persönlichkeit kannte.
»Lang ist's her, dass ich zum Gottesdienst ging, da die Kirchen von der Alp aus schwer zu erreichen sind«, antwortete Peters Vater und fuhr sich durch den Sennenbart, »aber der Valentin

Tschudi, so deucht's mir, versucht's allen recht zu machen, und tut's drum gerade eben keinem!«

Peters Vater sprach damit die höchst eigenartige und wahrscheinlich einmalige Haltung an, die der selige Herr Valentin Tschudi – Gott möge seiner Seele im Himmel auf immer gnädig sein – gegenüber der Reformation zeitlebens behielt. Im Gegensatz zu allen anderen Priestern und Würdenträgern entschied er sich nämlich nie für eine Konfession und blieb parteiloser Hirte seiner entzweiten Herde. Allerdings wird meinem geliebten Herrn unrecht getan, wenn man ihn der Feigheit bezichtigt, da es in Wahrheit ... Nein, zu alledem komme ich noch, später, viel später. Denn zwischen diesem und dem jetzigen Teil meiner chronica *liegt noch so viel Frevel und Elend. Nichts soll ausgelassen werden.*

Der Wiedertäufer aus Zürich sprach außerdem mit dem neugläubigen Pfarrer von Mollis, der sich zufällig in Glarus befand und der, als er erfuhr, dass der bekannte Jörg Grebel wieder im Lande sei, sofort hergeeilt war. Ein Akt der Versöhnung, der Wiederfindung, so sagte er. Fridolin Brunner war in eine dunkle, durch die Reise dreckig gewordene Schaube gehüllt. Seine Augen spähten eindringlich über seiner krumm gebogenen Hakennase.

Die zwei so ungleichen Gottesmänner saßen am Tisch und fingen sogleich an, heftig zu streiten. Wir Kinder wurden rausgeschickt, um nicht zu stören, doch glücklicherweise fanden wir eine Stelle an der Hinterwand des Hauses, an der es sich gut lauschen ließ, und ich fand sogar ein winziges Guckloch, durch das ich zuschaute. Wir hörten Fridolin Brunners aufgeregte Stimme: »Überall ergeht's uns so! Ich darf mit Fug und Recht und ohne zu prahlen behaupten, dass ich die neue Lehre, das wahre Gotteswort, an alle Zuhörer meiner vielbesuchten Predigten weitergebe, so unerschrocken und eifrig wie eh und je. Ich habe ihnen die Lüge des Fegefeuers ausgetrieben und sie von der Unsinnigkeit der Ablassbriefe überzeugt. Es ist nur noch eine Frage der Zeit, bis die Messe und die Umwandlung ganz abgesetzt werden, aber dennoch: Es bleibt eine Gefahr! Die oberen und strengen Altgläubigen schielen auf uns herab. Durch fremde Ohren und falsche Zungen wissen sie, wie wir denken. Und sie fürchten, was wir sagen. Sie fürchten sich jedes Mal, wenn sie sich erinnern, was in Zürich mit ihresgleichen geschehen ist. Man beobachtet uns. Man will uns weghaben.«

»Ängstigt Euch das?«

»Nein, oh nein. Was ich sagen will, ist etwas anderes: Das ganze Konstrukt, der Stein, sozusagen, auf dem wir diese neue Kirche errichten wollen, steht auf solch unsicherem Grund, da fehlt nur noch ein Wiedertäufer, wie Ihr es seid! Wenn unsere Predigten schon Zündstoff genug sind, der Obrigkeit schlaflose Nächte zu bescheren, was wird denn Euer Wort bewirken? Ich will verhindern, dass diese neue Lehre aus allen Fugen gerät. Noch halten Leute wie Zwingli sie an den Zügeln. Aber was wird sein, wenn Leute wie Ihr kommen? Umstürzler! Man hört von überall in der Eidgenossenschaft, dass dort und da Wiedertäufer gerichtet werden, weil sie das Volk aufhetzen! Und ich sehe schon, wie durch Euren Übermut die ganze Bewegung des neuen Glaubens gestraft wird. Man wird uns allesamt mit Waffengewalt niederschlagen, wenn Ihr weiterhin solche Forderungen in Euren Predigten stellt!«

Der Täufer machte eine wegwerfende Geste, als wolle er alle Anschuldigungen von sich weisen.

»Jeder kämpft für seine Ideen gegen viele Gegner; ihr gegen die Altgläubigen, wir gegen sie und euch. Wenn wir verfolgt werden wie die frühe Gemeinde unseres Herrn Jesu und wenn wir für unsere Ideen sterben müssen, wie es unser Herr für uns tat, so tun wir dasselbe für die Nachkommen und nehmen das Martyrium hin!«

Fridolin Brunner schüttelte den Kopf: »Ihr wisst gar nicht, wie ihr mit eurem Unfug schadet, uns Predicanten, wir, die wir doch im Grunde dasselbe glauben, wir, die wir doch einig sind, dass es so mit der christlichen Kirche nicht weitergehen kann, dass man das Joch Roms abwerfen sollte! Zwingli schreibt, dass –«

»Zwingli geht nicht weit genug! Er verkennt, sich auf das Neue Testament unsres Herrn stützend, dass die frühe Gemeinde keine, wie er sagt, staatsfreie evangelische Kirche, sondern eine Gemeinschaft der Gläubigen war!«

»Zwingli tut das Richtige, weil er weiß, dass Wandel und Wechsel gefährlich sind, wenn sie zügellos vonstattengehen. Er will mit seinem Standpunkt bezwecken, dass es durch diese Neuerungen den Schäflein des Herrn besser geht, und das erfüllt sich gewiss nicht, wenn das einfache Volk aufgehetzt und womöglich noch in einen Krieg gezogen wird! Die Sorgfalt, die er bei seinen Thesen und Äußerungen zeigt, tretet Ihr achtlos mit Füßen, wenn Ihr Eure wilden Predigten haltet und erwachsene Menschen erneut tauft, obschon sie als Kinder schon die Taufe erfuhren!«

»Wir verwerfen die Säuglingstaufe genauso wie das Fegefeuer oder den Ablasshandel, Herr Brunner, weil es nirgends im

Neuen Testament einen Beleg für diesen Akt gibt, vielmehr sogar: Wir lesen in der Bibel, dass der Herr Jesus Christus sich von Johannes dem Täufer im erwachsenen Alter – als er dies ausdrücklich wollte – im Jordan taufen ließ! Ihr versteht uns nicht, wenn ihr uns *Wieder*täufer nennt, denn wir taufen nicht wieder, sondern zum ersten, wahren Mal!«
Fridolin Brunner schüttelte traurig den Kopf und stand vom Tische auf. »In Herrgotts Namen!«, seufzte er. »Ich dacht', ich könnte Euch von dem gefährlichen Pfad abbringen, den Ihr so blindlings beschreitet. Ich kam im Zeichen der Einigung unseres evangelischen Geistes; doch es scheint nicht möglich zu sein.«
»Ich bedaure, Euch enttäuschen zu müssen, Herr Brunner! Ich lade Euch jedoch herzlich dazu ein, einen Blick in Eure Bibel zu werfen, um zu verstehen, warum wir tun, was wir tun.« Fridolin Brunner sah Jörg Grebel mit seinen durchdringenden Augen an und sagte leise, sodass wir ihn fast nicht verstanden: »Ihr wisst gar nicht, wie sehr Ihr schadet! Möge der himmlische Vater Gnade angesichts Eurer sündigen Seele walten lassen!«
Dann verabschiedete er sich von Peters Eltern und ging hinaus.

Am selbigen Tag, als wir am Abend um den Tisch versammelt vom Alpkäs aßen und eine warme und stärkende Mehlsuppe genossen, sprach Jörg Grebel erneut von seinem Vorhaben. Er schwang, während er entschlossen erzählte, seinen Holzlöffel wie ein Schwert. Seine Worte, seine Art zu erzählen, seine gesamte Ausstrahlung hielt uns alle gebannt.
»Ich muss und werde gehen, schon morgen. Das heutige Gespräch hat mir gezeigt, wie es um den Glauben hier steht, wie man von uns denkt. In Schwanden werd' ich beginnen, wo es

schon einige von uns gibt! Ja, ich denke, Schwanden ist der richtige Ort, um Fuß zu fassen!« Peters Vater senkte den Suppenlöffel von seinem Mund und fragte: »Weshalb nicht Glarus?« »Glarus? Weil in Glarus die Feinde stark sind, schlimmer ist's nur noch in Näfels! Nein, Glarus ist noch nicht bereit. Glarus wird folgen, aber jetzt, im Augenblick noch, beherbergt Glarus zu viele Feinde. Zu viele altgläubige Vornehme und Reisläufer, zu viele romtreue Franzosengänger. Ihr mächtiger Einfluss ist das Kainsmal, welches der Hauptort für jeden ersichtlich trägt!«, antwortete Jörg Grebel.
Als wir alle fertig gegessen hatten, sprach er das Tischgebet und sagte dann, er wolle uns noch aus seiner Bibel vorlesen, worauf er neben dem warmen Ofen Platz nahm, einen Kienspan entfachte und die Heilige Schrift aus seiner Tasche hervornahm. Wir Kinder saßen auf dem Boden und hörten gebannt zu, wie er aus dem Neuen Testament las, und zwar nicht wie in der Kirche in der *lingua latina*, sondern auf Teutsch! Er las von der Kreuzigung unseres Herrn Jesu Christi durch die Römer, schilderte in uns verständlichen Worten den Leidensweg, wie der Sohn Gottes ans Kreuz genagelt ward, wie er auf der Schädelstätte Golgatha hing und schlussendlich für uns Sünder seinen Geist in die Hände des allmächtigen Vaters befahl. Von den Eindrücken dieser Lesung durchdrungen, schliefen wir in dieser Nacht beseelt ein.

Am nächsten Morgen ging alles sehr schnell. Nach dem Morgenbrot in der Früh, als Peters Vater mit den älteren Brüdern schon beim Veh war, verabschiedete sich der Zürcher Gast. Er packte seine wenigen Sachen in die große Tasche, die er mit sich trug, und bedankte sich sehr höflich bei Peters Mutter. Dann ging er kurz im Stall vorbei und tat dasselbe mit Peters Vater. Als er auf die mit Frost überzogene Wiese trat, unterdrückte er kurz ein Gähnen und machte dann sogleich den ersten Schritt auf dem Weglein, das ihn, in einem Bogen vom Oberdorf hinunter, an der Linthbrücke vorbei ins Hinterland führen würde. Peter und ich standen vor dem Hof und sahen zu, wie der Wiedertäufer sich in der Ferne verlor.

»So, Balzli, ich gehe!« In Peters Gesichtsausdruck und seinem festen Blick lag die Bestimmtheit eines Menschen mit einer Berufung. Er strahlte unbeirrbare Frömmigkeit aus. Er war standhaft und er wusste, wo sein Ziel war. Die auffordernde Stille lag schwer und erdrückend auf meinem Gemüt. Es war Zeit, sich zu entscheiden. Schwer fiel es mir, die Worte auszusprechen, denn ich ahnte tief, dass Übles mitschwang. »Ich weiß«, sprach ich also nach einem ewigen Augenblick in die vollkommene Stille. Peter sah mich ernst an. »Und ich ...«, fügte ich verhängnisschwer an, während ich mich noch ein letztes Mal im ganzen Hof abschiednehmend umsah, »... und ich folge dir, wohin du gehest!«

Elftes Kapitel

Besonders der Schwandner Pfarrer Johannes Schindler hielt sich nicht daran und machte sich bei den Altgläubigen verhasst. Aber auch andere Amtsbrüder predigten die neue Lehre weiter.

Beiträge zur Geschichte der Gemeinde Schwanden, Emanuel Schmid

Worin wir den Täufer nach Schwanden begleiten und dort einen Platz finden.

Es gab nichts mehr zu sagen, alles andere hätte es nur schwieriger und leidvoller, vielleicht unmöglich gemacht. Wir rannten los, ohne noch einmal ins Haus zu gehen, ohne uns zu verabschieden, ja, ohne überhaupt uns überlegt zu haben, was denn eine Reise mit einem Täufer im Glarner Hinterland im einbrechenden Herbst überhaupt bedeutete. Jörg Grebel hatte nur einen kurzen Vorsprung und wir hätten ihn leicht aufgeholt, aber wir fanden, es sei besser, erst später auf ihn zu stoßen, denn Peter befürchtete, dass er uns andernfalls vielleicht augenblicklich wieder heimschicken würde. Also gingen wir vom Weg ab und rannten über die Felder im Erlen, am blattlosen Waldrand entlang und kamen – ohne den unnötigen Umweg über den Dorfkern machen zu müssen – einen Steinwurf hinter den Häusern der Abläsch, nahe der Linthbrücke, auf die Landstraße. Dies war die Stelle, wo Jörg Grebel unweigerlich vorbeigehen musste. Wir warteten ab und verschnauften.

Obwohl das Morgenrot inzwischen verblasst war und erste Strahlen der aufgehenden Sonne bereits von Osten her über den Schilt an die gegenüberliegenden Bergwände des Wiggis und des Glärnisch schienen, war es immer noch sehr kalt. Die Raben flogen tief und kündeten krächzend vom nahenden Schnee.

Dann sahen wir ihn. Er kam mit seinem Gehstock die Landstraße herunter. Verwunderung erhellte seine Züge, als er uns erkannte: »Grüß Gott, liebe Kinder! Solltet ihr denn nicht im Stall am Helfen sein?«

Peter stand auf und sagte: »Ja, sollten wir eigentlich. Aber wir beide haben in den letzten Tagen einen Entschluss gefasst und entschieden, dass wir das Bauernleben hinter uns lassen wollen, um mit Ihnen und anderen den Glauben zu verbreiten und den Wandel zu bringen! Wir wollen Kämpfer in Eurer Gemeinschaft sein!« Der Täufer aus Zürich blickte erstaunt von einem zum anderen, und als er die Entschlossenheit in Peters Blick und mein zustimmendes Nicken sah, sagte er: »Nun gut, wenn das euer Wille, wenn das Gottes Weg für euch ist, dann kann und werd' ich mich ihm nicht widersetzen!«

Peter strahlte über das ganze Gesicht, und auch ich spürte, wie mein Herz in der Brust vorfreudig hämmerte; hatte mich doch unlängst eine mir bisher unbekannte Abenteuerlust gepackt. Jörg Grebel hob jedoch mahnend den Finger: »Wisset aber, Kinder, dass der Weg des Täufers ein beschwerlicher und sehr gefährlicher ist, gezeichnet von Unverständnis, Hass, Verfolgung, Folter und – ja, ich muss es sagen – dem Tod. Erst wenn ihr

beide bereit seid, wie ich es bereit bin, für den wahren Glauben unseres Herrn Jesu Christi all diese Dinge über euch ergehen zu lassen, erst dann sollt ihr an meiner Seite wandern und wirken!«
Peter nickte, willens, all dies und mehr zu durchleben.
»Unser Entschluss steht fest, Herr, und nichts wird uns abbringen!«, sagte er fromm und standhaft. Ich stimmte zu.
»Nun denn, teilet meinen Weg in das Tal der Linth hinein! Wie schon David sagte, es sei der Herr unser Hirte und uns wird nichts mangeln. Er weidet uns auf einer grünen Aue und führet uns zum frischen Wasser. Er erquicket unsere Seelen und führet uns auf rechter Straße um Seines Namens willen. Und ob wir auch wandern werden im finstern Tal, fürchten wir kein Unglück; denn Du bist bei uns, Dein Stecken und Stab trösten uns. Du bereitest vor uns einen Tisch im Angesicht unserer Feinde. Du salbest unser Haupt mit Öl und schenkest uns voll ein. Gutes und Barmherzigkeit werden uns folgen unser Leben lang und wir werden bleiben im Hause des Herrn immerdar.«
Dann hob er die Hände zum Himmel, wo über uns die Sonne endgültig strahlend in das Land hereinbrach und rief: »Ach, Allmächtiger, was gibt es denn Schöneres auf der Welt, als wenn man sieht, wie Worte fruchten und der Glaube seine Anhänger findet? Danke, mein Herr, dass Du meinen Weg so trefflich leitest!«

Von hier an wird meine Geschichte ein Gefüge von brisanten Erlebnissen und schnellen Ereignissen, welche erst in ihrer Vollständigkeit die ganze Wahrheit über die Begebenheiten dieses Abschnitts meiner Jugend wiedergeben, genauso wie ein Kirchenfenster aus mannigfaltigen, verschiedenfarbigen Glasteilen besteht und nur zusammengefügt seine Pracht und Schönheit offenbart. Und wie das Licht der Sonne seine güldenen Strahlen durch die farbigen Scheiben einer Kirche wirft, um am steinernen Boden ein zauberhaftes Abbild wiederzugeben, so will ich versuchen, mich an die abwechselnd gefährlichen und ruhigen Augenblicke dieser stürmischen Zeit so gut es geht zu erinnern, um dann, durch meine Hand und die Feder, ein möglichst genaues und wahres Bild in den Geist meines geneigten Lesers zu zeichnen. So sei hier nun die Wahrheit, wie es sich so und nicht anders ereignete, in maiorem Dei gloriam!

Wir erreichten das Dorf Schwanden am Abend desselbigen Tages, des ersten des Monats Oktober. Die kurze Reise, welche über die Landstraße dem Lauf der Linth bis tief ins Hinterland folgte, hätte uns eigentlich viel weniger gekostet, aber wir hatten am Mittag in Mitlödi Halt gemacht und der Jörg Grebel hatte sich dort bei allerlei Leuten über die allgemeine Lage informiert, wie er es schon bei Peters Vater getan hatte.

Die Sonne verschwand hinter den Berghängen im Westen, als wir Schwanden erreichten. Keiner meiner einstigen Botengänge hatte mich so weit in den Süden gebracht. Dieses Dorf aber, vom dem ich in Gesprächen viel gehört hatte, schien, wie es dort im Schatten lag, an dem Punkt, wo sich das Großtal nach Südosten hin ins Sernf- und Kleintal gabelt, derart friedlich und harmlos, dass ich mir nur schwerlich vorstellen konnte, wie es die Altgläubigen des Landes als Teufelsherd der zürcherischen Lehre verschreien konnten.

Das Dorf war nicht so groß wie Glarus, aber es war doch eines der größeren, und ein schönes war es obendrein. Die Häuschen waren meist aus dunklem Holz, einfach und gut gebaut, in typischer und mir bekannter Glarner Manier. Aus vielen der Schornsteine kam Rauch, und das Dorf machte einen heimeligen Eindruck mit seinen vielen Gärtlein und den lieblichen Holztreppen zu den Häusern. Ja, schön war Schwanden, und wie es so in der Gabelung der beiden Täler lag, umringt von einem nahen Wald aus Fichten, Arven sowie Buchen, Ahornen, Birken und Eschen, deren Blätter den Boden nun herbstlich schmückten, fand ich, dies wäre auch ein Ort, wo man leben könnte, und auf die nahen verschneiten Berge blickend vermutete ich, dass sich dort sicherlich eine schöne Alp finden ließe. Peter war schon hier gewesen, mehrfach, wie er betonte, denn hier fand nicht selten die Landsgemeinde statt. Manchmal durfte er seinen Vater begleiten, obschon es ihm ja noch nicht erlaubt war, in den Ring zu treten, um zu mindern und zu mehren, wie das die Männer des Landes taten, sobald sie das vierzehnte Lebensjahr überschritten hatten. Er zupfte an meinem Bauernrock und deutete mit dem Finger weit in den Süden: »Es wird zwar schon dunkel, aber sieh, Balzli, der große und mächtige Berg dort, ganz hinten, das ist der Tödi!« Ich spähte in die Dämmerung und sah ihn zum ersten Mal in meinem Leben, den Tödi, den Berg so hoch wie der Turm zu Babel. Der glänzende Schnee der Gletscher schimmerte rötlich zu dieser magischen Stunde des Zwielichts und er schien zu funkeln. Er sah aus wie der Kopf eines Männleins, was sage ich, eines Riesen, und man sah seine kolossalen, seine gigantischen Schultern auf beiden Seiten, und alles war mit Schnee bedeckt und um ihn herum waren noch ganz viele andere mächtige Berge, sodass es auf mich wirkte, als wäre dies eine zauberhafte Versammlung der höchsten Pfeiler dieser Welt. Gerne wäre ich dort gewesen, auf dem Gipfel des Tödi, diesem strahlenden Gleschterfirn; ich hätte auf alles hinabsehen können, auf Schwanden und Glarus, ja auf Bilten und die Maag, und auf der anderen Seite hätte ich wahrscheinlich das Italienische gesehen, diesen blutgetränkten Kriegsbrandherd, Mailand und Pavia, wo mein Vater gefallen war und nun lag. Kurz setzte mein Herz aus, als ich erkannte, dass ich in den letzten Tagen, seit dieser Täufer in Glarus zu uns gekommen war, nicht mehr für meine Eltern und für den Fritzli sowie auch nicht mehr für die Blums und alle Toten der *pestis* gebetet hatte, wie ich es stets geflissentlich zu tun pflegte. Auch nicht mehr für Sophie.

Jedoch war es bei ihr einerlei, denn ich dachte immerzu an sie. Sie begegnete mir regelmäßig im Traume, wo ich sie bei einem Gebüsch, neben einer Quelle liegend vorfand, jedes Mal, wenn ich heimkehrte von einer der höchsten Alpen, wo ich lange getrennt von ihr geweilt hatte. Auch kündete für mich alles Schöne einzig von ihrer Schönheit, und im Liebreiz der Welt sah ich Sophie wiedergespiegelt: Ich erkannte ihre bleiche Haut in den Gletschern des Tödiberges wieder, ihre sanften Haare im Holz der Bäume, dieses satte dunkle Braun, welches bei hellem Lichte seine Farbe zu ändern schien, und ich erkannte auch ihre Tränen im rauschenden Strom der Linth. Oder waren es nicht viel eher meine Tränen, die ich erkannte? Nie hatte ich sie weinen gesehen. Ich staunte, wie ungreifbar ihr Bild in so kurzer Zeit geworden war.

Jörg Grebel führte uns durch die engen, gepflasterten Gässlein dieses zauberhaften Schwandens zur Kirche, die man schon von Weitem her erspähen konnte, die aber nicht so groß und prächtig war wie die zu Glarus. Wie er erfahren habe, sei die Kirche einst eine Kapelle gewesen, erklärte Jörg Grebel. Tatsächlich ließ sich dies unschwer erkennen, da der Hauptbau ziemlich klein für eine Kirche und der Turm scheinbar erst nach dem Kapellenbau hinzugefügt worden war. Aus diesem ragte schräg eine eiserne Stange hervor, um die kreisförmig Inschriften gesetzt worden waren; eine im schummrigen Zwielicht nicht mehr arbeitende Sonnenuhr. Die Kirche war quer zur Schräglage eines Hangs erbaut, nicht am Talboden bei der Linth, sondern so etwa zwischen dem Dorfkern und dem Oberdorf, der Tagwe, welche »das Thon« genannt wurde.

Als wir bei der Kirche waren, hieß uns der Täufer stehen bleiben und ging zur Türe, wo er laut mit dem bronzenen Türklopfer gegen das Holz pochte. Es dauerte nicht lange, da öffnete ein in dunkle Pfarrgewänder gekleideter, untersetzter junger Mann. Augenblicklich erkannte er Jörg Grebel und sagte: »Ach, gütig ist der Herr, dass Er Euch endlich schickt, kommt herein!«, und dann zu uns gewandt: »Wer seid denn ihr, Kinder?«

Grebel trat dankend in die Kirche und antwortete: »Ist schon gut, Ludwig, sie kommen mit mir und reisen an meiner Seite!«

»Sehr wohl, ehrwürdiger Grebel, kommt mit in die Sakristei, Pfarrer Schindler erwartet Euch schon seit geraumer Zeit.«

Er führte uns durch die kleine Kirche, welche, da fast kein Licht mehr durch die Fenster fiel, in schwarzer Finsternis lag. Ich erkannte dennoch, dass sie zwei Seitenaltäre besaß, und an beiden Seiten des Chors machte ich Wandmalereien aus, auch wenn ich nicht genau erkennen konnte, was sie darstellten. Wir hasteten durch den ganzen Bau, an mehreren Heiligenbildern vorbei, und unsere Schritte hallten durch die Leere des Gewölbes. Der rundliche Mann, den Jörg Grebel Ludwig genannt hatte, wandte sich zu einer Türe rechts vom Altar.

»Noch etwas, mein Herr«, sagte er, »*er* ist auch hier!« Ludwig warf Jörg Grebel einen vielsagenden Blick zu. Dann öffnete er die Türe.

Die Sakristei war ein kleiner Raum mit einem Fenster, und zwei Männer saßen darin an einem Holztisch mit einer Kerze und einem güldenen Kruzifix darauf. Der eine war ein älterer Herr, seiner Kleidung, Haltung und Stimme nach unverkennbar ein Pfarrer. Es musste sich um Johannes Schindler handeln, ehrwürdiger Pfarrer zu Schwanden, Prediger der Lehre Zwinglis und deshalb als Unruhestifter im ganzen Lande bekannt. Er drehte sich um, als wir das Zimmer betraten, und hob die Augenbrauen. Offensichtlich war er kurzsichtig, denn er erkannte unseren Jörg Grebel erst, als er sich bereits einige Schritte genähert hatte. Sofort zeichnete sich ein freudiges Lächeln auf seinen Lippen ab. Er stand auf und kam dem Täufer entgegen, den er – wie ein Vater seinen verlorenen Sohn – in den Arm nahm.

»*Laudate Deo,* Jörg, endlich kehrst du zu uns zurück! Wie freu' ich mich, dich zu sehen, Freund!«

»Lange wusste ich nicht, ob ich es schaffen würde, wieder hierherzufinden, Johannes!«, antwortete Jörg Grebel nicht minder herzlich.

»Wie ich hörte, lässt es sich in Zwinglis Stadt als Täufer leicht sterben. Aber natürlich seid Ihr mit allen Wassern gewaschen!«, rief eine Stimme durch den Raum, die dem zweiten am Tische sitzenden Manne angehörte, der nicht aufgestanden war. Hohn lag in jeder einzelnen seiner Silben. Die beiden Geistlichen lös-

ten sich aus ihrer Umarmung und drehten sich dem Mann zu, und wie sie auseinandergingen, erhaschte ich zwischen ihren beiden Körpern hindurch einen Blick auf selbigen. Der Mann, der auf beide Ellbogen gestützt zu Jörg Grebel schaute, sah aus wie ein Wolf. Er hatte hellbraunes, wild zerzaustes Haar, einen ebenso wilden, kurz gestutzten Bart und noch keine Glatze. Überhaupt schien er nicht sehr alt zu sein; gewiss war er über zwanzig Jahre alt, aber dreißig wahrscheinlich nicht, denn mit dreißig war man ja schon ein sehr reifer und erwachsener Mann. Und wie ich das dachte, fiel mir auf, dass das Lächeln, welches seine Lippen seit seiner Wortmeldung zierte, am ehesten dem eines frechen Kindes glich. Sein Blick, trotzig und entschlossen auf den des Jörg Grebel gerichtet, verriet einen Starrsinn und Eigenwillen, den ich bisweilen bei nur einer Person beobachtet hatte. Nämlich bei Peter, zu welchem ich mich umdrehte im Augenblick, als Johannes Schindler sagte: »Ich darf dich, Jörg, mit Konrad Cajakob aus Bonaduz im Grauen Bund bekannt machen, der, so wie du, der Täuferlehre frönt und hier ist, zu verkünden, was die Evangelien berichten!«
Es folgte ein betretenes Schweigen, während welchem sich die beiden Männer die Hand reichten. Sie gehörten zur selben Sekte, doch waren sie so verschieden wie Sonne und Mond, wie Sommer und Winter. Peter sagte nichts, sondern blickte unentwegt auf die Züge des Konrad Cajakob, in den Blick, der dem seinen auf so verblüffende Art und Weise glich, welchem, wie bei ihm, dieses mystische und ruhelose Feuer innewohnte.
»Dies ist«, stellte Johannes Schindler wiederum vor, »Jörg Grebel, ein Täufer aus Zürich, der schon oft hier im Lande gewesen ist und uns im Kampf gegen die Feinde unserer Lehre

unterstützt. Aber das muss ich Euch ja nicht erklären, das wisst Ihr gewiss, wo doch Jörg ein in unseren Kreisen solch bekannter und geachteter Mann ist!«

Die Hände der beiden lösten sich und der wölfische Mann mit Namen Konrad Cajakob offenbarte in derselben frechen Stimme wie vorhin seinen Hochmut: »Ja, in der Tat ist Euer Name mir ein Begriff. Euch wird es nicht anders mit dem meinigen ergehen …«

»Nun, tatsächlich vernahm ich Geschichten von Euch. Man erzählt sich Dinge, von denen ich jedoch nicht alle glauben will.«

»So? Weshalb denn nicht?«

»Weil niemand, der Christ zu sein sich rühmt, solche Taten vollbringt.«

»Och, Ihr tut mir unrecht!«, sagte der Wolf, doch seine Kränkung war gespielt. Er lächelte während des gesamten Wortwechsels sein schelmisches Grinsen.

»Vielleicht tue ich Euch auch zu viel recht, wenn ich Euch diese Taten nicht zutrauen will.«

»Ihr seid überaus gütig, Bruder.«

»Bruder, ja. Ich wusste nichts von Euch als Täufer. Aber da Ihr nun einer seid, will ich Euch fortan achten wie einen Bruder und vergessen, was an falschen Gerüchten bis zu meinen Ohren drang«, antwortete Jörg Grebel ruhig.

Angespannte Stille erfüllte den Raum zwischen den beiden Täufern. Johannes Schindler versuchte, die Stimmung zu lockern, und ließ uns Platz nehmen sowie seinen Kaplan Ludwig, der mit Nachnamen Rösch hieß, etwas zu essen und zu trinken holen. Und wie dieser das Zimmer verließ, sah ich, wie sich die beiden Täufer einen letzten Blick zuwarfen.

Ab dann sprach vor allem Jörg Grebel, der Johannes Schindler von den gefährlichen Umständen in Zürich und der beschwerlichen Reise erzählte. Peter und ich ließen unsere Füße von der an die Wand gezimmerten Holzbank baumeln, und als das Essen angerichtet war – zu welchem Käs, hartes Brot, Wein und wässriger, dampfender Kohl gehörten –, verschlangen wir die Speisen mit großer Esslust, und es war mir, als hätte ich heute eine lange Reise über das Gesicht der Welt gemacht, und ich dachte, dass dies wohl der Hunger sei, den man nach großen Taten verspürte. Ich vergaß, dass wir eigentlich noch gar nichts getan hatten. Dementsprechend zufrieden mit mir und Gott betete ich das Tischgebet nach dem Mahl, und als die Männer am Tische noch weiter über mal geistige, mal weltliche Themen diskutierten, legte sich eine schwere Müdigkeit auf meine Augenlider und ich sah, wie auch Peter mit dem Schlafe ringen musste. Johannes Schindler bemerkte dies und erbarmte sich unser, indem er verkündete: »Ach, es ist schon sehr spät und die Kinder hier scheinen sich nach Schlaf zu sehnen! Ich schlage vor, dass diese und andere Gespräche zu einer späteren Zeit fortgesetzt werden!«

Dankbar ließen wir uns zu unserem Schlafplatz geleiten. Da das Haus des Pfarrers zu klein und eine andere Behausung als wandernde Täufer zu den jetzigen Umständen nicht möglich war, wurden wir Gäste im Kirchturm untergebracht. Auf halber Höhe war ein schlichter und kahler, mit Stroh und Decken ausgestatteter Raum mit einem Boden aus knarzenden Holzdielen. Augenblicklich sanken wir Kinder, von Müdigkeit geschlagen, ins Stroh und schliefen dort den Schlaf der Gerechten.

Zwölftes Kapitel

Zum dritten, was das Brotbrechen anlangt, sind wir uns einig geworden und haben folgendes vereinbart: Alle, die ein Brot brechen wollen [...], die sollen vorher vereinigt sein zu einem Leib Christi, das ist zur Gemeinde Gottes, an welcher Christus das Haupt ist, nämlich durch die Taufe. Denn wie Paulus sagt [Kor. 10, 21], können wir nicht zugleich teilhaftig sein des Tisches des Herrn und des Tisches der Teufel. Wir können auch nicht zugleich teilhaftig sein und trinken des Herren Kelch und der Teufel Kelch. Das heißt: Alle, die Gemeinschaft haben mit den toten Werken der Finsternis, die haben kein Teil am Licht, also alle, die dem Teufel folgen und der Welt, die haben kein Teil mit denen, die aus der Welt zu Gott berufen sind. Alle, die dem Bösen verfallen sind, haben kein Teil am Guten. So soll und muss es auch sein.

Michael Sattler: Brüderliche vereynigung etzlicher kinder Gottes / siben Artickel betreffend
Schleitheim, 1527

Worin ich einem neugläubigen und gar schändlichen Gottesdienst in Schwanden beiwohne.

Ich erwachte am nächsten Morgen, es war der zweite des Monats Oktober, weil ich eine Diele des alten Holzbodens knarzen hörte. Das Stroh stach mich an meinem ganzen Leib, ein Umstand, den weder mein Bauernrock samt Überhemd noch die braune, dicke Leinendecke verhindern konnte.

Es musste noch sehr früh sein, denn das Licht des Morgengrauens, welches durch ein winziges Fenster im Raum Einlass fand, war noch ein sehr fahles und jungfräuliches, eines, welches die noch aufzugehende Sonne erst schwach erahnen ließ. Dennoch machte ich neben mir Peter aus, wie er in die Decke gehüllt lag und gleichmäßig und tief atmete. Von Zeit zu Zeit klapperten seine Zähne in einem unterdrückten Schlottern. Wie kalt es schon war, dachte ich. Sonst war niemand mehr im Raum.

Ich stand auf, klopfte mir das Stroh von den Kleidern und wollte schon nach unten gehen, als ich in der rechten Ecke des Raumes eine hölzerne Leiter sah, einsam und allein. Sie übte eine geheimnisvolle Anziehungskraft auf mich aus, wie sie so dastand, im Zwielicht des Morgens. Ihr bloßer Anblick erfüllte mich mit dem Verlangen, sie zu erklimmen. Behutsam setzte ich meinen Fuß auf die erste Sprosse. Das Holz knarzte laut, doch ich ließ mich nicht beirren. Ich nahm den nächsten Schritt und ergriff das staubige Geländer. Nach wenigen Tritten hatte ich sie erklommen und betrat den oberen Raum.

Hier war es heller, weil dieser Raum größere, offene Fenster besaß. Eisig kalt wehte eine Herbstbrise durch die Fensterbögen und ich sah sie vor mir, die Glocken. Tauben gurrten erschrocken und flogen, von mir aufgescheucht, durch den Raum und aus dem Fenster, ließen nichts als kleine aschgraue Federn und weißen Vogeldreck zurück. Fünf Riesen aus gegossenem Metall sah ich mich gegenüber, alle verschieden groß, wahrscheinlich alle mit einer anderen Bedeutung, doch übte jede einen ganz eigenen Reiz auf mich aus. Ich näherte mich einer, der größten von ihnen, gewaltig in ihrem Ausmaß und schon im Durchmesser größer als mein ganzer Körper. An ihrer Oberfläche, ihrer glatten und kalten metallischen Haut, fanden sich Inschriften, schöne Buchstaben. Ich ließ meine Hand darüberfahren, fühlte die Erhebungen und Vertiefungen und stellte mir sogleich vor, ich könne die Schrift verstehen, ja, ich malte mir aus, dass die Glocken mir auf diese Art die Bedeutung ihrer Schrift preisgeben würden, und ich rechnete jeden Augenblick damit, ihre tiefe, hallende Stimme in meinem Kopf zu hören und zu verstehen; denn war das nicht Lesen?

Plötzlich packte mich eine Hand und zerrte mich grob herum. Ich erschrak gewaltig und stieß sogar einen kurzen Laut des Erstaunens aus. Ich wäre umgefallen, hätte die Hand mich nicht immer noch fest im Griff behalten. Vor mir blickte ich in das Gesicht eines lächelnden Konrad Cajakob.

»Verzeih, Balthasar, es war nicht meine Absicht, dich zu erschrecken, aber ich war so erstaunt, als ich dich hier oben sah, dass ich mir den Spaß nicht entgehen lassen konnte!«

Er kicherte kurz auf. Mein Herz schlug laut wie Glockenschläge und ich spürte das schnelle Pochen in meinem Hals. Seine Entschuldigung ergab keinen Sinn in meinen Ohren.

»Kannst du lesen, junger Balthasar?«, fragte er, während er – wie ich vorhin – gedankenverloren die Finger über die Buchstaben der Glocke gleiten ließ.

»Nein, Herr, ich wurde nie in dieser Kunst unterwiesen, da ich Zeit meines Lebens nur Bauer oder Bote war!«

Ich fühlte mich nicht wohl in der Gegenwart dieses Wolfes und wollte wieder hintersteigen, zu Peter und den anderen, doch seine Hand hielt meinen Oberarm fest umklammert.

»Dann sieh, hier steht: † *Maria* † *Gotes* † *Zelle* † *Hab* † *in* † *diner* † *hut* † *was* † *ich* † *beschelle* †«

Er war mit den Fingern immer das jeweilige Wort durchgegangen und meinte wohl, mir somit das Lesen verständlicher machen zu können. Jetzt fuhr er über die großen Buchstaben unter dem Text, Majuskeln, wie er sie nannte: »†*M·CCCC·XXXX·VIII*, also 1448, das Gussjahr dieser Glocke, Balthasar. Dies ist die große Türkenglocke, die jeden Mittag geläutet wird und zu der man ein Angelusgebet gegen die Geißel unseres Glaubens, die heidnischen Türken, die Zerstörer Konstantinopels, beten soll, die mit Krummsäbeln und Turbanen dabei sind, unsere ganze geliebte Christenheit zu erobern und zu unterjochen! Aber denk nicht daran, noch wird erst in Ungarn gekämpft, noch ist der Feind weit weg. Da, siehst du die dort hinten, das ist die älteste, die Feuerglocke!«
Er führte mich festen Griffes zu ihr hin und ich sah zwei kleine Bilder des Heiligen Fridolins unter einem Text, den Cajakob mir ebenfalls vorlas: »*Ave·maria·gracia·plena·dominus·tecum,* gegrüßet seist du, Maria, voll der Gnade, der Herr sei mit dir!« Und während er dies las und übersetzte und auf den gegossenen Fridolin blickte, verdunkelten sich seine Züge und er flüsterte leise, wahrscheinlich nur für sich: »Die Götzen und Menschen verehren sie mehr noch als den Herrn, und sie verschwenden all den Reichtum, das Metall und die Müh' in Ammenmärchen; wer hat davon je verdient?«

Unwohl war es mir immer in der Anwesenheit dieses Mannes. Seine wölfischen Züge flößten mir Furcht ein, ebenso wie sein schadenfreudig kläffendes Lachen, welches unwahr und falsch, gespielt und böse war, da es sich nie mit dem Ausdruck seiner stets grimmen Augen deckte. Ja, seine Augen, ich erinnere mich gut an sie. In ihnen brannte ein Funke, ein Feuer, das so viel anders schien als das Leuchten in Jörg Grebels priesterlichem Gesicht. Weh, viel Zeit musste vergehen, bis ich erkannte, was er mit all seinem Tatendrang und seinem unermüdlichen Eifer jagte. Lange ging es, bis ich begriff, wovon er getrieben ward auf seinem Wege ins Ungericht.

Wir hörten unter uns das Ächzen der Holzleiter, und Ludwig Rösch streckte den Kopf durch die Öffnung im Holzboden, worauf sich endlich Cajakobs schmerzhafter Griff an meinem Oberarm löste. Er tat lächelnd zwei Schritte in Richtung des Kaplans, um vorzugeben, dass er ihm aufhelfen wolle, jedoch hatte dieser längst seinen rundlichen Körper mit eigener Kraft aus der Öffnung gestemmt und war aufgestanden. Cajakob lächelte ihn an.

»Kraft einer erfreulichen Fügung scheinen sich heute Morgen alle hier im Glockenstuhl einzufinden! Entweder das, oder es handelt sich um einen seltsamen Brauch dieser Kirche zu Schwanden.«

Ludwig Rösch klopfte sich die vom Aufstieg stark verdreckte Kaplanskleidung ab, worauf sich eine Wolke aus Staub und Taubenfedern um ihn bildete, aus der er fragend hustete: »Ich bitte um Verzeihung?«

»Nun, wie ich hörte, ruft in den Ländern der Ungläubigen ein Diener Mohammeds lautstark gotteslästerliche Reden von ihren entarteten Kirchtürmen, um die Muselmänner zum Gebete zu versammeln.«

»Wie schrecklich!«

»Nicht wahr? Fünfmal täglich geht der Gräuel vonstatten, womit erklärt ist, weshalb sich die verderbten Ungläubigen lieber töten als taufen lassen und deshalb nie des Himmelsreiches teilhaftig werden.«

»Aber hier praktizieren wir nicht solche Sakrilege, mein Herr. Wir läuten nur die Glocken, was gut christlich ist. Immer zur vollen Stunde, vor den Messen, am Mittag die Türkenglocke und –«

»Ich glaube Euch.«

»Seht nur die wunderbaren Glocken, die wir haben. Die kleinste ist erst siebzehnjährig. Hier. Schöner Guss. Seht nur, wie hell sie im Morgenlicht glänzt, im Gegensatz zur dunklen Feuerglocke! Sie klingt merklich heller.«

»Ich zeigte soeben diesem lieben Kinde, wie man die Zeichen und Ziffern auf diesen edlen Glocken liest.«

»So? Ja, wahrhaft edel sind sie und von unvergänglicher Schönheit. Aber Ihr dürftet eigentlich gar nicht hier sein. Und überhaupt solltet Ihr nun hinuntergehen, denn man erwartet Euch und ich bin geheißen worden, die Glocken zur Sonntagsmess zu läuten!«

Cajakob seufzte. »Ihr mögt recht haben. Ein Glockenstuhl ist kein Ort für Kinder und Leute wie mich. Verzeiht meine ungezügelte Neugier, Kaplan, sie scheint mein größtes Laster zu sein.« Und mit diesen Worten drängte er mich, als Erster die Leiter zu nehmen und hinunterzusteigen, obwohl ich gerne gesehen hätte, wie der Kaplan die Glocken zum Läuten brachte, deren tiefer und hallender, in den Ohren zitternder Ton mich beim Abstieg durchfuhr wie ein Hammerschlag.

Keine halbe Stunde später saß ich neben Peter in der kleinen Kirche. Der Gottesdienst hatte noch nicht begonnen, und so

sah ich mich in diesem Hause Gottes um, welches einst eine Kapelle gewesen war. Die Kirche war schön verziert, sie hatte viele Bilder von allerlei Heiligen, wie man sie immer überall sah und von denen ich nur wenige Namen kannte. Diese hier gefielen mir aber sehr, sie waren verziert und bemalt und das schöne Holz glänzte an einigen Stellen gülden, sodass es zu leuchten schien. Auch gab es hier Figuren und Abbilder und natürlich ein wunderbar prächtiges Kruzifix von unserm Herrn Jesus Christus, mit vielen, kleinen Steinen in mannigfaltigen Farben, und es hing direkt über dem Altar, dort, wo gerade der Pfarrherr Johannes Schindler den Gottesdienst eröffnete. Jörg Grebel und Konrad Cajakob standen hinter ihm, mit geschlossenen Augen und zum Gebet gefalteten Händen.
Zu Beginn wurde ein Lied gesungen. Es war ein tiefes, durchdringendes Lied, von würdiger Erhabenheit, wie man es in der Kirche zu singen pflegt und wie es einen dabei ehrfürchtig an die Herrlichkeit Gottes denken lässt. Jedoch war dieses Lied anders als jedes vergleichbare Lied, das ich je in der Kirche von Niederurnen oder in der Stadtkirche von Glarus gesungen hatte, denn es war Teutsch, was da gesungen wurde!
Die Menschen aus Schwanden und der Umgebung kannten offenbar den Text, denn sie sangen es laut und sie sangen es gerne. Die vielen Stimmen verwoben sich zu einem Gesang und dieses gemeinsame Loblied an den Herrn in der vertrauten Sprache verband die Menschen miteinander. Aus vielen einzelnen Menschen erwuchs eine Gemeinschaft, und wohlig umfasste das Verbundenheitsgefühl mein Herz. Während des Liedes beobachtete ich Peter und das Glück in seinen Augen. Ich war froh, mit ihm gegangen zu sein, um all das erleben zu dürfen!

Nach dem Lied wurde gebetet und nach dem teutschen Gebet und der Lesung aus den Evangelien – aus der teutschen Fassung, des Zwinglis und Leo Juds *Zürcher Bibel*, wie Pfarrherr Schindler sagte – begann das eigentliche, die Predigt.
Johannes Schindler predigte für den Glauben Gottes, für das Wort, das am Anfang war und bei Gott und Gott war das Wort und so sollten wir vom Worte und durch das Wort den Glauben und den Weg in die Ewigkeit finden, denn so und nicht anders steht es geschrieben in der Heiligen Schrift! Die Länder, die Fürstenhäuser und selbst die Mutter Kirche seien verderbt, von Sünde und Gier zersetzt, doch sei all dies verständlich, denn sie waren menschgemacht und der Mensch ist Sünder. Hoffart des Geistes war es gewesen, menschlichen Dünkel dem Worte Gottes gleichzusetzen. Deshalb predigte er für einen reinen und wahren Glauben, der sich einzig nach dem Worte des Herrn in der Heiligen Schrift richtete und selbiges von allem Menschlichen reinige; ein Glaube frei von den Wurzelsünden, die zum Himmel schrien wie einst das Blute Abels. Frei von dem Geiz des Ablassbriefes, der Habgier der Mächtigen, der Wollust im Reichtum. Ein Glaube frei von der Knechtschaft und dem Joch Roms, frei von Unterdrückung und Verfolgung, von Folter und Hinrichtung, dafür voller Vertrauen und Liebe zu Gott.

Während der Nachhall dieser wortgewaltigen Predigt in der Tiefe meiner Brust verklang und im stillen Meer meiner Seele einen Sturm des Tatendrangs aufbranden ließ, wandte sich Johannes Schindler dem Brot und dem Weine zu.
Wie heute ein jeder weiß, hatte Zwingli die Wesenswandlung, die Transsubstantiation in Fleisch und Blut, als Wahnwitz verwor-

fen. Wahrscheinlich hatte er recht, wenn er sich auf den Evangelisten Johannes berief und sagte, dass es der Geist sei, der lebendig mache, und dass das Fleisch »nichts nütze«; aber ich bin kein Schriftgelehrter und mein Wort gilt nicht im theologischen Disput um das Abendmahl unseres Herren Jesu Christi, welcher fortgetragen werden wird, wenn meine Knochen längst zu Staub zerfallen sind. Factum *war jedoch die Nachsicht, die Zwingli in vielen seiner Reformen bewies: Umstürze sind in ihrer Jähe immer schmerzhaft. Zwingli musste ahnen, wie verloren und entwurzelt seine Herde plötzlich sein würde, wenn er ihr alle Bräuche und althergebrachten Traditionen nehmen würde. Gnadenvoll ließ er den Tisch des Herrn in der Kirche stehen und ließ seine Schafe die Bedeutung des Brotbrechens gewahr werden.*

Pfarrherr Schindler hob an: »Der Herr Jesus nahm, in der Nacht, da er verraten ward, das Brot, dankte Gott, brach's und sprach: Das ist mein Leib, der für euch gegeben wird; das tut zu meinem Gedächtnis. Desgleichen nahm er auch den Kelch nach dem Mahl und sprach: Dieser Kelch ist der neue Bund in meinem Blut; das tut, sooft ihr daraus trinkt, zu meinem Gedächtnis. Denn sooft ihr von diesem Brot esst und aus dem Kelch trinkt, verkündigt ihr den Tod des Herrn, bis er kommt. Und verkünden sollt ihr es, denn so steht es in der Schrift geschrieben. Doch ich sage euch, Brüder: Verwechselt das Brot und den Wein in meinen Händen nicht mit dem Fleisch und dem Blute unseres Erlösers. Wie könnte es auch sein? Sagt mir: Wie könnte sich die Einmaligkeit des Opfertodes von Gottes Sohn allwöchentlich wiederholen? Seht das Brot und den Wein als was sie sind und bleiben: Brot und Wein, *symbola*, die uns erinnern sollen an das leibliche Opfer des Lamm Gottes, das hinwegnimmt die Sünde der Welt und sich uns Sündern erbarmen soll. Die Schlüssel zum Himmelreich verbergen sich weder im Teig des Brotes noch in der Traube des Weins, nein. Geht in eure Herzen, Brüder, und findet die Schlüssel in eurem Glauben. Der Glaube ist das Einzige, was zählt. *Sola fide!* Nur der Glaube macht euch in Gottes Augen gerecht, nur durch ihn schenkt uns Gott seine Gnade!«

Eherne Stille lag über der Menschenmenge in der Kirche und niemand regte sich. Niemand außer Cajakob. Er brach das Schweigen, welches diesen feierlichen Augenblick umhüllte, ging mit einem raschen Schritt zu Johannes Schindler und stieß ihn mit einer rauen Handbewegung zur Seite. Während der Pfarrherr Schwandens zu Boden fiel und der erschütterten Kirchgemeinde der Atem stockte, nahm Cajakob das Brot und den Kelch in die Hand. Das erhabene Gefühl, das die Kirche wie Weihrauch erfüllt hatte, war mit einem Male in Sorge umgekippt. Vor dem Altar stand der Täufer, die Augen starr in der Ferne verloren. Mit den Händen hob er Brot und Wein, bis er sie hoch über seinem Kopf hielt. Für einen Augenblick sah es aus, als wolle er diese Gaben Gott im Himmel als Opfer darbringen – doch dann warf er sie, mit einem Schrei wie aus der Hölle, auf den steinernen, kalten Boden der Kirche, sodass der Kelch laut und scheppernd aufschlug und das Brot zerbrach. Sein Schrei verhallte geisterhaft in den Seitenaltären, als das Zeichen des Leibes Christi wie eine Leiche gebrochen und geschändet am Boden lag, in einer Lache des Weines, der sich in Strömen purpurnen Blutes über die Treppen des Altares ergoss.

Entsetzen packte die Menschen von Schwanden, welche unverschuldet Zeugen dieses Sakrilegs werden mussten. Denn obwohl Kämpfer der Lehren Zwinglis wie Fridolin Brunner und Johannes Schindler sie dazu gebracht hatten, den Glauben ihrer Vorväter abzulegen und sowohl Ablasshandel wie Fegefeuer als Spukgeschichten und Geldmacherei zu enttarnen, durfte man nicht zu viel vom Volke erwarten, welches schließlich den Umsturz einer Ordnung zu tragen hatte. Und selbst wenn sie verstanden hatten, dass Brot und Wein nur Sinnbilder des Opfers unseres Erlösers waren, so sahen sie doch ebenjene auf dem Boden entweiht. Einer dieser Wiedertäufer, der gekommen war, um mit seinen Vorstellungen Heil über das Land Glarus zu bringen, hatte es mit dieser Schändung stattdessen ins Verderben gestürzt. Keiner der Reformatoren, ob Zwingli, Luther oder die Wiedertäufer selbst, konnten sich die Heimsuchung herbeisehnen wollen, die ein solcher Akt nach sich ziehen musste.

Die Kirchgänger schrien entsetzt auf, sahen wohl schon im Schatten, den der wahnsinnige Täufer gegen die Wand warf, die Umrisse des großen Drachens, der uralten Schlange, die Widerwirker und Satan heißt. Sie rannten aus der Kirche. Väter nahmen ihre Kinder in den Arm, während die Mütter kreischten. Greise Männer bekreuzigten sich, während Weiber die Hände reuig zum Gebet falteten. In ihren furchtverzerrten Gesichtern stand Angst. Die Angst vor Gottes Zorn. Vor dem Schicksal Sodom und Gomorrhas. Das Geschrei der Menschen vertausendfachte sich zwischen den Wänden der Kirche zu einem Missklang des Schreckens, welcher nur langsam verebbte und als grausiger Spuk in den Ohren blieb, als die Kirche sich längst geleert hatte.

Peter und ich standen wie erstarrt an unseren Plätzen. Keiner von uns hatte sich gerührt. Beide blickten wir gebannt auf den unheilvollen Schwank, der sich um den Altar abspielte.
Jörg Grebel und Konrad Cajakob rangen miteinander, die Hände krampfhaft ineinander verschlungen, beide Flüche und Verwünschungen ausstoßend.
»Balzli, komm!«, rief Peters Stimme neben mir. »Wir müssen helfen!«
Ich blickte ihn an. In seinen Augen brannte unbeugsame Entschlossenheit; er war fromm und standhaft. Ich würde ihm folgen, wohin er auch ginge, und wenn es Gottes Wille in seinem Munde gewesen wäre, so hätt' ich ihn auch in die innersten Höllenkreise begleitet.
Wir rannten durch die menschenleere Kirche und über umgeworfene Bankreihen zum Altar, wo die beiden Täufer standen und nach einander griffen, sich würgten und schlugen, wo jeder mit bloßen Händen versuchte, dem Abel sein Kain zu sein. Johannes Schindler hatte sich, dem Kampfgeschehen den Rücken zugewandt, vor dem Kruzifix auf die Knie geworfen. Seinen zitternden Lippen entfuhr ein flehendes Bittgebet.
Unterdessen hatten Peter und ich den Altar erreicht. Ich zweifelte keinen Herzschlag lang, welchen der Täufer es zu beschützen und welchen es zu bändigen galt. Ich stieß mich schreiend von der letzten Treppenstufe ab und flog im Sprunge dem wirren Kampfgetümmel entgegen.
Mit dem Aufprall eines Felsbrockens, der in hohen Sprüngen ins Tal rollt, um an der Talsohle eine Holzhütte zu zermalmen, schlugen Peter und ich auf die Kämpfer ein; er auf Jörg Grebel, ich auf Konrad Cajakob. Während ich nicht richtig begriff, was

soeben geschehen war, verschwamm die Welt um mich herum zu einem Gemisch aus Schlägen und Schreien. Im Rausche des Augenblicks, der dumpf über meinen Sinnen lag, vernahm ich von fern Johannes Schindlers Klagegejammer und des Kaplans schneidend helle Stimme. Cajakob wand sich mit aller Kraft unter mir, stieß Flüche aus, und die Erschöpfung lähmte brennend meine Arme, mit denen ich ihn niederdrückte. Dann wurde es jäh schwarz vor meinen Augen. Ich fiel auf den steinernen Boden und verlor das Bewusstsein. Das Letzte, was ich fühlte, war die rote Lache des Weines unter meinem Gesicht; oder war es Blut?

Dreizehntes Kapitel

*Item wie an der Landtsgmeind [...] der Siben orthen zugesagt
Byn alten Brüchen und Herkommen der Kilchen zu verbliben,
so solchs nit gehalten ward von etlichen Pfarrern unsers
landts, als zu Schwanden, Betschwanden und Matt, sonder
die frefenlich wider die Mess, Sacrament des Leibs Christi,
und ander Ordnungen schruwend, entsprang viel Zanks in unserem land [...]. Also, so Sie immerdar fürfuhrend, entsprang
vil unwillens, und macherley redens, und so auf ein tag den 3
Octobris von etlichen ein gschrey aussgangen was, wie die un-
den im land wöllend nachts gewaltigklich obgenambt priester
hinführen [...] nüt desto minder, die so denen Pfaffen anhan-
geten, zogen gmeinklich nachts gen Schwanden, mit Harnisch
und gewehren, welches in unserem land nit zimmlich und
Brüchlich war, auss Betschwander Kilchhörj der mehrtheil.*

Chronik des Valentin Tschudi

Worin ein Gerücht und eine Angst umhergeht und ich in
der größten Verwirrung einen grausigen Fund mache.

Wohlmeinender Leser meiner chronica, *seht Ihr, wie sich das Unheil anbahnte? Wie damals schon ein Schatten der Sünde unser
heiliges Vorhaben verdunkelte? Dabei war doch die Wirrnis im
Gottesdienst zu Schwanden erst eine leise Andeutung des Frevels,
der noch kommen sollte, erst eine schwache Bö im Vergleich zum
unseligen Sturmwind, der sich in rasender Geschwindigkeit vom
fernen* finitor *näherte, um die gesamte Ordnung des Landes Gla-*

rus zu verwüsten. Weh uns, die wir die Vorzeichen nicht zu lesen verstanden!

Die Hilfeschreie des Kaplans hatten einige wenige tapfere Männer zurück in die Kirche gerufen, welche mit der bäuerlichen Überzeugungskraft eines dicken Holzknüppels dem absonderlichen Schauspiel ein Ende bereiteten. So auch mir, der ich kurze Zeit später mit schmerzendem Hinterkopf aus meiner Bewusstlosigkeit erwachte. Wie man mir berichtete, hatte sich Cajakob rechtzeitig aus der Kirche gestohlen und niemand wusste Genaueres über seinen Verbleib zu sagen.
Jörg Grebel war geblieben. Er schenkte der Blutung an seiner Stirn, die durch Peters Aufprall entstanden war, keine Beachtung und zürnte niemandem. Wortkarg zog er sich ins Halbdunkel der Kirche zurück und versank dort in das tiefe Schweigen eines Gebetes. In jeder der Falten seines Gesichtes zeichnete sich der Schmerz ab, der sein frommes und standhaftes Herz peinigte. Ich verstand es damals nicht, doch heute erinnere ich mich an seine schmerzgetrübten Züge und sehe die Enttäuschung wieder. Er hatte als Ordensmann und Sektenbruder gesehen, wie sich die Sünde schlangenhaft um die anfänglich wohl reinen Grundsätze des verschwundenen Täufers gelegt hatte. Dieselbe zutiefst menschliche Sünde, die Mutter Kirche von innen zerfressen hatte und die zu bekämpfen sie sich einst erhoben hatten, hatte Cajakob in seinem Handeln offenbart.

Wie die Kälte des Winters, die unter den Türen hindurchkriecht, die einem langsam in die Knochen fährt und dabei ihre frostig klammen Finger ums Herz legt, kam es am nächsten Tag über uns; ein Gerücht. Es wehte durch die Gassen von Schwanden und verbreitete Angst und Schrecken. Wir vernahmen es im frühen Morgengrauen vom Kaplan Ludwig. Schweißgebadet vom schnellen Aufstieg stand er im Kirchturm, um Jörg Grebel, Peter und mich zu wecken. Die Kerze in seiner Hand zitterte.

»Wachet auf, im Namen des Herrn, so wachet doch auf!«, schrie er. »Alle sprechen davon, seit der Jakob Zweifel mit dem Pferd von Glarus her geritten ist und es berichtet hat!« Wir Kinder rieben uns noch die Müdigkeit aus den Augen, als Jörg schon gefasst auf den Beinen stand.

»So sprecht Euch aus, Kaplan! Was in Herrgotts Namen ist vorgefallen, das Euch in solchem Maße die Fassung verlieren lässt?« Ludwig hielt sich die Hände vors Gesicht und jammerte voller Verzweiflung: »Sie kommen aus dem Unterland! Sie haben erfahren, was gestern hier geschah, was sich in diesem Gemäuer während des Gottesdienstes ereignete! Sie kommen, so sage ich Euch: die Altgläubigen, ein Heer von ihnen, womöglich mit Söldnerveteranen aus Italien und Frankreich, um den Pfarrherrn und uns alle zu entführen!«

»Was?«, entfuhr es Jörg Grebel.

»Ja, mein Herr! Sie kommen, uns mitzunehmen, und sind dabei wohl nur Vollstrecker der göttlichen Züchtigung für den Gräuel von gestern und dafür, dass Johannes Schindler auch schon früher wider die Messe predigte und lästerlich sprach! Ach, im Namen des Allmächtigen, sie werden uns verstümmeln und hinrichten, öffentlich erhängen und vierteilen, oder verbrennen gar, wie Ketzer und Häretiker! Oder nein, ertränken werden sie uns! Ja, elendiglich ertränken wie Täufer! Oh weh, mein Herr und mein Gott, ich will noch nicht sterben, ach, warum hast Du uns verlassen?!«

Alle waren wir nun hellwach. Jörg Grebel hatte nicht gezögert und war bereits die Treppe hinuntergestiegen, als das Wehklagen des zu Tode geängstigten Kaplans noch den Kirchturm erfüllte. Wir folgten ihm, und als wir ihn unten in der Sakristei antrafen, war er bereits in ein heftiges Streitgespräch mit dem Pfarrherrn Johannes Schindler verwickelt.

»Du weißt, dass es nie und nimmer meine Absicht war, solch eine Narretei zu begehen! Du weißt, dass es sein eigenmächtiger Entscheid war, das zu tun! Weder ich noch die Bruderschaft hätten dies jemals geschehen lassen, Johannes, du weißt es!«

Das Gesicht des Pfarrherrn zeigte, dass er in dieser Nacht keine Ruhe gefunden hatte. Er hielt sich mit schwachen Händen am Tisch fest. Leise kam seine Stimme aus seinen trockenen, bleichen Lippen: »Und wenn auch, Jörg. Dass ich es weiß, macht keinen Unterschied. Es entscheidet, was *sie* denken. Wir haben den Zorn der altgläubigen Obrigkeit von Glarus heraufbeschworen, Jörg, und nicht in unseren Händen liegt es, dies nun zu ändern. Oh, möge uns Gott beistehen, sodass wir den morgigen Tag noch erleben dürfen!«

Er ließ verzweifelt den Kopf hängen, als geschlagener und gebrochener Mann. Vom Feuer, das so heiß in ihm gelodert hatte, blieb nichts denn Asche und Elend. Jörg Grebel schlug wütend auf den Tisch.

»Fass dich, Johannes, und vergiss nicht, wofür wir kämpfen! Lass angesichts unserer hehren Beweggründe die Angst fallen, wie sie von den Aposteln wich, als die Flammenzunge des Heiligen Geistes sie durchfuhr! Wahr sprichst du, wenn du meinst, dass wir jetzt nicht viel gegen die kommende Vergeltung tun können. Es bedeutet dies jedoch nicht, dass die Lage gänzlich aussichtslos ist!«

Während er dies sagte und den Pfarrherrn bei den Schultern packte, klopfte es an der Türe. Ludwig ging geschwind, sie zu öffnen. Herein trat ein Mann von hoher Gestalt mit edlem Gesicht, gepflegtem Barte und Schnauz. Er trug schöne Kleider aus feiner Seide, doch sie waren von tristem und schlichtem Grau, viel bescheidener als jene farbigen, die ich einst bei den Hässis sah.

»Grüß Gott, die Herren der Geistlichkeit!«, sprach er und neigte seinen Oberkörper als höfliches Zeichen des Respekts. Beim Aufrichten erblickte ich seine Augen und sah strahlendes Blau, wie der Himmel im Hochsommer. Er strahlte Selbstvertrauen und Hoffnung aus. »Mir und vielen anderen hier in Schwanden ist zu Ohren gekommen, dass die Altgläubigen im Unterland planen zu kommen, Euch mitzunehmen und nie wieder zurückzubringen, Pfarrherr Schindler, als Strafe für das, was Ihr gestern in der Kirche tatet. Wohl seid Ihr ein Prediger der neuen Lehre Zwinglis und wohl verwerft Ihr die Wesenswandlung in der Messe, jedoch wissen alle im Dorfe, die wir treue Anhänger von Euch sind, dass das gestrige Sakrileg kein Werk Eures Geistes oder Eurer Hand war! So reiten nun denn Boten aus, ins Hinterland und Sernftal, um die Unsrigen zu versammeln. Denn wenn die Unterländer kommen, sollen sie auf ein Bollwerk wackerer und überzeugter Hinterländer stoßen! Sie sollen lernen, dass uns kein Pfarrherr mit unrechtmäßigen Mitteln entrissen wird! Wisset dies, Pfarherrr Schindler, und seid unbesorgt!«

Dann verbeugte er sich erneut und ließ die Sakristei in überraschter Stille zurück. Jörg Grebel war der Erste, der etwas sagte: »Wer war dies?«

»Er ist einer der Besitzer des vor zwei Jahren eröffneten Guppenbergwerks ob Schwanden, wo seither nach Eisen geschürft wird. Somit einer der reichsten und angesehensten Einwohner von Schwanden.«

»Welch Glück, ihn auf unserer Seite zu wissen. Jeder fromme und standhafte Neugläubige zählt zu dieser Stund. Und wie es klang, wird er deren viele um sich scharen.«

»Gebe Gott, dass er recht behält!«, antwortete Johannes Schindler mit verlorenem Blick.

Drückend war die Stimmung in der Kirche und der Sakristei. Ich hörte die irr geflüsterten Stoßgebete, sah das verzweifelte Hoffen und Bangen in den Gesichtern und ich roch den Angstschweiß, der an allen klebte, sodass mir schlecht wurde. Ich entwich dem einengenden Gefühl der Beklemmung, das einem die Brust zuschnürt und den Atem raubt, indem ich ins Freie trat.

Hinter einer ebenmäßig grauen Wolkendecke war die Sonne bereits aufgegangen, denn es war hell. Der Boden indes war bedeckt von einer feinen Schicht frisch gefallenen Neuschnees. Mir war bei all dieser Aufregung völlig entgangen, dass es geschneit hatte; freilich nicht viel, kaum einen Fuß hoch, aber es war ja auch noch nicht sehr spät im Jahr. Beinah magisch lag der blendend weiße, unbefleckte Schnee über dem Tal und verbarg Hütten und Häuser, Felder und Wälder unter seinem sanften Schleier. All dies, so dachte ich traurig, ausgerechnet an diesem Tag der dunklen Vorboten. Und viel war los an diesem dritten Tag des Monats Oktober.

Durch das Sträßlein vor der Kirche sah ich Männer rennen und rufen, und ich vernahm Befehle, man solle die Waffen holen und ein jeder solle sich rüsten und seinen Körper stählen, um für den Fall der Fälle bereit zu sein. Mir wurde es bang ums Herz, als ich die Entschlossenheit auf ihren gerunzelten Stirnen sah. Wie um mich zu trösten, nahm ich eine Handvoll weißen Schnees und hielt ihn in meiner Handfläche.

»Wie rein du bist, guter Schnee!«, flüsterte ich ihm zu. »Rein, lieb und unbefleckt wie die Mutter Gottes. So komm, liebster Schnee, überdecke wie Maria mit ihrem Mantel alles Leid und verbirg den Schmerz der Welt unter dem strahlenden Glanze deiner Liebe!« Und wie ich dies sagte, schmolz das Häuflein Schnee in meiner Hand zu einem kleinen Seelein, welches als trauriges Rinnsal tränengleich durch meine Finger aus den Händen zu Boden tropfte.

Da überkam mich plötzlich die alte, schwarze Trauer wieder, und sie umfing mich beinah liebevoll in ihrer kühlen Umarmung, bekannten Seelenschmerz wachküssend. Der Schnee war weiß, weiß wie die Milchpfütze, in der meine Mutter heiser schluchzend gelegen hatte, als sie den Tod meines Vaters beweinte. Weiß war auch ihre Haut gewesen, schneeweiß unter dem Schweiße des Fiebers, der ihren sterbenden Körper genauso wie die schwarzen Beulen überzogen hatte. Ich musste an den kleinen Fritzli denken, an sein Klagen und sein Jammern, und mir fiel auf, dass all meine Erinnerungen an ihn traurig waren; ja, hatte er denn jemals gelacht, in Bilten an der Maag?

Weitere Männer trotteten an mir vorbei. Sie trugen Schwerter bei sich, einige sogar Hellebarden, und ihre Blicke verrieten, dass sie bereit waren, mutig zu kämpfen und tapfer zu sterben, wie einst mein Vater Fritz. Eine stechende Leere war dort, wo eigentlich sein Gesicht sein sollte, wenn ich an ihn dachte. Oh, mein heldenhafter Vater Fritz, der nichts als ein Name war, mit dem mich zwar ferne Erzählungen, aber keinerlei Erinnerungen verbanden.

Ich wandte mich ab und betrat wieder die Kirche. Die Trauer, die sich über meine Seele gelegt hatte, schüttelte meinen ganzen Körper. Ich ging nicht zur Sakristei zurück, wo ohnehin niemand mehr war. Meine Unterlippe zitterte, als ich stattdessen zu einem der Seitenaltäre schritt, wo ein Steinbild der Jungfrau Maria aufgestellt war. Unter dem sanftmütigen Blick ihrer steinernen Augen, der segnenden Haltung ihrer Hand entfuhr mir der erste Schluchzer. Weh mir, der ich geglaubt hatte, ein frommer und standhafter Mann zu sein! Ich war nicht fromm genug. Ich war nicht standhaft genug. Ich war ja nicht einmal ein Mann. Meine Augen füllten sich mit den so lange unterdrückten Tränen und ich erkannte bitterlich, dass ich nichts als ein kleines Kind in einer viel zu großen, viel zu stürmischen Welt war. Was wollte ich denn schon in den Wirren unserer Zeit verändern, ich, der ich doch bereits in meinen eigenen Sorgen ertrank? Wie geschmolzener Schnee rann das Augenwasser über meine Wangen.

Ich hob den Blick und sah in das Gesicht der Gottesmutter, wo ich in ihren milden und gütigen Zügen das unvergessene Gesicht Sophies erblickte. Natürlich, Sophie! Sie war der ursächliche Beweggrund, für den es sich lohnte zu kämpfen und all dies Leid zu schultern. Ich wischte mir die Tränen mit dem Handrücken weg. Für sie musste ich standhaft sein, fromm und standhaft, bis dass mich Gottes unerforschliche Wege wieder mit ihr vereinten!

Gegen Abend sammelten sich die Verteidiger auf dem Dorfplatze. Es kamen viele aus Betschwanden, aber auch einige von Matt und natürlich jene, die sich schon zur Mittagszeit in Schwanden formiert hatten. Jahre war es her, dass man zu den Waffen gegriffen und sich gerüstet hatte, und allein schon selbige Tat nahmen die Altgläubigen ihnen später übel, als schlimmes Vergehen am Frieden und Gesetz des Landes.
Die Männer trugen Harnische, schwere Kriegskleider und zuweilen auch Kettenhemden; verrostete Relikte der Schlachten ihrer Vorväter oder Überreste ihrer Zeiten als Söldner. Diejenigen, welche sie besaßen, kamen mit Schwertern, nur selten neuen, an denen der Stahl glänzte wie frisch aus des Schmiedes Werkstatt, meist jedoch mit alten, schweren und beschlagenen oder mit Rost überzogenen Waffen, gezeichnet von jahrzehntelangem Nichtgebrauch. Andere Verteidiger sah man mit Lanzen, den großen Speeren der Reisläufer, wie sie Heinrich Hässi besessen hatte und wie sie auf dem Bild auf seiner Hausfassade zu sehen waren, von nah so groß wie zwei Menschen, von weit jedoch dünn und fein wie die Nadeln einer Tanne. Man sah allerlei Beile und Hellebarden, sogar einige mächtige Morgensterne, alles kampferprobte Waffen der Eidgenossen. Am meisten jedoch sah man die Waffen der Bauern: Heugabeln, Äxte, Sensen und Schaufeln, manchmal gar an Stöcken angebundene Sicheln und auch anderes notdürftig Gebasteltes in allen verschiedenen Formen.
Mit dem Einbruch der Dunkelheit wurden Fackeln angezündet, und das bare Feuer, das furchterregend im Stahl der mannigfaltigen Waffenklingen tanzte und sich widerspiegelte, nahm dem bunt durchmischten Haufen jene Unbeholfenheit, die sie unter dem Tagesgestirn zweifelsohne gezeigt hatten. Das Licht der fla-

ckernden Flammen warf einen unheimlichen Schatten auf die Gesichter der Menschen, welcher die Unsicherheit und Angst verhüllte und aus Bauern Krieger machte.

Die Feuer rings um mich herum verwirrten mich. Wo war Peter? Ich lief durch die Menschenmenge, sah mich Waffen aller Form und Machart gegenüber, blickte in kampfeslustige und verängstigte Gesichter, roch Wein und Schweiß und hörte Leute angespannt lachen und beten. In der Luft lag ein seltsames Zittern, eine fiebrige Ruhe, wie man sie vor heftigen Sommergewittern kennt. Irgendwo hörte ich, wie ein Reisläuferveteran seine Kameraden zu Mut und Tapferkeit ermunterte. Ruhm, Ehre und Weiber würden sie jenseits des Schlachtfelds erwarten. Er trank aus einem Weinschlauch, während er prahlerisch sprach: »Es ist ein fröhlich' Ding um den Krieg ... Man liebt einander nie so sehr wie im Krieg! Denn sieht man seine Sache für gerecht an und beobachtet, wie die eigenen Landsleute so trefflich und selbstlos im Schlachtgetümmel kämpfen, so steigt einem die Träne ins Auge. Und dann nimmt man sich vor, mit ihnen zu sterben oder mit ihnen zu überleben, um sie der Liebe willen nicht zu verlassen. Den Tod fürchten? Keineswegs; man ist so erfüllt, so entrückt, dass man vergisst, wo man ist. Wahrlich, Furcht hat man im Kriege vor nichts!«
Während ich mich fragte, wie dieser Narr es überhaupt geschafft hatte, lebendig von einem Krieg zurückzukehren, suchte ich immer noch nach Peter. Je mehr ich mich drehte und nach ihm rief, umso mehr schien die Umgebung zu verschwimmen, zu einem einzigen Funkeln aus brennenden Waffen. Plötzlich spürte ich, wie eine Hand an meine Schulter klopfte. Da war Peter endlich!

»Schnell!«, rief er gehetzt.
»Was ist, Peter? Wo warst du?«
»Im Wald, die Täufer sind dort!«
»Was?«
»Folg mir, Balzli!«
Ich rannte ihm nach, durch das Menschengewirr, an Waffen und Fackeln vorbei. Ich versuchte mir zu erklären, was die Täufer im Wald tun konnten, wo doch schließlich all dies Unglück nur Cajakobs wegen geschah. Sollte etwa ganz Schwanden für seinen unverfrorenen Frevel mit Blut büßen, während er sich davonstahl wie ein Gauner? Jörg Grebel hatte ihn den ganzen Tag lang in Schwanden suchen lassen, war jedoch nicht fündig geworden. Ab und zu fing ich abgehackte Gesprächsfetzen auf, die Peter mir zurief.
»– ist ihm in den Wald gefolgt!«
Wir verließen den feurigen Lichtkreis der Kämpfer und tauchten in die schattigen Gässlein Schwandens. Peter rannte voraus.
»Hier oben, komm, Balzli, schneller, wir müssen sie finden!«, rief er mir zu und bog um ein Häusereck. Von dort ging es weiter über eine im schwachen Mondschein hellblasse Schneewiese, gegen die sich schwarz und dunkel der Waldrand abhob. Die blattlosen Baumkronen der Buchen, Eschen, Linden und Birken glichen finsteren Gerippen, durch deren hölzerne Knochen man erkennen konnte, dass der gesamte Wald von vielen offenen Feuerstellen erhellt wurde. Der Schein der Flammen tänzelte magisch in der Finsternis, wie ein Irrlicht über einem Moor. Und es war dies kein Aberglaube und auch keine Schelmerei meiner aufgewühlten Sinne; der Wald war voller Menschen, die sich um die Lagerfeuer auf den Lichtungen

versammelt hatten. Ich sah im Vorbeirennen Mütter mit ihren Kindern, Kranke und Verkrüppelte sowie alte Menschen. Sie waren alle aus dem Dorf geflohen, aus Angst vor den Truppen des Unterlands, für den Fall, dass sie wirklich so stark waren, wie die Gerüchte erzählten. Denn dann wäre man in den Häusern nicht sicher, dann würden die Häscher der Altgläubigen das Hab und Gut der Schwandner plündern und rauben, sie würden brandschatzen und morden in ihrem wollüstigen Hunger nach Beute und Fleisch. Man kannte ja noch die Geschichten von den Habsburgern und wie sie all dies taten, ehe die Glarner sie ruhmreich zurückgeschlagen hatten.

Wir erreichten eine Gruppe der Flüchtlinge und ich sah die Unsicherheit, die in jedes der hilflosen Gesichter gezeichnet war. Kinder schrien und weinten, denn sie verstanden nicht, was dies alles bedeutete und was der Unterschied zwischen dem alten und dem neuen Glauben war; sie hörten nur das Jammern und Flehen, das die Nacht erfüllte. Auf einem Baumstumpf sitzend sah ich einen greisen, zerknitterten Mann, ein Relikt vergangener Tage, der sich wohl noch an den Fall Konstantinopels erinnern konnte. Halb taub und blind hielt er mit seiner Hand einen knorrigen Gehstock und murmelte verstört vom Kommen des Antichristen und dem nahen Ende der Welt. Dann vernahm man jäh einen Lärm vom Dorfe her und überall im Wald erhob sich als Antwort darauf verzweifeltes Angstgeschrei. Hatte der Kampf bereits begonnen? Ich drehte mich zu Peter um, doch er war verschwunden.

»Peter? Peter!«, rief ich nach ihm, doch es war hoffnungslos. Wie könnte er mich jemals inmitten all dieses tosenden Aufruhrs hören? So rannte ich weiter, entfernte mich von der verängstigten

Masse und steuerte ziellos ins Ungewisse. Als ich die Lagerfeuer weit hinter mir zurückgelassen hatte und mich die Dunkelheit des Waldes gänzlich verschluckt hatte, hörte ich plötzlich einen lauten Schrei. Er ließ mich stutzen; anders nämlich als der Lärm der Flüchtlinge kam er nicht vom Dorfe her, sondern von der anderen Seite des Waldes. Ein letztes Mal rief ich vergebens nach Peter. Dann zwang ich mich, diese kindliche Narrenhoffnung zu vergessen. Ich war allein und durfte nicht verzagen! Ich musste standhaft sein, fromm und standhaft! Denn wenn nämlich der Angriff der Unterländer im Dorfe nur eine Irreführung gewesen war und sie sich stattdessen verstohlen vom Wald her näherten, dann musste ich alle warnen gehen. Also galt es herauszufinden, wer da im finsteren Walde geschrien hatte.

Lange rannte ich durchs Unterholz. Plötzlich, meine Schuhe waren nass vom Schnee und meine Zehen schmerzten vor Kälte, fiel ich in einer kleinen Lichtung über etwas Großes und Schweres. Es war keine Wurzel oder Ranke und es war auch kein Tier. Der leblose Menschenkörper lag auf dem Bauch und die Blutlache um ihn herum war noch warm. Als ich vorsichtig die Leiche umdrehte, erkannte ich ihm fahlen Mondlicht das zu einem Schrei verzogene Gesicht Jörg Grebels.

Die Feder in meiner Hand zittert, während ich dies getreulich niederzuschreiben versuche, denn ich fühle jetzt noch – in diesen grauen Wintertagen meines welkenden Lebens –, wie das Herz mir bang wird, wenn ich daran zurückdenke. Freilich war es nicht das Schreckbild des Toten, das mich lähmte, nein. Derer zu viele hatte ich bereits erblickt in meinen jungen Jahren. Des Totentanzes Melodie ist unhörbar für die Sterblichen, denn nicht

von dieser Welt ist sie; wer weiß daher schon, wann der Tod uns zum letzten Reigen auffordert? Media in vita in morte sumus.
Mich erschreckte indes all das, was ich mit Jörg Grebels Tod gestorben glaubte. War dies das traurige Ende unserer Reise, die Niederlage unseres Kampfes für den Wandel? Lag tot zu meinen Füßen meine letzte Hoffnung auf ein Leben mit Sophie? Ach, es sollte alles anders kommen!

Starr vor Entsetzen war ich unfähig, die Augen vom Körper Jörg Grebels zu nehmen. Schwarz schien das Blut, das an seinem Mund und seiner aufgeschnittenen Kehle zu gerinnen begann. Die Lache am Boden hatte den Schnee rundherum schmelzen lassen und wurde zusehends stockig und zäh.
Was musste ich tun? Was konnte ich denn tun? Mein Atem ging immer schneller, mit jedem Herzschlag, der verstrich und in dem ich noch immer nicht wusste, was ich tun sollte. Schwindlig ward mir und ich versuchte, nicht zu wanken. Ich musste fromm und standhaft bleiben, egal, was geschah. Da hörte ich hinter mir ein plötzliches Rascheln im Gebüsch.
»Wer ist da?«, rief ich erschrocken. »Zeigt Euch!« Meine Stimme war hoch und von Furcht verzerrt. Die Stimme eines ängstlichen Kindes. Ich wiederholte, diesmal lauter und sicherer: »Wer verbirgt sich da? Zeigt Euch, Feigling!«
Hinter verschneiten Ästen trat ein Mann auf die Lichtung. Ich kannte ihn. Er hatte die Züge eines Wolfes.
»Sei beruhigt, junger Balthasar«, sagte Cajakob lächelnd. »Sieh, ich bin es nur!«
»Ihr?« Ich blickte von seiner hageren Gestalt auf die Leiche zu meinen Füßen hinunter. »Was ist geschehen?«

»Mit Grebel? Welch schmerzliches Unglück, nicht wahr?«
»Was habt Ihr mit ihm gemacht?«
»Ich? Oh, guter Balthasar, *ich* habe nichts mit ihm gemacht. Wir sprachen lediglich miteinander. Aber ich fürchte, Grebel ist seiner selbst Mörder.«
»Was?«
»Ich erklärte ihm seine Glaubensfehler als Täufer. Bitter ist die Erkenntnis, Balthasar, dass alles, woran man festhielt, sich als Lüge erweist. Und ein Sünder sieht angesichts der schmerzvollen Wahrheit keinen anderen Ausweg als die Sünde. Wahrlich eine Schande!«
Wortlos blickte ich auf den tiefen Schnitt, der Jörg Grebels Kehle sauber von Ohr zu Ohr durchzog. So viel war mit ihm gestorben. Wozu noch fromm und standhaft sein? Alles war vorbei!
»Komm, Balthasar, gehen wir weg von hier. Sein Seelenheil ist verloren und nichts können wir für seine sterblichen Überreste tun. Sie werden niemals in geweihter Erde ruhen. Mögen sich die Raben stattdessen ihrer annehmen«, sagte Cajakob und umfasste lächelnd meine Schultern. Sanft drückte er mich vorwärts. »Folge mir, Balthasar!«
Ich tat, wie mir geheißen. Doch ich bemerkte das Blut an seinen Händen.

Vierzehntes Kapitel

Zum ersten merkt euch über die Taufe: Die Taufe soll allen denen gegeben werden, die über die Buße und Änderung des Lebens belehrt worden sind und wahrhaftig glauben, dass ihre Sünden durch Christus hinweg genommen sind, und allen denen, die wandeln wollen in der Auferstehung Jesu Christi und mit ihm in den Tod begraben sein wollen, auf dass sie mit ihm auferstehen mögen, und allen denen, die es in solcher Meinung von uns begehren und von sich selbst aus fordern. Damit wird jede Kindertaufe ausgeschlossen, des Papstes höchster und erster Gräuel.

Michael Sattler: Brüderliche vereynigung etzlicher kinder Gottes / siben Artickel betreffend
Schleitheim, 1527

Seht euch vor vor den falschen Propheten, die in Schafskleidern zu euch kommen, inwendig aber sind sie reißende Wölfe.

Evangelium nach Matthäus 7,15

Worin ich Anhänger des Konrad Cajakob werde.

Sagt mir, geneigter Leser, wie kann ich rechtfertigen, was an Schandtaten in meinem Leben nun folgte? Vor Euch, vor mir, doch vor allem vor Ihm, der zur Rechten des Vaters sitzt und wiederkehren wird, zu richten die Lebenden und die Toten, am Tage des Jüngsten Gerichts, wenn die Erde nicht mehr sein wird? Confiteor Deo om-

nipotenti et vobis, fratres, quia peccavi nimis cogitatione, verbo, opere et omissione: mea culpa, mea culpa, mea maxima culpa!
Nun weiß man doch aber gut, wie einfach es ist, a posteriori die Fehler der Vergangenheit zu verurteilen, denn damals war es mir, als sei meine neue Rolle, ein stiller Mitwirker zu sein und auf ein möglichst baldiges und schmerzloses Ende allen Kummers zu hoffen. Als ich Peter wenig später bei den Lagerfeuern wiederfand, war es mir unmöglich, ihm meine Zweifel zu gestehen. So folgte ich ihm denn auch stumm, als er sich schon am nächsten Tag in die Reihen Cajakobs fügte. Peter war fromm und verlor den Glauben nicht. Ich sehe noch, wie das Feuer in seinem Blick aufloderte, als er mir sagte: »*Und sei's drum, Balzli. Dann vollbringen wir den Wandel halt an Cajakobs Seite!*« *Seine Reden und seine Standhaftigkeit weckten in mir die Hoffnung, dass vielleicht doch nicht alles verloren sei. Um Sophies willen würde ich weiterkämpfen, käme, was wolle ...*

Nun, wie heute jedermann weiß, war der Angriff der Unterländer und die geplante Entführung der neugläubigen Geistlichkeit nichts als ein Gerücht, eines freilich, das mehr Zwietracht und Hass in den religiösen Dialog säte, als es Schwerter wohl vermocht hätten. Wie es sich herausstellte, kam kein bewaffneter Trupp, sondern ein eilender Bote – der Landweibel aus Glarus – zu Pferd, um die Lage zu schlichten und um zu retten, was zu retten war. Als kein einfaches Unterfangen erwies es sich jedoch, die erregten Gemüter der Neugläubigen zu beruhigen.
Aber auch wenn sich der Angriff im Nachhinein als falsch erwies, so hatte die Kunde der lästerlichen Predigt und des Sakrilegs vom zweiten Oktober dennoch die Runde gemacht. Am achten desselbi-

gen Monats versammelte sich ein zweifacher Landrat, um Folgerungen aus dem Vorgefallenen zu ziehen. Man hieß die Häretiker aus dem Lande schwören. Erst nach viermaliger Tagung und gegen heftigsten Widerstand der Hinterländer Anhängerschaft wurde der Bann über die Prediger, ihre Diener und Kapläne ausgesprochen. Namentlich waren dies Pfarrer Tanner aus Betschwanden, Pfarrer Marti aus Matt, Pfarrer Johannes Schindler aus Schwanden und Pfarrer Kaspar Albertshofer aus Linthal, genau derselbige, der kurze Zeit darauf die Schlussreden der Berner Disputation unterschreiben sollte. Doch genug der Nebensächlichkeiten. Der Verlauf meiner eigenen Geschichte soll wieder aufgenommen werden, um mit meiner traurigen chronica *der Wahrheit zum Siege zu verhelfen. Doch will ich hier die folgenden, sich überstürzenden Ereignisse nur kurz und in groben Zügen wiedergeben, wenn sie auch damals über Tage hinweg geschahen, die bald zu Wochen und schließlich Monaten wurden. Der gnadenvolle Leser wird mir verzeihen, wenn er liest, wovon Zeuge zu sein ich bestimmt war.*

In den zwei Wochen, die nach diesem dritten Oktober vergingen, schneite es immer öfter, sodass, wohin man auch blickte, der Schnee alles mehrere Ellen hoch überdeckte.
Wir waren nicht weit gekommen. Ja, eigentlich waren wir noch in Schwanden, wenn auch weiter oben und weiter im Süden, als die Kirche stand, in einem hinteren Teil der Tagwe Thon, der zu klein war, um eine eigene Tagwe zu sein. Dennoch wurde die Gegend Obfurn genannt, das Gegenstück zum an der Talsohle gelegen Dörfchen Nidfurn, welches ebenfalls so nah an Schwanden war, dass die durch vereinzelte Höfe und Ställe gezogene Grenze

der Gemeinden zerfloss, wie ein Nadel- in einen Laubwald verschwimmt. Von Obfurn aus sah man über Schwanden ins Kleintal und gen Süden, an klaren Tagen bis zum fernen Tödiberg, welcher zu dieser Zeit herrlich weiß mit Frischschnee bedeckt war. Unzählige Höfe waren damals immer noch verlassen und standen leer, seit die Pest die Menschen in ihnen mit sich genommen hatte. So war es denn nicht schwer für uns, eine Unterkunft zu finden, als Schutz vor Wind und Wetter. Es war ein kahler, einfacher Bau mit einer kleinen Steinmauer, auf die kreuzweise Holzbalken gelegt worden waren, bis sie sich zu einem schlichten Dach trafen. Innen hatten wir die Hütte bis auf ein paar Mäuse leer aufgefunden. Besetzer, wie wir es waren.

In den ersten Tagen war das Leben in besagter Hütte sehr schwer. Ich erinnere mich an die eisige Kälte und wie es in der Nacht fürchterlich durch mehrere Löcher zog, und auch wie das Schlottern unserer Zähne uns gegenseitig aus den Fetzen kurzen Schlummers weckte. Immerfort hauchte ich meine Fingerspitzen an, denn sie waren blau und schmerzten, und niemand, der es nicht selber einmal erlebt hat, kann wissen, welch unwahrscheinliche Marter die Kälte unserem Körper ist. In der ersten Nacht dachte ich, dass ich meinen Tod finden würde, den Kältetod, vor dem man im Winter immer gewarnt wurde, bei dem man irgendwann die unsäglichen Schmerzen in den klammen Gliedern nicht mehr spürt und sanft entschläft in die Wärme der Ewigkeit.
Auch hatten wir Probleme mit unserer Versorgung. Das kleine Bächlein, bekannt als der Nidfurner Bach, welcher im unteren Dorf, bei der Grueb, in die Linth mündet, floss wegen der Kälte nicht mehr, und zum Trinken aßen wir deshalb Hände voll

Schnee und ließen ihn auf der Zunge zergehen, auch wenn dies – wie man weiß – nicht gut ist. Aber was tut man nicht alles, wenn der Durst die Kehle plagt! Und der Hunger, oh, der Hunger: Vier Tage lang aßen wir nichts außer ein kleines Stück des weindurchtränkten und nun trockenen Brotes, das Cajakob in der Kirche auf den Boden geworfen und Peter bei unserer Flucht eingesteckt hatte. Welch gallenbitterer Aberwitz! Doch wie man sagt, frisst der Teufel in der Not Fliegen, und so pickte selbst der Wolf die Krümel gierig und mit blaugefrorenen Händen vom staubigen Boden, als der Hunger in unser aller Bäuche schrie wie ein wildes Tier. Am fünften Tage zog Peter los und kam mit einem Laib Brot und einer Wurst zurück, die er im Dorf gestohlen hatte. Müdigkeit, Kälte und Hunger hatten mich inzwischen abgestumpft und eine bleierne Erschöpfung ließ mich den Diebstahl gleichgültig hinnehmen, den ich wenige Tage zuvor gewiss noch verurteilt hätte. Grimmig biss ich in die Kruste des Brotes, und ich stimmte sogar in das tolle Lachen Cajakobs ein, als er die Wurst mit einem blutigen Messer in Stücke schnitt.

Während wir in unserem Versteck dieses tierische Dasein fristeten, vollzog sich draußen die Verbannung der Pfarrer aus dem Lande. Cajakob ließ absichtlich einige Tage mehr verstreichen, ehe er uns losschickte. Er musste sicher sein, dass die Büttel des Rates Schwanden wieder verlassen hatten und nicht nach den Wiedertäufern suchten, von denen es hieß, dass sie spurlos verschwunden seien. Als sich aber der Staub um die unseligen Ereignisse gelegt hatte, zogen wir aus, um die Kunde zu verbreiten. Auf dem Sträßlein vor der leeren Kirche standen wir und eine kalte Bise trug unsere Wörter durch das ganze Dorf: In Obfurn werde den Ge-

rechten der neue Glaube weiterhin gepredigt. Es sollen alle ihr Herz prüfen, und wer fromm und standhaft sei, solle dem Rufe folgen!

Kurze Zeit nur musste ins Land ziehen, um unseren Stall zu einem vielbesuchten Gotteshaus zu machen. Die Menschen kamen von weit her, um – versteckt wie die ersten Christen in den Katakomben zu Rom – andächtig den feurigen Predigten des wolfshaften Täufers zu lauschen. Das Hinterland war nach der Verbannung beinah priesterlos, und so war der Zusammenhalt groß unter den Neugläubigen. Sie brachten uns Stroh und Decken, auf denen wir schlafen konnten, einen grob gezimmerten Holztisch, der uns als Altar und Lesepult diente, sowie mehrere Hocker und Stühle, auf die sich die älteren Zuhörer setzen konnten. Mit losen Steinen bauten wir an die Mauer im Nebenraum eine einfache Vorrichtung, um ein offenes Feuer in der Art der Schwarzküche unterhalten zu können, sodass wir zumindest heizen und kochen konnten. Zwar musste immer jemand das Feuer überwachen, sodass es nicht auf das Holz des Stalls überspringe, und der Rauch und der Ruß färbten den gesamten Nebenraum innert Wochen pechschwarz, aber man vergaß all die Müh', wenn man die zitternden Hände am Feuer wärmen und wenn man eine warme Speise zu sich nehmen konnte. Vielfach brachten die Bauern, die die Predigten besuchten, etwas Essbares mit, und so kochten wir eine Suppe aus verschiedensten Zutaten, die dann alle nach dem Gottesdienst brüderlich aßen. Wenn man Glück hatte, ergatterte man im trüben Wasser der Suppe ein Stück von einer eingesottenen Innerei, meistens jedoch nur eine fade Karotte oder ein bisschen wässrigen Kohl. Ich weiß nicht, wie viele Neugläubige zu uns kamen, denn die Besucherzahl änderte sich ständig, je nach Tag und Wetter; doch waren es mehrere Dutzend. Und stets versetzte Cajakob sie in einen fiebernden Sinnestaumel, wenn er mit lauter und feuriger Stimme predigte: »In euren Gesichtern, liebste Brüder im Geiste, sehe ich die strahlende Zukunft der Welt gezeichnet, die doch so von von Lüge, Meineid, Habgier und Hoffart verdorben erscheint! Höret gut zu, Brüder, denn ich hatte einst als junger Priester ein Traumbild. Und was ich damals in diesem Gesichte sah, war der Wandel! Ich sah in meiner Hellsichtigkeit, wie die Pfeiler, welche das Lügengefüge der Päpste über tausend Jahre trugen, tosend einstürzten, um sie unter sich zu begraben, als Diener des schnöden Mammons und des großen, roten Drachen höchstselbst, der sieben Häupter hat und zehn Hörner und auf seinen sieben Häuptern sieben Kronen! Und wenn dann all ihre Sünde hinweggefegt ist wie einst Sodom und Gomorrha, dann wird sich aus der Asche und dem Staub die Gemeinschaft der Gerechten erheben, rein im Glauben an Gottes Gnade, wie zu Anfang, im Kreise Jesu Christi. Und in diesem neuen Kapitel der Weltgeschichte werden wir alle gleich sein! Reichtum, Ämter und die Herkunft werden nichts mehr bedeuten, ja, die Stände, in die wir hineingeboren wurden, werden nicht mehr sein! Nur noch eines wird zählen, Brüder, nämlich der Glaube an Gott und seine Gnade, die uns ins Himmelreich führen wird. Daher aber fürchtet uns die altgläubige Obrigkeit! Sie ist es gewohnt, uns zu benutzen wie Spielsteine auf einem ihrer Schachbretter. Fürwahr, das Leben ist ein Schachspiel, doch sie vergessen, dass nach Spielende der König und der Bauer in dieselbe Kiste zurückgelegt werden! Vor Gott und sub specie aeternitatis *ist Reichtum bedeutungslos. Und sagt uns denn nicht die Bibel ebendies? Wann predigte unser Herr Jesus jemals vom Ablasshandel? Vertrieb er nicht viel eher die Händler und raffgierigen Geldwechsler bei der Tempelreinigung aus dem Hause des Herrn? Der Tempel ist kein Kaufhaus, und dennoch verhalten sich die Stellvertreter Christi auf Erden wie jüdische Wucherer, die uns aussaugen wie Blutegel! Nichts von alledem steht in der Heiligen Schrift, auf die wir uns als Einziges verlassen können, denn durch sie spricht Gott mit uns;* sola scriptura!«

Und die Menschen im Stalle schüttelten empört die Köpfe und gedachten all der Ungerechtigkeit, die ihnen durch Mutter Kirche widerfahren worden war. Nichts wussten diese armen Bauern von dem Papst, der im fernen caput mundi *den mehr als tausendjährigen Bau Konstantins niederreißen ließ, um sich über dem Grabe des Apostels Petrus einen noch gewaltigeren Palast zu erbauen, dessen Kosten von den Christen aller Welt getragen werden mussten; aber wenn Cajakob wölfisch kläffend von ihm sprach, dann sahen sie ihn vor sich und rochen in ihrer inbrünstigen Wut den Schwefel, der von diesem judenfratzigen Häresiarchen auszugehen schien.*

Doch noch weiter predigte Cajakob: »Dieser Wandel, den ich damals sah, ereignete sich weder in den Klöstern noch den Kathedralen und auch nicht in den fernen Universitäten, wo sie ewig um dieselben theologischen Streitfragen disputieren, bis sie alle alt, grau und tot im Geiste sind. Er vollzog sich in den Stuben der kleinen Häuser, in den Hinterhöfen der Städte und auf den Plätzen der Dörfer, denn der Wandel gehört dem Volk! Und Gott *erwies mir in der Gnade seiner Offenbarung einen Blick auf den Beginn dieses ruhmvollen Wandels, und wisst ihr, was ich sah? Ich sah diesen Stall in Obfurn und ich sah euch, wie ihr jetzt vor mir steht! Begleitet mich, Brüder und Schwestern, auf dass sich mein Traum und damit auch Gottes Wille erfülle! Kommt mit mir und bringet den Wandel über die Welt!«*

An dieser Stelle angelangt, fiel er auf die Knie, und die überwältigten Menschen im Stall taten es ihm gleich, denn seine Worte hatten sie berührt und es war, als hätte Gott ihm die Worte in den Mund gelegt. Man sah Glückstränen heiliger Verzückung in den Gesichtern der Zuhörer, und die Bauern nahmen ihre Frauen in ihre starken Hände und schlugen demütig die Augen nieder.

»Wenn ihr wahrlich bereit seid, den Wandel zu vollführen, dann geht heute den ersten Schritt, um den falschen Schein güldenen Lacks vom Glaube zu entfernen: Lasst euren Schmuck und eure Ketten hier und entledigt euch der Sünde des verschwenderischen Prunks, der fälschlicherweise mit Gott verbunden wurde. Weder im Gold noch im Silber offenbart sich uns der Herr, sondern nur im Worte! Bringt somit auch die falschen Götzen, die Bilder der sogenannt Heiligen und vergesst diese verkehrten Bräuche. Sind wir denn Heiden, dass wir wie vor langer Zeit verschiedene Götter anbeten? Nein, wir sind Christen und kennen nur einen Gott! Wenn ihr also tatsächlich gerechte Kämpfer dieses Wandels seid, tretet vor und bekennt vor mir euren Glauben. Bekennt reinen Herzens, dass ihr glaubt, und gebt damit ein Einverständnis, das ihr als meinungs- und wehrlose Kinder nicht geben konntet. Tretet vor, Brüder, und lasst euch hier und jetzt von mir taufen; zum ersten und wahren Mal.«

Alle stellten sich daraufhin in eine Reihe und ließen sich taufen, einer nach dem anderen. Selten glaubte ich, dem Paradies näher zu sein, als ich mich dort zu Jesus Christus bekannte und der Täufer mir das geweihte Wasser über die Stirn goss. Und die Menschen im Stalle strahlten im Gefühl, etwas Großartigem und Gottgefälligem beigewohnt zu haben. Die Frauen überdies, diejenigen wenigen, die etwas bei sich trugen, vielleicht ein Kreuz an einer Kette, ließen es zu Füßen Cajakobs liegen, und fast alle brachten sie am nächsten Tag ihre Heiligenfiguren, ihre Kruzifixe und sonstige jetzt falschen Götzen. Aber ich beobachtete, wie Cajakob am Ende jeden Tages die verstreuten Dinge zusammenlas und in einen großen Sack packte. Fromm und standhaft, wie ich sein wollte, verschloss ich davor die Augen.

Unter den vielen Menschen, die den Predigten in unserer Hütte lauschten, bildete sich ein Kern von Gefolgsleuten, welcher sich als treu und ergeben erwies. Das Feuer in Cajakobs Worten hatte ihre Herzen entfacht und es drängte sie, für diesen vielbeschworenen Wandel zu kämpfen, von dem sie sich so viel erhofften. Sie sahen in Cajakob einen Propheten Gottes und sie ließen ihr Leben zurück, einzig, um ihm untertänig zu dienen. Einer nach dem anderen zogen sie zu uns in den Stall, und so scharte Cajakob – während die Wochen verstrichen, Schneestürme bliesen und Lawinen ins Tal tosten – nach und nach eine Gruppe von zwölf getreuen Anhängern um sich, die er in Anlehnung an die frühe Anhängerschaft Jesu seine Jünger nannte. Es waren dies junge Männer aus der Umgebung, einst gewöhnliche Bauern und Handwerker, jetzt entschlossene Kämpfer einer besseren Welt. Weil Peter und ich seine ersten Knechte und Diener gewesen wa-

ren, genossen wir immerzu eine spezielle Zuneigung des Wolfes; insbesondere Peter, welcher allen voran sein liebster Jünger schien und dem er am meisten Vertrauen und Liebe entgegenbrachte. Und obwohl wir alle gleichgestellt waren und somit in unserer Gemeinschaft einen Vorgeschmack der Welt erhielten, wie sie nach dem Wandel sein würde, wage ich nicht nachzuerzählen, mit welchen Mitteln im entfachenden Wettbewerb um die Gunst Cajakobs gebuhlt wurde.

Mannigfaltig waren die Aufgaben, die wir in seinem Dienste tun mussten, und das Ende des Jahres 1527 verwehte schnell im kalten Winde des Winters, während sich der Schnee in Obfurn viele Ellen hoch häufte. Als sich das Weihnachtsfest näherte, wurde der Platz immer enger im Stalle, denn viele kamen von weit her gepilgert, um in unserem Tempel des neuen Glaubens der Geburt des Heilands zu gedenken. An Heiligabend sowie auch am Stephanitag und Sankt Silvester waren es so viele, dass es keinen Platz zum Sitzen gab und wir im Stehen das Mahl zu uns nehmen mussten.

Wohlan, das Unheil kündete sich damals schon an, und im Rückblick erstaunt es mich, wie wir es als ketzerisch verschriene Sekte schafften, so lange von der Obrigkeit unbehelligt zu bleiben. Gewiss waren wir immer sehr vorsichtig, und wahrscheinlich nahm der Rat zu Glarus die wenigen geflüsterten Gerüchte über uns nicht ernst. Cajakob indes sah es als Zeichen von Gottes Gnade. Der Herr, so sagte er, habe seinen schützenden Schirm über uns ausgebreitet. Er irrte, wo es doch des Teufels Schatten war, der sich längst über uns gelegt hatte.

Fünfzehntes Kapitel

Weh euch, Schriftgelehrte und Pharisäer, ihr Heuchler, die ihr Land und Meer durchzieht, um einen Proselyten zu machen; und wenn er's geworden ist, macht ihr aus ihm ein Kind der Hölle, doppelt so schlimm wie ihr.

Evangelium nach Matthäus 23,15

Worin wir unseren Tempel verlassen und Matt erreichen.

Anno Domini nostri Iesu Christi 1528, das entscheidende Jahr meiner chronica *sowie der voranschreitenden Reformation, begann für die Geschichtsschreiber in Bern. Dort fand nämlich den ganzen Jänner lang die große und bedeutende Berner Disputation statt, wo – wie schon früher in Baden – viel über theologische Grundsätze geredet und gestritten wurde. Ihr wohnte Zwingli höchstselbst bei, der mit einer Garde von vierhundert Bewaffneten den Gang aus seiner neugläubigen Hochburg Zürich wagte. Auch einer aus unserem Lande ging, der Predicant Fridolin Brunner, ehemaliger Pfarrer zu Mollis, dessen Bekanntschaft ich erstmals in Glarus gemacht hatte, als Peter und ich sein Streitgespräch mit dem seligen Jörg Grebel belauscht hatten.*
Nun, bekanntlich ging die Disputation mit einem Sieg für den neuen Glauben aus: Bern wurde evangelisch und weg waren die Messe, die Bilder, der geistliche Stand und der Zölibat; vorbei war die alte Ordnung! Welch eine erfreuliche Botschaft für uns,

die wir noch immer in unserem Stalle lebten. Unser findiger Meister wusste diesen Umstand zu nutzen. Er fügte ihn trefflich in seine Zukunftsbilder ein und bestärkte uns alle in der Vorstellung, er sei ein gottgesandter Seher, gesegnet mit der Gabe der Prophetie.

Das Jahr 1528 begann für uns auch mit der Sorge um unseren kleinen Tempel, da der tägliche Zulauf von immer mehr Menschen aus den nun priesterlosen Ortschaften Matt, Betschwanden und Schwanden nämlich je länger, je mehr doch nicht unbemerkt blieb. Man hatte mittlerweile ein sorgenvolles und strenges Auge auf uns geworfen, und wie ich später erfuhr, hatte sogar der Rat getagt, um sich über die Umtriebe und lästerlichen Gruppierungen zu besprechen, die man da und dort beobachten könne und die gewiss noch gefährlicher und aufsässiger seien, als es die im Oktober verbannten Pfarrer gewesen waren. Wie viel gefährlicher und aufsässiger wir tatsächlich waren, sollten sie erst noch herausfinden, nämlich in der dritten Februarwoche besagten Jahres, als wir erfuhren, dass Fridolin Brunner von Bern zurückgekehrt war und seine Stelle in Mollis aufgegeben hatte, um fortan in Matt zu predigen.

Der Schnee in Obfurn war höher als ich selbst, und weder der Nidfurnbach noch der kleine Weiler, der sich kaum zwei Steinwürfe weit von unserem Stall entfernt befand, waren noch sichtbar, als ich am Morgen des zwanzigsten Februars aus dem Stall trat. Der Schnee fiel in dicken Flocken vom Himmel.

Im Innern der Hütte waren die anderen elf Jünger mit Aufräumarbeiten beschäftigt. Wir mussten packen, da wir gestern erfahren hatten, dass der Ammann Aebli jemanden herschicken *dieser Reise an mit mir, und seit dem Anfang folgst du mir treu und ergeben und unter allen bist du mir der Liebste. Deshalb sollst du von nun an Johannes heißen, wie Johannes, der Sohn des Zebedäus.«* Peter schloss die Augen, sprach Amen und küsste mit noch vor Weihwasser feuchten Lippen dem Täufer die Hand. Dann, als Letztes, war er zu mir gekommen: *»Balthasar, du bist wahrlich der Wunderlichste und Unergründlichste von allen hier, und dich einzuschätzen, fällt mir heut wie damals schwer. Dein Herz und deine Beweggründe bleiben mir ein verhülltes Rätsel, und ich denke zuweilen, dass du selbst nicht weißt, was du eigentlich willst. In dir sehe ich den Keim zu allem, Balthasar: feuriger Kämpfer und verwegener Verräter. Deshalb – und in der tiefen Hoffnung, dass du ihn als unverdient beweisest! – gebe ich dir den Namen Judas Ischariot, dessen, der unseren Herrn überlieferte!«*

Und ich armseliger Narr hatte es Peter nachgetan und im Flüsterton gesprochen: »Ihr seid gütig, Herr, dass Ihr mir die Möglichkeit gebt, Zeugnis meiner Frömmigkeit und Standhaftigkeit abzulegen. Ich werde mein Bestes geben, Euch nicht zu enttäuschen!«

»Fürwahr, ich bin gütig!«, hatte Cajakob daraufhin zufrieden gemeint, nun wieder an alle gewandt. *»Und auch ich werde einen neuen Namen annehmen, nämlich den des guten Hirten. Ihr sollt meine Herde sein und ich will euch führen, denn ihr seid die Meinen. Und ich habe noch andere Schafe, die sind nicht aus diesem Stall; auch sie muss ich herführen, und sie werden meine Stimme hören, und es wird* eine *Herde und* ein *Hirte werden. Hiermit gebe ich mir den Namen des Herrn im alten Griechisch: Kyrios. Und so sollet ihr mich von nun an nennen!«*

Er breitete seine Arme aus, während er dies sprach und sich selbst das Wasser über das Haupt träufelte. Dann lächelte er in seine Herde zu seinen Füßen, und ich fand, dass er, der sich dort der gute Hirte nannte, nie so sehr einem Wolf geglichen hatte wie in diesem Augenblicke. Und doch neigte ich mein Haupt vor ihm und ließ mit meinem Namen so viel meiner selbst zurück. O Domine Deus, dimitte mihi peccata mea!

Wir reisten noch am selben Tag ab. Kyrios entschied, den Hausrat zurückzulassen, da er dort, wohin wir gingen, nicht vonnöten war. Was wir jedoch – auf zwei Leinensäcke und Jünger verteilt – mitnahmen, waren die Götzenbilder und anderen Habseligkeiten, welche die Neugläubigen des Hinterlandes zu Füßen unseres Herrn gelassen hatten, als er ihnen ihre Falschheit und Nutzlosigkeit angesichts Gottes Gnade versichert hatte. Als ich ihn auf dem Abstieg durch den Schnee vom Thon nach Schwanden fragte, warum wir sie denn mitnähmen und nicht einfach zurückließen, meinte er: »Weil das einfache Volk habgierig ist, Judas! Das glänzende Edelmetall verzückt sein Herz zuweilen mehr als das Wort Gottes! Wir hindern das Volk deshalb daran, das Kleinod wieder an sich zu nehmen und in Sünde zurückzufallen, indem wir es an einen von mir ersonnenen und vorbestimmten Ort bringen. Aber sorge dich nicht, und vor allem: Sei nicht so neugierig! Folge meinen Befehlen und hinterfrage nicht, Judas Ischariot, dann wird alles gut kommen!«
Ich nickte unterwürfig und reihte mich wieder unter die anderen Jünger. Peter zupfte mich am Ärmel meiner neuen, von einer gläubigen Schneiderin aus Luchsingen geschneiderten schwarzen Kutte.

»Stürz dich nicht selbst ins Unglück und frage nicht solche Sachen, Balz… ich meine Judas! Du weißt, dass er es nicht mag!«, schimpfte er streng mit mir. »Tu, was er sagt«, ergänzte er, »und er wird dich lieben wie mich!«

In meinen Augenwinkeln sah ich, wie einige Jünger auf seine Worte hin heftig tuschelten und wie vor allem Simon Petrus ihm böse Blicke zuwarf. Ich tat, als bemerkte ich sie nicht, und zog die Kapuze tief ins Gesicht, um mich vor dem Schnee und solchen Neidereien zu schützen. Von beidem hatte es mir zu viel in letzter Zeit.

Wir kamen unbemerkt durch Schwanden und nahmen nicht die Handelsstraße am linken Linthufer entlang, die sogenannte »Straße nach Zürich«. Wir nahmen die Straße, die es eher Pfad genannt zu werden sich geziemt, jene, die stetig steigend in das tief verschneite, enge Tal des Sernfs führt, das sogenannte Kleintal. Unser Marsch war beschwerlich und von Gefahren gesäumt, da zuweilen Lawinen den Weg unpassierbar gemacht hatten und weite Teile der Straße mit Glatteis überzogen waren. Am frühen Nachmittag ließen wir das Dorf Engi hinter uns und zogen durch den weiträumigeren Kessel, der zwischen uns und Matt lag. Ich hielt den Kopf gesenkt und starrte stieren Blickes auf die Spuren, die der vordere Jünger im Schnee hinterließ. Das Knirschen unter den Füßen erfüllte die kalte Luft, und Reif lag auf den blattlosen Ästen. In einem früheren Leben, so glaubte ich mich schwach zu erinnern, hatte ich oft und gerne die Schönheit der Natur bewundert. Nun bemerkte ich, wie es mir sogar schwerfiel, den Kopf zu heben, um die kristallenen, vereisten Wasserfälle zu betrachten, die man hie und da sah. Sie verzauberten mich nicht mehr. Der Zauber des Unbekannten war verblasst. Angesichts unserer Aufgabe war alles andere nebensächlich geworden; die Welt hatte ihren Glanz und das Leben seinen Reiz verloren. In den Stunden der Stille fühlte ich mich taub und leer.

»Wir haben es geschafft, liebe Jünger. Das hier vor euch ist Matt!«, verkündete Kyrios freudig kläffend. Die Dämmerung hatte sich bereits über das Dorf gelegt. Matt war eine kleine Siedlung, augenscheinlich ausschließlich von Bauern bewohnt. Wir sahen keine Menschenseele, als wir die Straßen durchschritten. Aus den Schornsteinen der Häuschen und Hütten trat Rauch, und wenn wir dicht an ihnen vorbeigingen, konnten wir riechen, wie drinnen das Abendbrot gekocht wurde, denn es duftete nach winterlichen Speisen wie Gersten-, Brot- und Mehlsuppen, Dinkelbrei oder Eintöpfen. Unser guter Hirte Kyrios ließ sich jedoch nicht beirren und führte uns durch den durch Mist, Pferde- und Hundedreck verunreinigten Schnee der Straßen zu einem kleinen Haus neben der Kirche von Matt. Wir folgten ihm mit tief ins Gesicht gezogenen Kapuzen zur Türe, wo er mit dem Türklopfer gegen das Holz hämmerte und rief: »Fridolin Brunner, öffnet Eure Pforten! Es sind gottesfürchtige Schäflein an Eurer Türe, denen es nach Asyl und Obdach verlangt!«
Nach kurzer Zeit öffnete Fridolin Brunner. Der neue Pfarrherr von Matt war so, wie ich ihn in Erinnerung behalten hatte. In weite und würdevolle Pfarrkleider gehüllt wirkte er noch dürrer als letztes Mal, doch seine Augen blitzten immer noch gleich misstrauisch über seine gebogene Adlernase hinweg. Er runzelte die Stirn und hielt die Kerze in seiner Hand in die Höhe, um besser zu sehen.

»Wer seid Ihr?«, fragte er. Kyrios nahm die Kapuze ab und das Licht warf tiefe Schatten in die furchigen Narben seines Gesichts und die Falten unter seinen Augen. Hinter dem wilden, buschigen Bart lächelte er sein wölfisches Grinsen.

»Ich darf mich vorstellen? Es steht vor Euch Konrad Cajakob aus Bonaduz, Prediger von Schwanden seit dem Fortgang Johannes Schindlers.«

Fridolin Brunner argwöhnte: »Man hat mir von vielem erzählt, was seit Johannes' Verbannung in Schwanden vorgegangen sei. Euer Ruf eilt Euch voraus.«

»Und wovon kündet er?«

»Wohlmeinende Zungen loben das Feuer Eurer Worte und die Hellsichtigkeit Eures Geistes. Böse hingegen brandmarken Euch als Schwindler und Wiedertäufer!«

»Nun, ich teile wohl das Los Johannes' des Täufers, denn all dies wurde auch ihm nachgesagt. Aber Ihr wisst ja, was das einfache Volk in seiner Unkenntnis redet.«

»Gewiss. Und man darf ihm dabei keinen Vorwurf machen, zumal die Grenzen zu Schwindlern und selbsternannten Propheten fließend sind.«

»Findet Ihr?«

»Ja, das Wasser der Wiedertäufer verwischt sie beinah zur Unkenntlichkeit!«

»Seid nicht so eilfertig mit einem Urteil zur Hand!«

»Seid Ihr denn keiner? Kamt Ihr denn nicht zeitgleich mit Jörg Grebel ins Land?«

»Ich teilte weder die Ansichten noch den Pfad dieses Mannes, wenn Euch dies beruhigt. Und ich bitte Euch, Euer Augenmerk auf die Gemeinsamkeiten zu lenken, die uns verbinden, denn wir

stehen auf derselben Seite des Schlachtfelds. Auch ich hörte von Euch. Man erzählte mir von Eurem Bemühen in Mollis, einem Dorf, das traurig nahe am Brandherd der Altgläubigkeit liegt, diesem verruchten Näfels. Ebenso erfuhr ich von Euren jüngsten Taten in Bern, Taten, welche die Zeiten überdauern werden!«
»Und worin ließe sich mein Werdegang mit dem Euren vergleichen?«
»Ihr wart teilhaftig am Siege, der zu Bern errungen wurde, und wir sind hier, um denselbigen Sieg hier in Matt zu bringen. Der einzige Unterschied ist, dass es diese Schlacht noch zu schlagen gilt.«

Die Pfarrhäuser waren seit jeher grausige und elende Gebäude und teils auch der Grund, weshalb Ulrich Zwingli 1516 Glarus verlassen hatte, obwohl man ihm bei seinem Fortgang versprochen hatte, »das Beste zutun mit dem haus bauen«.
In der zerfallenden Bruchbude Fridolin Brunners verhielten wir uns wie die Heuschrecken, die mit dem Ostwind über Ägypten kamen, denn wie sie dazumal bedeckten wir den Erdboden so dicht, dass er ganz dunkel ward. Und wir fraßen alles, was in der Küche war, und alle Vorräte in den Kammern und ließen nichts Essbares übrig im Keller und auf dem Tische. Verzeiht, es geht vielleicht meine Phantasie mit mir durch und ich merke, wie ich unbewusst die Heilige Schrift rezitiere, aber flegelhaft und wider die guten Sitten verhielten wir uns allemal.
Fridolin Brunner war irgendwann mit seiner Geduld derart am Ende, dass er sich erschöpft hinsetzte und zitternd unserem Meister das Versprechen gab, die morgige Sonntagspredigt ihm zu überlassen. Während wir uns weiterhin wie eine Höllenbrut ver-

hielten, schlief Fridolin Brunner ein, und rückblickend war es doch ein großes Glück, dass ihn an diesem Abend nicht gerade der Schlag traf.

Sechzehntes Kapitel

Also kam es darzu, dass Sie zu Math etliche Bilder zerschlugend, und in der Kilchen zerhuwend.

Chronik des Valentin Tschudi

Worin der Bildersturm zu Matt geschieht.

Die Gemeinde Matt – die dank der Bewirtschaftung und Sennerei in Egg, Riseten, den Weißebergen und im Krauchtal, der größten Alp des ganzen Landes Glarus, zu einigem Reichtum gelangt war – hatte sich wenige Jahre zuvor wertvolle Kirchenschätze zugelegt, die das Gotteshaus überaus prunkvoll zierten. So wie die anno 1497 wunderschön erneuerte Holzdecke im modernen Stil, die uns begrüßte, als wir am nächsten Morgen in der vordersten Reihe des vollen Gotteshauses saßen. Kyrios ging zur Kanzel und Fridolin Brunner schaute besorgt zu, wie der Wiedertäufer das Wort an seine Gemeinde richtete und dabei alles veränderte.

Die Stimme des Wolfes hallte laut und ergreifend durch das Kirchenschiff zu Matt. In seiner Hand hielt er die *Zürcher Bibel* und er hob die Faust, während er die so bedeutungsschwangeren Auszüge aus dem zweiten Buch Mose las. Denn als nach dem Exodus des Volks Gottes aus Ägypten Moses auf dem Berge Sinai die Steintafeln erhielt, sprach der Herr zu ihm. Und

Kyrios las die Stimme des Herrn mit der Gewalt rollenden Donnergrollens, die unsere Herzen erschütterte. Er las: »Und Gott redete alle diese Worte: Ich bin der Herr, dein Gott, der ich dich aus Ägyptenland, aus der Knechtschaft, geführt habe. Du sollst keine anderen Götter haben neben mir. Du sollst dir kein Bildnis noch irgendein Gleichnis machen, weder von dem, was oben im Himmel, noch von dem, was unten auf Erden, noch von dem, was im Wasser unter der Erde ist: Bete sie nicht an und diene ihnen nicht! Denn ich, der Herr, dein Gott, bin ein eifernder Gott, der die Missetat der Väter heimsucht bis ins dritte und vierte Glied an den Kindern derer, die mich hassen, aber Barmherzigkeit erweist an vielen Tausenden, die mich lieben und meine Gebote halten.«

Und als er dies gesprochen hatte, ja, wie er noch sprach, wich er von der Kanzel, rannte die wenigen Treppenstufen hinunter zur westlichen Wand der Kirche, wo ein mit Ölfarben gemaltes Bildnis vom Heiligen Martin hing, welches zeigte, wie der Heilige seinen Mantel vom Pferde aus in zwei Teile schnitt, und das in einen prächtigen, vergoldeten Rahmen eingefasst war. Diesen ergriff er auf beiden Seiten, hob das Bild über seinen Kopf, und wie schon in Schwanden schrie er auf, als er es mit solcher Wucht zu Boden schmetterte, dass der hölzerne Rahmen in viele Teile zerfiel und das Bild kaputtging. Er schnaubte laut und Geifer lief ihm über die Lefzen, als er sich zur erstarrten Gemeinde umdrehte. Der Wolf lachte grimmig.

»Sie haben euch alle belogen, als sie vom Fegefeuer sprachen, beraubt, als sie vom Ablass predigten, und euch zu Sünden verleitet, indem sie euch tote Abbilder anbeten ließen, wo doch so klar und deutlich mit Gottes eigenen Worten geschrieben steht, dass dies eine Untat ist, mehr noch: eine Missachtung seiner Gebote! Oh, ihr sündigtet, nicht wahr? Ihr betetet sie an und dientet ihnen, ihr zündetet Kerzen unter den Heiligenbildern an, um Sturm und Hagel, Missernten und Krankheiten fernzuhalten. Und selbst eure Kindeskinder werden sich dafür vom Zorn des eifernden Gottes gejagt wissen; eure Abgötterei wird ihr Verderben sein! Doch verzagt nicht, Brüder, denn der Herr erkennt die Seinen und die Gnade Seiner Barmherzigkeit ereilt die Gerechten! Macht euch ihrer würdig und werft die Ketten der Sünde ab. Tretet vor und helft mir, zu tun, was in Zürich und Bern bereits vollbracht wurde: Zerschlagt die Bilder, stecht den Götzen die Augen aus, verbrennt die Gemälde!«

Johannes zögerte keinen Augenblick. Er löste sich aus der Starre, die uns alle befallen hatte, und holte noch im Gehen einen Dolch aus den Falten seiner Kutte. An den Bruchstücken des zerstörten Bildnisses angelangt, begann er wild mit dem Messer auf die Augen des Heiligen Martin zu stechen. Er schrie unbeherrscht bei jedem Schlag, und unter seinen Schreien ergossen sich alle Jünger wie eine Sturmwelle über die Schätze der Kirche. Der Altar wurde gestürmt und das große bronzene Kruzifix von der Wand gerissen. Die Menschen aus Matt waren entweder vor Angst geflohen oder schlossen sich dem Tanz der Zerstörung an. Jemand hatte stramme Hanfseile geholt, welche um das Steinbild des Heiligen Fridolins geworfen und gebunden wurden.

»Betet sie nicht an und dient ihnen nicht, sondern holt sie herunter!«, schrie Kyrios.

Jünger und Bauern, Knechte und Handwerker zogen gemeinsam, bis der Landesheilige von seinem Sockel kippte und auf dem Boden der Kirche aufschlug. Er zerbarst mit lautem Getöse in mehrere Teile, und vom Stein, aus dem er bestanden hatte, blieb nichts als Schutt und eine Staubwolke.

»Zeig mir nun, aus welchem Holz du geschnitzt bist, Judas Ischariot!«, befahl mir Kyrios und schlug mir beim Vorbeigehen auf den Hinterkopf. Und ich ließ mich treiben im Sturm des Augenblicks, im Rausch der Gewalt. In meinen Händen hielt ich ein Bruchstück von Fridolins steinernem Kopf und mit ihm zerschlug ich ein Gemälde des Heiligen Gallus, wie man ihn predigen sah in seiner Mönchskutte und mit dem Bär. Unentwegt dachte ich daran, welch gottgefällige Großtat wir hier vollbrachten und wie man noch in Hunderten von Jahren in Liedern davon singen würde. Ich erschlug Goliath mit dem Stein und David hintendrein und ich genoss es, mit der rauen Fläche des Steines Petrus' Schlüssel des Himmelreichs wegzukratzen und ihm nachher das Antlitz gänzlich zu zerhauen, sodass nichts als zerborstene Holzsplitter von seinem einstigen Bilde kündeten. Auch Johannes und die anderen genossen es, denn sie schrien verzückt und lachten berauscht. Simon Petrus zerstörte mit der Wut eines wilden Stieres, als wenn er dafür geboren wäre. Ein buntes Kirchenfenster, welches den mit dem Drachen kämpfenden Georg zeigte, zersprang laut klirrend in tausend Scherben, als es von seinem Stein getroffen wurde. Hinter dem gläsernen Regen, der auf den Kirchboden fiel, sah ich Kyrios. Er stand am Altar und packte alle güldenen und silbernen Kirchenschätze, die er finden konnte, in einen der großen Leinensäcke.

Höchster Richter, so viele Jahre sind seither vergangen, und alle Menschen, die damals mit mir wanderten im finstern Tal, hast Du längst zu Dir genommen. Dennoch, und durch all die Jahre der Reue hinweg, fühl' ich bitterlich die erdrückende Schuld. Oh, ihre Last wiegt schwer auf meinen greisen, kummergebeugten Schultern. Und vielleicht hoffe ich, dass mit dieser chronica *und meinem Beitrag zur Wahrheit, mit dem Kratzen der Feder auf dem Papier und dem Trocknen der Tinte, ein Teil dieser Schuld ausgesühnt wird. Jedes Wort ist schmerzvolle Buße.* Dominus, eripe mihi hunc dolorem, aut minue saltem. Amen.

Siebenzehntes Kapitel

Und am Frytag [...] in der nacht, Brachend etlich zu Schwanden in die Kilchen, und trugend drauß den mehrtheil Bilder, und wurfend Sie in die Linth, erbrachend die Fahnen, vertrugend die möschinnen Kertzenstöck. Darnach am Sonntag was die alt Fassnacht, Versambleten die von Math die underthanen und rathschlageten, dass Sie ihre Bilder nach dem morgenbrot verbranten, so kostlich waren und ein groß gelt in Kurzem gestanden, und auß der Tafflen Corpus machtend etlich Almmengen drauß. Auß solchen Händlen entsprung nur ein großer unwillen im land, dann diss der Zusagung, [...], gar unglych was.

Chronik des Valentin Tschudi

Worin wir nach Schwanden zurückkehren und
die nächste Kirche säubern.

Fridolin Brunner unternahm lange nichts, und ich frage mich, ob er schlichtweg zu verängstigt und entgeistert war oder ob es ihm gar nicht missfiel, was vor seinen Augen mit seiner Kirche geschah. Es war ja ebendies vor Jahren schon in Zürich geschehen, von Wittenberg im Sächsischen nicht zu sprechen, und Bern hatte sich Anfang des Jahres auch seiner Bilder entledigt. Es geschah unweigerlich überall dort, wo die neue Lehre vom Volke gutgeheißen wurde. Wenn es Fridolin Brunner gefiel, dann war er sich jedoch immer noch zu schade, um selbst mitzuhelfen. Ja, zu guter

Letzt hielt er uns gar auf und beschwor uns einzuhalten, nicht dass wir im Eifer selbst die altehrwürdigen Gemäuer der Kirche niederreißen würden. Somit ist auch erklärt, weshalb einige Bilder den damaligen Tag unbeschadet überstanden. Fridolin Brunner beschützte sie und lobte ihren künstlerischen Wert, den man – auch ohne sie anzubeten – anerkennen könne. Wie dem auch sei, ihr Schicksal ereilte sie eine Woche später, am ersten März, dem Sonntag der Alten Fasnacht. Die Menschen zu Matt versammelten sich nämlich nach dem Morgenbrot und verbrannten die restlichen Bilder hinter der Kirche in einem gewaltigen Freudenfeuer, und so war es auch um sie geschehen.

Es ergab sich aber am Tage unseres Bildersturms, dass sich zu Matt noch Anhänger des alten Glaubens befanden, welche mit Entsetzen unserer Zerstörungswut zusahen. Einer von ihnen ritt umgehend mit einem schnellen Ross gen Glarus aus, um dort dem Ammann Aebli von der Freveltat zu künden. Dieser sandte daraufhin seinen Weibel aus, um den Frieden in Matt wiederherzustellen. Wir hatten Glück, denn der Reiter wurde bei seiner Abreise bemerkt und wir waren somit rechtzeitig gewarnt. Der Wolf – den Kyrios nennen zu lange meine Schande war – verkündete, dass unsere Tat hier vollbracht sei und wir deshalb nun weiterziehen würden. Geschickt verbarg er die Furcht vor Vergeltung, die ihn in Wahrheit aus Matt hinausjagte.

Zwei Jüngern übergab er zwei neue Leinensäcke, prall gefüllt mit klirrenden güldenen Messgeräten, Kruzifixen, Kelchen und Tellern, Weihrauchbehältern und Balsamdöschen, silbernen Kandelabern, Behältern mit Öl zur letzten Salbung und Myrrhe und allerlei anderem, im Wert dem Obengenannten in nichts nachstehend. Schweigend warfen die beiden Jünger die Säcke über die

Schulter, und auch ich schwieg und tat damit unrecht. Gewiss, ich hätte ...

Aber nein! Ich weiß, wie ich damals handelte, und alles andere sind alberne Träume eines greisen Mannes, der sich eine Tugendhaftigkeit in sein Leben dichten will, welche nie da war. Träume bedeuten nichts, so schön sie auch sein mögen. Nur die Wahrheit macht frei. Und ich will frei sein, wenn Gott mich endlich zu sich nimmt. So will ich denn nun weiterfahren mit meiner Erzählung, auch wenn es schwerfällt, wahr von unwahr zu trennen.

Wir erreichten Schwanden am späten Nachmittag selbigen Tages, denn der Abstieg hatte länger gedauert als erwartet. Wir waren abseits der Straßen gegangen, um dem bewaffneten Trupp des Weibels zu entgehen, und es war nicht einfach gewesen, durch die steilen und verschneiten Berghänge gute Wege zu finden. In Schwanden liefen überall Leute umher und man berichtete erstaunt von dem, was scheinbar in der Morgenmesse in Matt geschehen sei. Es wurde gemunkelt, dass der Prediger nicht Fridolin Brunner, sondern der Prediger von Obfurn gewesen sei und dass ihm mitten in der Messe ein strahlender Engel erschienen sei, der ihm den Befehl gegeben habe, alles zu vernichten, was nicht das reine Wort Gottes sei. Andere behaupteten, alle Bauern des Kleintals hätten ihm dabei geholfen, da das Geld der Kirche jetzt nicht mehr in teure Kunstwerke, sondern zu den Armen gehe. Er habe nämlich im Auftrag Zwinglis höchstselbst gehandelt. Nein, der Täufer habe sich aller Kirchschätze selbst bemächtigt und benutze sie nun für schwarze Teufelsmessen. Der Gerüchte waren viele.

Unser Stall war aufgebrochen worden, die Türe war zerschlagen und der Schnee hatte Einlass gefunden. Drinnen war alles durchwühlt. Der Tisch, der uns immer als Altar gedient hatte, war umgeworfen, einige Bücher und Flugblätter des Kyrios lagen verbrannt in der kalten Asche der Feuerstelle. Das Stroh lag zerstreut über dem ganzen Boden und die Wolldecken waren zerrissen. Der Ammann Aebli hatte tatsächlich jemanden hergeschickt, kurz nach unserer Abreise. Kyrios betrachtete alles schweigend und verzerrte dabei seine Lippen zu einem Lächeln. Unter seinem wilden Bart blitzten seine Zähne hervor und er warf den Kopf in den Nacken, als ihn ein heftiger Lachanfall durchschüttelte. Der Wolf rief: »Sehet, wie sie versuchen, den Wandel umzuwerfen und uns zu brechen. Wahrlich, wir werden ihnen noch zeigen, wie man umwirft und was es heißt, gebrochen zu werden!«

Die Menschen vom ganzen Hinterland kamen wieder in unseren Tempel, angezogen von den vielen Geschichten, die um unsere Tat kreisten. Es war leicht, sie zu verführen, und Kyrios wusste das. Er ließ die Jünger vortreten und sagte: »Johannes, mein Lieber, erzähl uns doch, wie es war, die Götzenbilder zu zerschlagen.« Und Johannes und viele andere seiner Jünger schilderten flammenden Blickes und mit eindrücklichen Worten, wie es sich ereignet hatte und wie unser Kyrios tatsächlich von einem göttlichen Engel den Befehl erhalten habe. Ich blieb schweigsam, denn ich hatte keinen Engel gesehen; aber vielleicht war ich auch noch immer nicht fromm und standhaft genug. Die Predigten indes steigerten sich stetig in ihrer Schärfe, und es war am Freitag nach dem Bildersturm zu Matt, dass unser Stall so voll wie noch nie war: Es sei nun so weit, verkündete Kyrios mit seiner tiefen, durchdringenden Stimme. Endlich würden wir die Kirche in Schwanden von der Sünde der Abgötterei befreien, gemäß dem, was Gott uns auf dem Berge Sinai gebot. Die Menge im und um den Stall schrie begeistert ihre Zustimmung und wir zogen alle aus. Die dunkle Nacht ward erhellt von lodernden Fackeln, brennenden Kienspänen und zuweilen auch Kerzen, sodass wir die Kirche Schwandens wie ein feierlicher Umzug erreichten.

Das Gotteshaus war seit fast fünf Monaten verlassen gewesen. Ich erinnerte mich zurück an den Tag, als wir im ersten Schnee des vergangenen Jahres den Angriff der Unterländer erwartet hatten. Die Feuer in dieser Nacht waren dieselben wie damals. Und wie damals hörte ich wieder Gebete und Gesänge, Aufmunterungen und Lacher. Die Luft roch schwer nach Schweiß und nach Wein, nach Rauch und Stall. Um mich sah ich Bauernwämser und kurze Mäntel. Ich sah Hosen aus grobem Leinen und verschwitzte, fettige Filzhüte auf den Köpfen. Daneben Männer in viel schöneren Leibröcken, mit weiteren Ärmeln und engen Beinkleidern aus Seide. Auf ihren Köpfen waren Hüte von Kaufleuten oder Mützen von Handwerkern. Das ganze Volk war erneut versammelt, um für den Glauben zu kämpfen. Mein Gott, dachte ich, war es erst fünf Monate her? Es fühlte sich an, als seien dies Erinnerungen eines vergangenen Lebens. Grau lag der Schleier des Vergessens über meiner Zeit als Balthasar.

Kyrios' Kapuze warf tiefe Schatten in sein Wolfsgesicht. Seine Stimme zerriss das angespannte Zittern in der Luft vor der Kirche, als er befahl: »Ihr sollt euch kein Bildnis noch irgendein Gleichnis machen, denn Er, der Herr, unser Gott, ist ein eifernder Gott, und Barmherzigkeit erweist Er nur jenen, die Ihn lieben und Seine Gebote halten. Und was trennt euch noch von Seiner Barmherzigkeit? Götzen aus Stein, Holz, Farbe und Blattgold. Holt euch die Barmherzigkeit Seiner Gnade, sie liegt in dieser Kirche und euer soll sie sein!«

Mit diesen Worten schlugen die Jünger Simon Petrus und Thomas die verschlossene Türe auf, und es ergoss sich eine Sturmflut von Menschen in die Kirche von Schwanden. Johannes rannte in der ersten Reihe, erneut gepackt vom Rausch der Zerstörung. In seinen Augen brannte das Feuer. Schon wollte er ein staubiges Bild des Heiligen Sebastian zu Boden werfen, als ein Mann aus Schwanden schrie: »Haltet ein! Wir wollen uns gänzlich der Bilder entledigen und uns nicht noch weiter um die Überreste kümmern müssen! So lasst uns die Bilder in die Linth werfen, wo sie weggespült werden und uns nicht mehr länger Sorge sind!«

Und so kam es, dass, während die Bilder in Matt zerschlagen worden waren, sie in Schwanden zwar zerkratzt, geschändet und zerstochen wurden, jedoch mehr oder minder intakt dem reißenden Strom übergeben wurden, der da Linth heißt. Und während viele daher zu den Ufern des Flusses gingen, um die Götzen zu versenken, blieb ich bei jenen in der Kirche zurück. Wie in einem Traum sah ich mich zu einem Seitenaltar gehen. Es war jener der Jungfrau Maria. Der sanftmütige Blick ihrer steinernen Augen lag auf mir und ich entsann mich der Tränen, die ich hier einst bitterlich geweint. Ich spürte fernen Wiederhall jenes Schmerzes in der Leere meiner Brust, doch ich hatte vergessen, für wen ich damals Tränen vergossen hatte; alles lag so weit zurück und selbst der Kummer schien so unwirklich. Was war nur mit mir geschehen?

Ratlos schlug ich die Augen auf und sah in das Gesicht der Gottesmutter. In ihren milden und gütigen Zügen sah ich etwas Vertrautes, und wie ich mit der Hand über ihre steinerne Wange fuhr, begann sich vor mir ein Antlitz zu zeichnen. Ich sah ein ebenmäßiges Gesicht, welches in seiner Vollkommenheit von hellbraunem, wallendem Haar eingefasst wurde. Die Haut war hell und makellos, und im tanzenden Schatten- und Feuerspiel der Fackeln schienen die fein gezogenen, rosafarbenen Lippen mir scheu zuzulächeln. Die tiefgrünen Augen blickten mich traurig an und seufzten stumm die Frage: *Ja, hast du mich denn vergessen, Balzli?*

Feuer entfachte schmerzvoll in meiner Brust, wo ich so lange nichts als kalte, schwarze Leere gefühlt hatte. Die Liebe überkam mich heiß und sie war voller Leben und Zärtlichkeit. Oh Sophie, wie war es möglich gewesen, sie je zu vergessen? Sie war es doch, für die es sich fromm und standhaft zu kämpfen lohnte, und nur für sie würde ich den Wandel über dieses Land bringen!

»Judas!«, schrie Kyrios' gebieterische Stimme durch die Kirche und löste mich aus meinem Bann. »Beweise dich!«

Meine liebkosende Hand umfasste den Kopf Sophies, und es war mir unmöglich, sie zu Boden zu werfen. Nein, sagte ich mir, vergiss nicht: Du bist Judas Ischariot und vor dir ist ein Steinbild Marias, denn der Wandel ist noch nicht vollbracht. In dieser Welt ist noch kein Platz für Balthasar und Sophie. Doch auch dann vermochte ich es nicht, ein solch schönes Werk zu

zerstören, zumal es mich wieder erinnern, fühlen und lieben lassen hatte!
Verzweifelt blickte ich zum Altar, zu Kyrios, auf der Suche nach Hilfe. Und ich sah ihn erneut, wie er alles nahm, was der Altar hergab. Ein mit funkelnden Edelsteinen verziertes Kreuz blitzte kurz auf, ehe es im Schlund seines Leinensackes verschwand. So auch die Reliquien, denn ich sah eine Glasphiole mit einem Haarbüschel eines Heiligen und Stofffetzen des Kleides eines Märtyrers. Dann wurde ich Zeuge, wie er das Tabernakel öffnete, den Messkelch zu sich nahm und lachend die Schale auskippte. Tot lag das Lamm Gottes zu Füßen des Wolfes, als er auch noch die letzten Schätze raubte.

Es wird erzählt, dass der Heilige Gallus auf seinen Reisen durch die heidnische Eidgenossenschaft vor Hunderten von Jahren die Götzenaltäre unserer Vorfahren verbrannte und ihre Bilder in den Bodensee warf, doch bezweifle ich, dass er dabei auch nur einen Gegenstand mitnahm, dessen kostbaren Besitz er ersehnt und begehrt hätte, so wertvoll er auch gewesen sein mochte.
Waren wir Bilderstürmer Heilige? Gewiss nicht, denn niemand kann erahnen, wie viele Meisterwerke der Kunst durch uns der ganzen Christenheit und der Nachwelt unwiederbringlich verloren gingen. Doch die Menschen taten es für ihren Glauben und aus der festen Überzeugung heraus, die Welt damit zu einem besseren Ort zu machen. Ich tat es für Sophie. Der Wolf indes hungerte nach anderem, und wenn es eine Gerechtigkeit gibt und uns alle dereinst der Richtspruch des Herrn erwartet, dann führte ihn seine Sünde in die Flammen der Hölle, und auf keine Allversöhnung darf er hoffen, denn es wird sie für seinesgleichen niemals geben!

In diesem Augenblick folgte ich einer Eingebung. Ich ließ die Statue der Jungfrau zurück und lief über die umgestürzten Kirchenbänke zum Altar der Kirche. Um mich herum johlten die Menschen, während sie die Schnitzaltäre hinaustrugen, die hohen Kerzenstöcke aus Messing umwarfen, die Fahnen zerrissen und alles zerstörten, was an die alte Ordnung erinnern konnte. Kyrios war bei ihnen und wiederholte laut die Gebote des Herrn.

Ich nahm einen der großen Leinensäcke mit, warf ihn mir über die Schulter und verließ im Gewirr unbemerkt die Kirche. Draußen folgte ich dem hellen Fackelzug, der von der Kirche den Hang hinunterging, über den Platz, wo die Landsgemeinde gehalten wurde, und bis zu den Ufern der Linth reichte. Dort wurden mit Jauchzern und Gesang die Bilder in hohem Bogen dem tosenden Wasser übergeben. Ich hörte einen Schwandner höhnen: »Und wenn diese Götzen so heilig sind, wie immer gesagt wurde, dann können sie wohl auch von selbst den Fluten entsteigen und sich wieder in die Kirche hängen! Nicht? Na, dann tun wir wohl recht daran, sie loszuwerden!«

»Recht tun ...«, hauchte ich. Ja, das wollte ich auch. Ich öffnete die Schnur am Leinensack und ergriff den ersten Gegenstand, den ich in die Finger bekam. Das Metall blitzte kurz in der Nacht auf, ehe es vom Rauschen der Linth verschluckt wurde. Ihm folgte ein weiteres, und ich griff zum dritten Male in den Sack. Schon hatte ich ausgeholt, da packte jemand meine Hand und riss mich zu Boden. Hart schlug ich auf, und ehe ich wusste, wie mir geschah, bekam ich einen Fußtritt ins Gesicht. Mir ward schwindlig und ich schmeckte Blut auf meiner Zunge.

»Du Elendiger!«, fauchte mich Kyrios' Stimme an. »Wage es nicht noch einmal, von deinem Meister zu stehlen, du falscher, verlogener Flegel, oder ich zerreiß' dich in Stücke!«
Er spuckte in mein blutüberströmtes Gesicht, nahm den Leinensack zu sich und ließ mich liegen, während er in der Nacht verschwand.

Achtzehntes Kapitel

Schon am Tage der Landsgemeinde übertraten Mutwillige in Schwanden das Fastenverbot, indem sie »ein kalb aßend«. [...] Am Sonntag darauf verbrannten die Elmer, acht Tage später die Kirchgenossen von Betschwanden ihre Heiligenbilder. An der Fahrtsfeier blieben die Kirchenfahnen von Elm, Matt und Betschwanden aus.

Geschichte des Landes Glarus, Jakob Winteler

Worin es große Unruhen im ganzen Lande gibt.

»LANDSMANDAT VOM FÜNFTEN MÄRZ,
ANNO DOMINI M·D·XX·VIII

Der dreifache Rat von Glarus äußert sich zu den jüngsten gewaltsamen und zerstörerischen Umtrieben unbekannter Gruppen im sämtlichen Hinterland, insbesondere in den priesterlosen Gemeinden Schwanden, Matt und Betschwanden, wie folgt: Es wird ein gemeiner und für alle Menschen des Landes verbindlicher Landfriede ausgesprochen, der mindestens bis zu der folgenden Landsgemeinde im Thäniberg in Schwanden am kommenden fünfzehnten des Monats März gelten soll! Ausgeschlossen von dieser Bestimmung sind einzig die Pfaffen, die wider die Ordnung unseres HERRN predigen. Ebenso werden alle Pfaffen sowie Dienstknechte und Hintersäßen von obengenannter Landsgemeinde verwiesen! Der Rat beschwört ferner alle Landsleute zur Brüderlichkeit und Eintracht und ermahnt sie ihrer Christlichkeit, um weitere Vergehen dieser Natur zu vermeiden!«

Kyrios las höhnisch lächelnd das zerknitterte Landsmandat vor, welches ihm ein Jünger vom hölzernen Nachrichtenbrett im Dorfkern gebracht hatte. Er saß am Kopfe des langen Holztisches, der uns als Altar diente. Um die Tafel herum waren wir zwölf Jünger sowie viele andere Anhänger des Hinterlandes versammelt, um dem Festmahl beizuwohnen.
Auf dem Tisch war ein großes Holzbrett mit einem Kalbsbraten darauf, den uns ein Bauer aus dem Thon gebracht hatte und der den ganzen Nachmittag über am Span über dem Feuer gebraten worden war. Die Haut war knusprig und das Fleisch wurde entweder mit einer braunen Knoblauchtunke gegessen oder mit flüssigem Bienenhonig verfeinert. Dazu gab es einen Wein aus Zürich, der aus einem schlechten Jahr stammte und ausgesprochen sauer war, weshalb er im Volksmund »Herrgott, behüt' uns« genannt wurde, da alle, die in tranken, zusammenfuhren, den Becher auf den Tisch schlugen und riefen: »Herrgott, behüt' uns, wie ist der Wein so sauer!« In einer Schale wurde frisches Brot herumgereicht, welches uns der Bäcker von Schwanden gebracht hatte. Das Fleisch war köstlich und überall sah man Menschen sich die fettigen Finger ablecken. Nur ihr Schmatzen brach die andächtige Stille, die über diesem sündhaft guten Mahl hing.

In Tagen des Zwists, da die Ordnung und der Friede brechen, wiegen selbst kleine Vergehen schwer auf der Waagschale der Gerechtigkeit, und teuer pflegt die Vergeltung zu sein. So war dies auch, als wir an diesem Fastentag zu Schwanden ein Kalb verspeisten. Die Buße von fünf Gulden, die über das ganze Dorf einzig wegen unseres Hochmutes verhängt wurde, war wohl von der Obrigkeit als Exempel gedacht. Doch wenig sollte es ihr nützen ...
Aber ich sollte lieber der Reihenfolge nach erzählen, denn Grund für dies Festmahl war die Landsgemeinde des fünfzehnten März gewesen.
An besagter Landsgemeinde in Schwanden kamen aufgrund der von uns begangenen Taten – welche sich in Windeseile in der ganzen Eidgenossenschaft verbreitet hatten – sowohl die Boten der fünf altgläubigen Orte wie auch Gesandte der reformierten Städte Zürich und Bern. Da weder Johannes noch ich die vorgeschriebenen vierzehn Jahre alt waren und selbst unser Kyrios als Hintersäße – als zwar im Lande Wohnhafter, jedoch von außerhalb Stammender – der Landsgemeinde nicht beiwohnen durften, erfuhren wir alles aus Erzählungen anderer Jünger und Anhänger.
Zuerst waren die ausführlich gehaltenen Erklärungen der neugläubigen Städte angehört worden, in welchen darauf hingewiesen worden war, dass die Einhelligkeit im bedauernswerten Zwiespalt nur durch das Wort Gottes gefunden werden könne. Sie betonten, dass die Abgötterei von Gott höchstselbst verboten worden sei und dass auch die anderen von den Reformatoren angeprangerten Riten weder vom Herrn noch von den Aposteln eingesetzt, sondern von weltlichen Päpsten nach und nach ins göttliche Wort eingeflickt worden seien.

Auf der Gegenseite sprach der Schultheiß Hans Hug von Luzern, der unsere Landsleute im Ring mit Nachdruck an die kaum vor einem Jahr gegebene Zusage der Glarner erinnerte, beim alten Glauben zu bleiben.
Nach stundenlanger Beratung standen sich schließlich die beiden Hauptantragsteller gegenüber: der zutiefst altgläubige Näfelser Vogt Fridli Tolder, der verlangte, bei der gegebenen Zusage zu verbleiben, und der aus Rüti stammende Hans Wichser, welcher verlangte, dass jede Gemeinde einen neugläubigen Predicanten haben sollte, und wo es – wie es tatsächlich in den meisten Gemeinden der Fall war – zwei Pfarrpfründen gebe, solle ein anderer Priester den Altgläubigen die Messe lesen.
Die darauffolgende Abstimmung entschied mit einem winzigen und in seiner Aussagekraft lächerlichen Mehr von 33 Stimmen für die Altgläubigen, und die Boten der fünf Orte gingen zufrieden mit der dritten schriftlichen Zusage nach Hause. In dieser bestätigte die knappe Mehrheit der Glarner erneut, beim alten, wahren, christlichen Glauben zu bleiben, es sei denn, dass mittlerweile durch die gemeine Eidgenossenschaft oder irgendeinen anders dazu befähigten Rat oder ein Konzil etwas daran geändert würde. Alsdann würden die Glarner darin handeln, wozu sie Fug und Recht zu haben glaubten. Dazu erklärte man auch die Mithilfe bei Verfolgungen der Vergehen in den Vogteien und Untertanengebieten, wie zum Beispiel in Werdenberg. Es wurde zum Schluss noch vom Ammann angefügt, dass es der Wille und Gefallen des Landes Glarus sei, dass man endlich über die zugegebenen Missbräuche beraten würde und sich ihrer entledigen könne.
Und das Fleisch des Kalbes, das er daraufhin schlachten ließ, war Kyrios' grimmige Antwort auf diesen Beschluss.

Die Predigten in unserem Stalle nahmen in der Härte ihrer Forderungen zu. Kyrios verteufelte die Altgläubigen mehr denn je, und jedes Mal spuckte er Gift und Galle: »Die ersten Schlachten gegen sie waren siegreich, doch noch ist der Krieg nicht gewonnen, der Wandel nicht gebracht! Die Altgläubigen fürchten uns, so sage ich euch. Jede Nacht, wenn sie sich in ihre feinen Decken legen, beten sie voller Angst zu ihren Götzen, und im Schlaf flüstert ihnen der Nachtmahr Geschichten von den Scheiterhaufen zu, auf denen ihre falschen Heiligen allesamt brennen werden, wenn dereinst ihre Macht gebrochen und ihr Reichtum zerschlagen ist!«
»Wie ist der Krieg zu gewinnen, Kyrios?«
»Nicht mithilfe der Landsgemeinde. Gewiss, es stehen jedes Mal mehr Neugläubige im Ring, doch mit ihren spitzen Zungen, mit listigen Lügen und verlogenem Meineid werden die mächtigen altgläubigen Häuser des Landes den Spieß vor dem Umdrehen zu bewahren wissen. Die Politik ist zu langsam, und ihre Trägheit lähmt die Schnelligkeit, die ein Umsturz benötigt. Zudem lässt sie sich kaufen. Nein, glaubet mir: Es werden nicht die Hände an der Landsgemeinde sein, welche den Wandel bringen! Ich habe euch gelehrt, Jünger, und durch euch soll es nun geschehen.«
»Sagt uns, was wir tun können, um den Wandel zu vollbringen!«
»Schwärmet aus, Jünger! Predigt unsere Lehre und tauft die Menschen, wohin ihr kommt, wie ich es bei euch tat. Ihre Herzen sind reif und der Funke wird rasch überspringen, wenn ihr im Feuer eurer Predigt entflammt. Sie werden euch rasch untertan sein.«
»Und was sollen wir dann tun, Kyrios?«

»Nutzt ihren Glauben in euer Wort und lenkt sie! Lasst sie die Götzen von den Wänden ihrer Gotteshäuser reißen, denn erst in der Leere kahler Kirchen entfaltet das Gotteswort seine wahre Bedeutung. Und um die Gleichheit der Menschen zu bringen, müsst ihr die Schätze der Kirchen an euch nehmen und mir darbringen, denn nur so können wir dem Volke zurückgeben, was es so hart im Schweiße seines Angesichts erarbeitete!«

Und er erwählte daraufhin die drei besten Prediger unter seinen Jüngern: Thaddäus zog nach Elm und am Sonntag nach seiner Ankunft wurden in Elm die Bilder verbrannt. Selbiges geschah in der Kirche von Betschwanden eine Woche später, wohin Jakobus entsandt worden war. Ob und wie die Worte des Andreas fruchteten, weiß mein altes Gedächtnis nicht mehr. Aber ist's doch einerlei, denn die dunklen Machenschaften des Kyrios erfüllten sich und die Zwietracht spaltete unser geliebtes Land Glarus wie ein Riss im Fundament.

Am neunten des Monats April war die Näfelser Fahrt, der Tag des Gedenkens an die legendäre Schlacht bei Näfels, wo unsere ehrwürdigen Ahnen einst so tapfer und selbstlos für unser Land kämpften und starben. Seit jeher war es üblich, dass von jeder Kirchhöre ein Zug gen Näfels loszog, um mit hohen Messingkreuzen und schönen roten Fridolinbannern die Toten an diesem bedeutenden Festtag zu ehren. Doch in diesem hassdurchsäten Jahr blieben die Fahnen und Kreuze von Matt, Betschwanden und Elm aus und ihr Fehlen trieb vielen Altgläubigen die Galle und so manchem auch die Tränen hoch.

Doch der Himmel wollte, dass schließlich doch nicht alle Ränke Cajakobs gelangen. Und er schädigte damals seinen Ruf propheti-

scher Voraussicht und offenbarte seine Verblendung, zumal es ja bekanntermaßen doch die Landsgemeinde war, welche den neuen Glauben übers Land bringen sollte. Denn jenseits der Schatten, in welchen wir uns bewegten, verlief eine andere Reformation in den Reihen des Volkes, und wer ist denn die Landsgemeinde, wenn nicht das Volk? Der Föhn blies zu jener Zeit allerlei Flugblätter und Schmähschriften durch das Tal, und viele, die des Lesens kundig waren, lasen sie laut auf Plätzen und in den Schänken vor und nicht wie wir in verschwörerischen Gemeinschaften, auf Hinterhöfen und in Kellergewölben. Wahrer Glaube, der aus Überzeugung erwächst, kennt keine Angst vor Verfolgung, Folter und Tod, sondern nur Frömmigkeit und Standhaftigkeit bis hin zum Martyrium, wo er zu Gottes Gnade findet. Und es zeigt sich wohl hierin, dass kaum einer von uns – mit Ausnahme von Peter vielleicht – wirklich aus wahrem und überzeugtem Glauben heraus handelte. Denn der wahrhaft Gläubige hat es nicht nötig, sich zu verschleiern und in Heimlichkeit zu hüllen, weshalb auch die Namenlosen nie ganz einem Herr oder einer Sache dienen können und selbst im Verrat noch treulos sind. Ja, wir waren seit dem Tag, an dem wir unsere Namen niederlegten, heuchlerische Kämpfer, und es war närrisch zu glauben, dass sich auf unserem Rücken die Reformation erfüllen sollte. Und könnte man denn dies etwa auch von Luther behaupten, als er furchtlos seine Thesen an das Tor der Schlosskirche zu Wittenberg schlug? Oder von Zwingli, als er im Großmünster erstmals die Stimme für den Wandel erhob? Gewiss nicht. Ich habe mit den Jahren gelernt, Menschen zu misstrauen, die nicht bereit sind, mit ihrem Namen für eine Sache einzustehen. Es ist dies vielleicht das Einzige, was ich vom Wolf gelernt habe.

Doch ich will mein Mundwerk zügeln, denn noch bin ich nicht am Ende dieser chronica. *Wie ich bereits sagte, tanzten die Flugblätter im Winde, und in ihnen wollte man auf den letzten Landsgemeindebeschluss zurückkommen.* »*Sammelt euch, neugläubige Glarner*«, *wurde vorgelesen,* »*und helft, die Zusage an die fünf altgläubigen Orte nichtig zu machen!*«
Auf diese Drohungen antwortete das neue Landsmandat, welches von den Weibeln finsteren Gemüts an die öffentlichen Tafeln in jedem Dorf geschlagen wurde. Es verkündete:

LANDSMANDAT VOM VIERZEHNTEN APRIL,
ANNO DOMINI M·D·XX·VIII

Der dreifache Rat von Glarus beschließt angesichts der wiederholt geäußerten Drohungen einiger neugläubigen Ketzer, die Zusage, die das Lande Glarus den fünf christlichen Orten der Eidgenossenschaft drei Male hintereinander gab, in der nächsten Landsgemeinde zu verwerfen, dass ausnahmslos jeder, der die Zusage breche, fortan als Ehrloser und Meineidiger zu halten sei sowie als Feind gegenüber der wahren Christenheit, dem HERRN und seiner gottgewollten Ordnung auf Erden! Ebenso wird hiermit bekanntgegeben, dass auf den kommenden ersten Sonntag des Monats Mai, den dritten nämlich, in Schwanden die ordentliche Landsgemeinde stattfinden soll.

Neunzehntes Kapitel

Die landlüth zuo Glaris habend ouch zuo der zit ein ernstlich landtsgemaind gehept, zuo beratschlagen und mit merer hand zuo ersuochen, ob man by dem papstischen globen bliben oder das ufgend, bluogend evangelion annemen welle. So aber die mer hand wit übertroffen, by dem ze bliben, das anzenemmen, so durch Gottes wort warhaft erfunden wirt, sind etliche große Hansen ab der gemaind getretten und mit sollichem mer nicht wellen zuo schaffen haben.

Sabbata des Zeitgenossen Johannes Kessler,
St. Gallischer Sattler, Schulmeister und Laienprediger

Worin von den verhängnisvollen Landsgemeinden vom Mai 1528 und ihren tristen Folgen berichtet wird.

Ich blickte durch einen grauen Regenschleier auf das rege Treiben hinunter. Der Regen fiel seit zwei Tagen so stark, dass die Linth überzulaufen drohte und die Landsgemeinde des dritten Mai von ihrem üblichen Platz in die leere und verlassene Kirche von Schwanden verlegt werden musste. Vor der Kirche sah ich mehrere zweispännige Stellwagen, die im ellentiefen Schlamm auf dem Vorplatz stecken geblieben waren. Immerhin, dachte ich, auf einem Hügel unter einer schützenden Tanne sitzend, schmilzt endlich der Schnee. Neben mir auf der feuchten Erde saß Johannes. Er kaute an einem Stück harten Brot und lachte: »Siehst du, wie sich die feinen Herren aus Glarus im Schlamm festfahren? Da nützen ihnen ihre prächtige Rösser mit ihrem glänzenden Zaumzeug nichts! Schau nur, wie ungern sie aussteigen und sich ihre feinen Seidenkleider nass und dreckig machen!«

»Ja, Johannes«, murmelte ich zustimmend, doch ich schaute nicht richtig hin. Meine Aufmerksamkeit galt dem Regen, der unablässig, tausend- und abertausendfach auf den Dächern und Straßen von Schwanden aufschlug, als niemals enden wollendes Geprassel. Wahrscheinlich, dachte ich, ist die Maag über die Ufer getreten und hat unseren alten Hof und die Linthebene überflutet.

»Sieh, es ist gerade der Ammann mit den Weibeln gekommen, schau, wie sie sich unters Dach flüchten! Man könnte meinen, sie fürchten, ihr bares Haupt unter der strafenden Hand des Herrn zu haben!«

Ich schwieg. Ganz bestimmt war in Bilten alles überschwemmt.

»Kannst du dich noch an die Zeit erinnern, als Ställe für uns Orte waren, wo es Kühe gab und keine Predigten gehalten wurden, Johannes?«, fragte ich, immer noch starren Blickes.

»Wie meinst du?«, fragte er verwirrt.

Wieder schwieg ich lange, ehe ich weiterfragte: »Weißt du noch, als wir Bauern waren, *Peter*?«

Er erschrak.

»Judas, diesen Namen habe ich längst abgelegt, du ...«, begann er, doch sein Blick verlor sich wie der meinige im bleiernen Grau dieses Tages. »Ja, ganz schwach, aber ich erinnere mich, *Balzli*!«, hauchte er. Dann schüttelte er sogleich den Kopf und sagte: »Aber sag nicht solche Sachen, Judas, und sprich nicht wieder von einer Vergangenheit, die wir längst hinter uns gelas-

sen haben. Wir sind keine einfachen Bauern mehr, vergiss nicht. Wir sind ... mehr!«
»Sind wir das wirklich?«
Der Regen fiel und fiel, wusch all den dreckigen Schnee einer traurigen Jahreszeit hinweg. Es musste wirklich sehr sumpfig sein in Bilten und im ganzen Unterland. Hoffentlich, dachte ich, ist nicht wieder das Wechselfieber ausgebrochen.
»Natürlich, daran darfst du nicht zweifeln! Zweifelst du denn?«
»Wenn ich träume, ja.«
»Der Gerechte lebt durch den Glauben. Also glaube, Judas, glaube!«
Doch ich hörte ihm nicht mehr zu. Ich hatte nur Ohren für den Regen, und vor meinen Augen sah ich das ferne Bilten und all das, was ich in meinen Erinnerungen damit verband. Die Träume von früher erfüllten sehnsüchtig mein Denken. Ich war nicht mehr fromm und standhaft, nein, ich war wieder ein Träumer geworden und schwelgte in meiner Welt. Fromm und standhaft. Um ehrlich zu sein, war ich es nie wirklich gewesen.
Peter deutete auf die Kirche, wo plötzlich mehrere Menschen herausstürmten.
»Sieh nur, Judas! Was ist geschehen?«

Wie wir erfuhren, löste sich die Landsgemeinde dieses regnerischen Tages schon beim ersten Antrag jäh auf. Denn in selbigem wurde bestimmt, dass es fortan den zahlreichen Hintersäßen erlaubt sei, an der Landsgemeinde teilzunehmen, um zu raten, zu mindern und zu mehren. Dies bedeutete mit anderen Worten, dass die Neugläubigen dank dieser Bestimmung über eine Mehrheit von 115 Stimmen verfügten, also genug, um bei der darauf-

folgenden Ämterwahl jemanden der Ihrigen in ein Amt zu wählen. Bei der Wahl des Bannermeisters kam es deshalb zu lauten Zwischenfällen und die Altgläubigen schrien wütend auf und in einem wirren Handgemenge löste sich die gesamte Landsgemeinde unter viel Gefluche, Gedränge und Geschubse auf. Dies jedoch sollte der leidlichen Sache noch keinen Schlusspunkt setzen: Es wurde deshalb eine Woche später eine weitere Landsgemeinde einberufen, am zehnten Mai, im Jahre des Herrn 1528, und wenn es denn je einen Markstein der Reformationsgeschichte unseres Landes gab, dann war es sicherlich dieser verhängnisvolle und zwisterfüllte Tag. Er bezeichnete den Beginn der Zeit des Hasses, der Missgunst und des Unrechts zwischen den Glarnern.

Ich möchte hier nun kurz dem geneigten Leser erklären, was vorfiel und wie es genau geschah, an dieser berühmten Landsgemeinde zu Schwanden, diesem Wendepunkt der Reformation und meines eigenen Werdegangs. Ich hoffe, der Leser verzeiht die möglichen Ausschweifungen, die meine Feder zu machen sich erkühnt, die aber wiederum sicherlich nötig sind, um die gewichtige Bedeutung dieses Tages zu verstehen, ja, um meine darauf folgenden Taten nachvollziehen zu können. So sei denn nun erzählt, wie es sich begab, am zehnten Mai anno 1528.

Es war ein großes Gedränge auf dem Landsgemeindeplatz, der sich kaum hundert Schritte westlich der Schwandner Kirche befand. Menschen vom ganzen Lande waren gekommen, von den hintersten Ecken Elms und Linthals bis hin zu den beiden Urnen und dem Kerenzerberg.

Die Stimmung war gespannt wie eine Bogensehne und düstere Vorahnungen legten sich über mein Gemüt wie eine dunkle Wolke. Nirgends hörte man Musik spielen oder Leute lachen, und da ja in den Wirtshäusern und Schänken der Ausschank von Wein an den Landsgemeindetagen vom Rat ausdrücklich verboten ward, sah man niemanden Unfug machen oder singend torkeln, wie es sonst bei Anlässen des gemeinen Volkes gerne der Fall war. Der Ernst der Angelegenheit stand allen ins Gesicht geschrieben. Ich drängte mich zusammen mit Johannes durch die Menge und wir trugen, um nicht aufzufallen, wieder unsere normalen Bauernkleider. Es war ein buntes Gemisch von allerlei Menschen; Bauern und Handwerker, Händler und Krämer, Jäger und Fischer, Ratsherren und Knechte, Söldner und Kinder, Bettler und Edelmänner, kurz: das ganze Volk des Landes, ausgenommen natürlich die Weiber, welche zu Hause blieben, wie es sich geziemte.

Die Glarner Obrigkeit mit Ammann Aebli an der Spitze und einer Garde von Weibeln zog in den Ring und ich erhaschte im Gemenge einen flüchtigen Blick auf Heinrich Hässi. Der ehrwürdige Säckelmeister schien in kürzester Zeit um Jahre gealtert. Das Haar des Ratsmitglieds und Söldnerveteranens war dünner und grauer geworden. An den Schläfen war es schneeweiß. Er wirkte abgemagert und tiefe Sorgenfalten durchzogen sein aschfahles Gesicht. Viele Menschen riefen laut, als sie vorbeigingen, und ich vermochte nicht herauszuhören, ob es wütende oder jubelnde Schreie waren. Heinrich Hässi wusste dies wohl auch nicht, denn er warf dem Gesindel um sich herum finstere Blicke zu. Als sie die Mitte des Platzes erreichten und die Menschen den Kreis um sie herum schlossen, stieß der Ammann Aebli das große Landesschwert in den feuchten Frühlingsrasen und verkündete: »Hiermit erkläre ich die Landsgemeinde vom zehnten Mai des Jahres 1528 im Namen des Herrn für eröffnet! Möge Gott der Allmächtige uns zu dieser Stunde beistehen.« Und dem Nachhall seiner Stimme folgte der Eid, den alle Glarner ablegen mussten. Die Schwurformel verlor sich im wolkenverhangenen Himmel dieses unglückseligen Tages.

Der Streit ließ nicht lange auf sich warten. Hitzig und erregt wurde beraten, und nicht selten musste der Ammann Aebli eingreifen, um Beleidigungen und böse Rufe zu schelten und ihnen Einhalt zu gebieten. Es war ein großes Wortgefecht. Die Neugläubigen forderten einen Bruch mit den bereits gegebenen Zusagen und die Umwandlung des Landes Glarus in einen neugläubigen Ort, wie dies Zürich und Bern bereits waren, deren Boten sich ebenfalls unter den Anwesenden befanden. Mit den Hintersäßen zusammen bildeten sie eine Mehrheit.
Die Altgläubigen schnaubten wild bei dieser Forderung und gaben teils spottend, teils unverhohlen wütend zurück, dass die Landsgemeinde nur über Gesetze raten, mindern und mehren dürfe. Zusagen an Bundesgenossen seien daher nicht Sache des gemeinen Volkes. Doch genau darin lag der Wurm, der die Schlange des Teufels ist, denn obwohl sie dies damals wie auch viele Jahre später nicht wahrhaben wollten, irrten die Altgläubigen des Landes in diesem Punkt. Sie vergaßen in ihrem blinden Ingrimm gegen die neue Lehre, dass die drei bis dahin erfolgten Zusagen auf Beschlüssen der Landsgemeinde fußten. Somit stand der Landsgemeinde nicht bloß die Annahme, sondern auch ihre Wiedererwägung oder Aufhebung zu. Dies wurde mehrfach wiederholt, und selbst einer der bärtigen Boten von Zürich sprach zum Volk und betonte dies mit Nachdruck. Hoch erzürnt und mit rotem Ge-

sicht zeigte er mit dem Finger auf alle im Ring und sagte, dass die Glarner es selbst zu verantworten hätten, wenn sie ihre eigenen Gesetze und den Willen der Mehrheit gleichermaßen mit Füßen treten sollten, wie sie dies schon mit der Heiligen Schrift getan.

So will ich denn nicht länger beim genauen Wortlaut bleiben, um stattdessen zum tragischen Augenblick zu kommen, als die Hände erhoben wurden, um zu bestimmen, was man denn jetzt endlich sein wolle.

Das erste Händemehr galt den alten Sitten und Bräuchen, dem Glauben des Papstes zu Rom. Als sie sich senkten, beschwor der Ammann Aebli mit vom vielen Schreien heiserer Stimme die Neugläubigen, ihre Hände zu heben, für ein evangelisches Land Glarus nach dem Vorbilde von Zürich und Bern, mit allen Folgen, die besagter Entscheid nach sich zöge. Und es erhob sich ein gewaltiges Mehr aus Händen, ungleich größer als das vorangehende. Ein wahrhaft geschichtsträchtiges Bild. In den Rängen der Zuschauer wurde es laut, viele jauchzten und schrien, andere pfiffen und schimpften wüst und es regnete Gotteslästerungen.

Und dann kam das Elend über unser Land: Denn als die Altgläubigen – unter strenger Führung der Geschlechter Tschudi, Freuler, Tolder und derlei anderen – die Überzahl an Händen sahen und ihre Niederlage erkannten, erhob sich ein erbostes Stimmengewitter unter ihnen. Und hasserfüllten Blickes trat das Oberhaupt des mächtigen Hauses Tschudi, Ludwig der Ältere, aus dem Ring der Landsgemeinde, dicht gefolgt von seinem jungen Sohn Aegidius.

»Allesamt seid ihr des Teufels! Wir wollen und werden uns dieser gottlosen, durch und durch von Ketzerei gezeichneten Bestimmung

nicht unterwerfen! Erst, wenn der Herr und Allmächtige wieder in den Lobgesängen dieses gottverlassenen Volkes wohnt, werden wir uns erneut zum Zwiegespräch herablassen, aber keinen einzigen Tag früher!«, presste er durch seine Zähne, und mit ihm ging die überstimmte Unterzahl der Altgläubigen, in ihrem Unvermögen, sich dem Willen der Mehrheit zu beugen. Und als sie allesamt den Ring verließen, war die Volksherrschaft und mit ihr der gläserne Friede im Lande Glarus gebrochen. Finster wurden die Zeiten.

Die Pforte ward geöffnet für allerlei unversöhnlichen Hader, denn von diesem unseligen Tage an sollte bis zum 22. Januar des Jahres 1529 ein Ausnahmezustand reiner Rechtlosigkeit herrschen, weil sich die zerstrittenen und sich aufs Blut bekämpfenden Parteien weigerten, in einem Rat oder einem Gericht beisammenzusitzen. Ich will gar nicht an all die Vergehen, Räubereien, Einbrüche, Plünderungen, Verletzungen, mutwilligen Zerstörungen und derlei andere Missetaten denken, welche aus diesem luziferischen Boden erwuchsen und damit gleichzeitig das Zusammenleben, den Frieden und den Glauben vergifteten.
Es ist müßig, die vielen ungesühnten und straflosen Verbrechen zu nennen, welche auf beiden Seiten geschahen. Da war am Montag nach Pfingsten der ruchlose Mord am Niederurner Predicanten Ulrich Richener, welcher wegen seiner Predigten von Hans Oswalden und Jos Dietrich auf der Allmeind zwischen Näfels und den Urnen erbärmlich und wehrlos mit dem Schwerte geradezu hingerichtet wurde. Ich will nicht von den offenen Drohungen sprechen, welche die Pfaffen allüberall erhielten, so zum Beispiel der aus Konstanz stammende Pfarrer Peter Rümelin. Er hatte

sich der priesterlosen Pfründe Schwandens angenommen, doch er wagte es aus Angst um sein Leben nicht, in sein eignes Pfarrhaus zu gehen, wo bereits alles kurz und klein geschlagen war. Oder soll ich gar vom Streit an den Weihnachtstagen erzählen, als die Altgläubigen die Predigten mit wilden Trommelschlägen und lästerlichen Rufen und Worten übertönten und unhörbar machten? Soll ich tatsächlich berichten, wie die neugläubigen Weibsbilder, als ihre Männer bereits zum Thomasmarkt nach Glarus aufgebrochen waren, daraufhin als Racheakt die schöne Sonnenuhr der Schwandner Kirche zerstörten und beinah auch die Glocken zugrunde gerichtet und den Turm abgedeckt hätten, wenn sie die einbrechende Nacht nicht daran gehindert hätt'? Oh nein, lieber versiegle ich meine Lippen, denn nichts als Trauer und Wehmut überkommen mein Herz, wenn ich nur schon an all diese Gewalttaten denke.

Und überhaupt greife ich wieder vor, nein schlimmer, ich erzähle Taten, die fern von meinem persönlichen Werden und Wandeln liegen, denn bei all diesen Freveltaten sollte ich dank der Gnade des Herrn nicht mehr zugegen sein. Verzeiht mir, liebster Leser, doch die Erinnerungen, die mich früher schon betrübten, stimmen mich jetzt noch grämlicher, jetzt, da ich doch in meinen welken Jahren genau weiß, wie viel mehr Schmerz die Reformation nicht nur über unser Land, sondern über die gesamte Eidgenossenschaft und Christenheit gebracht hat.

Wenig Gottgefälliges entsteht nämlich, wenn die geistlichen Streitgespräche über die Auslegung der Heiligen Schrift durch den kalten Stahl der Schwerter und Hellebarden ersetzt werden. Wenn der Wandel von den Händen des Volkes in jene der Waffenträger übergeht. Gott wird nicht auf Schlachtfeldern gefunden, und es sind wohl die Ränke des Teufels, welche bewirken, dass die Menschen Ihn seit eh und je im Krieg suchten. Aber sprach nicht schon unser aller Herr Jesus Christus bei seiner Gefangennahme durch die Römer: »Denn wer das Schwert nimmt, der soll durchs Schwert umkommen«? Und starb denn nicht auch der Reformator Ulrich Zwingli im Zweiten Kappeler Krieg anno Domini 1531 durch das Schwert seiner Feinde, im Krieg, den er selbst herbeigeführt hatte?

Ach, ich will heut nicht mehr schreiben und an solche traurigen Sachen denken, mein Herz wird mir bang und schwer. Ich bin müde und meine Finger schmerzen von der Feder, der Herr wird's mir vergeben!

Zwanzigstes Kapitel

Es war ein jämerlich gstalt in unserm land, denn was ist kläglicher dann do alle Oberkeit veracht, und gehorsamme niedergelegt wirt?

Chronik des Valentin Tschudi

Worin ich eine letzte Aufgabe erfüllen soll.

Rechtlose und straffreie Zeiten waren gute Zeiten für gemeine Strauchdiebe, versteckte Wegelagerer, habgierige Räuber, plündernde Einbrecher, falsche Trickbetrüger, stümperhafte Quacksalber, eidbrüchige Lügner, treulose Ehebrecher, lüsterne Vergewaltiger, heimzahlende Brandstifter, ruchlose Mörder, unzüchtige Sodomiten, gottlose Ketzer und täuferische Sektenbrüder. Ja, es waren dies gute Zeiten für uns Jünger des Kyrios.

Vieles geschah im Lande, und Kyrios erzählte uns immerzu von den Verbrechen der Altgläubigen und wie sie in Näfels die wenigen Neugläubigen wie Veh behandeln würden. Einmal kam eine aufgelöste Frau und klagte, weil man ihr die einzige Ziege geraubt hatte. Kyrios antwortete mit tröstlicher Stimme: »Jede Geburt kennt die Schmerzen der Wehen, und in den Augenblicken vor dem Sonnenaufgang scheint uns die Nacht am dunkelsten. So ist es mit dem Wandel, der bald kommen wird!

Verzaget nicht und folgt mir durch das finstere Tal, denn ich werde euch Stecken und Stab sein und einen Tisch bereiten im Angesichte der Altgläubigen. Voll werde ich euch einschenken, wenn ihr fromm bleibt und standhaft meinen Willen geschehen lasst!«

Und Kyrios' Wille geschah. Was vor Monaten die Bilderstürme in den Kirchen gewesen, waren nun Hausdurchsuchungen überall im Hinterland, wo sich das Wort verbreitet hatte. Es solle kein wahrer Christ mehr Götzenbilder oder gar eigene Hausschreine und gemeinsame Kapellen besitzen. Wir Jünger hatten seine Befugnis, solcherlei schändliche Gegenstände an uns zu nehmen und sie ihm darzubringen. Nur er wisse, wie man das Gift, das dem Gold der ketzerischen Bildnisse innewohne, auf ewig banne, ehe man es dem Volke wieder zurückgeben könne. Zweifelnd und mit wankendem Herzen erfüllte ich seine Befehle, denn längst glaubte ich nicht mehr richtig an die Sache, die ich so lange als gerecht angesehen hatte.

Ich lebte für meine Träume seit dem Bildersturm zu Schwanden, als ich im Gesicht der steinernen Jungfrau wieder zu mir gefunden hatte. Und seit dieser Begegnung war ich rastlos im Herzen. Dieses Kämpfen für den Wandel verlor damals schon sowohl an Bedeutung wie auch an Wirklichkeit, und es begann mit jedem weiteren Seufzer im Traum meinen Fingern zu entgleiten. Mein Leben ward ein unruhiges Zögern und Abschiednehmen, und wartend verlangte es mich nach alledem, was mir noch immer verwehrt blieb. Sophie. Die wehe Sehnsucht trieb mich zu ihr, und erneut träumte ich in den Nächten meinen Traum vom er-

füllten Leben: Ihr Gesicht war verklärt, denn es atmete Trost und barg Ruhe den Mühen, die mich plagten. Vielleicht war es nunmehr das, was der Geist meiner Liebe aus ihrer fernen Erinnerung gemacht hatte. Doch sie saß noch immer dort, bei einem Gebüsch, neben einer sanft sprudelnden Quelle. Um ihr wallendes Haar trug sie einen geflochtenen Kranz aus Bergblumen. Ihr sanftes Lächeln war Labsal für mich, der ich von einer der höchsten Alpen heimkehrte, wo ich lange alleine geweilt hatte. Ach, tempus fugit, amor manet.

Im Herzen war ich ein Bauer. Wem hatte ich je etwas anderes vormachen wollen? Ich merkte es jedes Mal, wenn der Geruch in der Nähe eines Stalles mein Herz höher schlagen ließ. Bei den Hausdurchsuchungen klopfte ich meistens schwach an die Türe und fragte scheu, ob ich wohl einen Becher Milch trinken dürfe. Wenn ich dann in der schönen, kleinen und heimeligen Bauernstube saß und die Bauersfrau mir neben einem Stück Brot auch noch eigenen Alpkäs und frisch gemachten Anken gab, dann fühlte ich eine solch vertraute Wärme ums Herz, dass ich nicht selten Freudentränen wegblinzeln musste. Ich bat dann oftmals die Bauern, von ihrer täglichen Arbeit zu erzählen, und fragte, wie es den Kühen ginge und ob denn eine trächtig sei oder ob vielleicht sogar ein Wolf eines der Schafe gerissen habe. Sie verstanden nie, weshalb ich dies wissen wollte, gab es doch für sie nichts Eintönigeres als das Bauernleben. Stattdessen baten sie mich, vom sagenumwobenen Manne zu erzählen, der in Obfurn lebe und eigenhändig – nachdem ihm ein himmlischer Engel erschienen sei – allen Kirchenschmuck der Kirche in Matt zerstört habe.

Von solchen Hausdurchsuchungen kam ich oft mit leeren Händen zurück. Meist vergaß ich in meiner Schwärmerei, die Bauern nach wertvollen Götzen zu fragen, die sie mir aushändigen sollten. Und wenn nicht, dann fand ich es unschicklich und falsch, ihnen ihre Habseligkeiten zu entreißen. Wer waren sie denn? Ketzer? Sie waren einfache Menschen, und jeder einzelne Tag ihres Lebens war anstrengend und voller Mühsal. Ihr Dasein auf dieser Welt – das von Elend, Krankheit und Armut durchzogen war – entlud sich in Gebeten an den Herrn; und ob sie das in den Kirchen ihrer Vorväter taten, vor Abbildern der Heiligen oder bei einer neugläubigen Predigt war ihnen im Grunde einerlei, solange sie auf die Erlösung im Jenseits hoffen durften. Sie waren keine Priester, und die feinen Unterschiede der christlichen Lehren entgingen ihrem Geist. Wozu also sie bestehlen, sie, die sie doch immer schon die Leidtragenden gewesen waren?

Die Wende in meinem träumerischen Leben kam im beginnenden Herbst dieses Jahres. Es war der zehnte Oktober, der Sonntag vor dem einstigen Sankt Gallustag. Der milde Sommer des Jahres 1528 war beinah unbemerkt an mir vorbeigezogen, und so wurde ich erstmals gewahr, wie der kühle Wind goldgelbes Laub über die Hochebene Obfurns blies. Die Wälder, welche die Berge säumten, kleideten sich im Kupfer des herbstlichen Schleiers.

Ich kam von Luchsingen her, wo ich einen Bauernhof hatte durchsuchen müssen. Ich brachte zwar nichts zurück, doch ich war glücklich, denn ich hatte sogar melken dürfen. Bei meiner Ankunft in unserem Stall merkte ich jedoch, dass etwas nicht stimmte.

»Sehet, wer da kommt, liebe Jünger. Sehet unseren Judas Ischariot!«, rief Kyrios und lachte höhnisch auf. Hinter ihm lachten auch die anderen Jünger, welche sich um ihn versammelt hatten. Das spöttische Lächeln wollte nicht von den Lippen des Wolfes verschwinden. Er kam mir langsam entgegen. »Judas, Judas, was soll ich bloß mit dir machen?«, fragte er in die Luft.
»Mit mir machen, Herr?«, fragte ich ihn verstört. »Ich versteh' Euch nicht. Hab' ich denn ein Unrecht getan?«
»Sag du es mir, Judas.«
»Ich weiß nicht, was ich Falsches getan haben könnte, Herr!«
»Achtet euch gut, Jünger, denn daran sollt ihr die Verräter erkennen: Sie stellen sich unwissend!«
»Verräter?«
Kyrios blickte mich an, aber sprach weiterhin zu den Jüngern: »Der Verräter leugnet immerzu sein Verbrechen, dieweil ein Christ gerechten Herzens zu seiner Schandtat steht.«
»Ich habe nichts getan, Herr!«
»Seht ihr, meine Jünger? Er leugnet. Lasset uns sehen, wie viele Male er es tut, ehe er Einsicht zeigt oder der Hahn kräht.«
»Aber Herr, ich habe niemanden verraten!«, wiederholte ich verzweifelt.
»Ach nein? Hast du denn nicht unsere Grundsätze und mit ihnen auch den Wandel verraten? Wünschst du dir denn etwa nicht, dich von uns loszureißen, um in ein Leben zu entfliehen, dem du mit unserer Taufe entsagtest?«
Ich blickte hilfesuchend in die Reihen der Jünger. Ihre mitleidlosen Blicke waren kalt wie Eis. Kyrios fuhr weiter: »Ich mag wohl nur erahnen, Judas, um wie viele Götzen du mich mit deinem Ungehorsam gebracht hast. Nicht nur jene, die du in die

Linth warfst, nein. Mir wurde berichtet, wie du die Bauern deckst, wie du sie womöglich sogar in ihrer Abgötterei bestätigst ...?«
Hinter ihm blickte Johannes zu Boden.
»Nein, Herr, ich ...«
»Was, *Judas*?«
»Ich ... ich wollte doch immer nur fromm ... und standhaft sein!«
Kyrios hob die Augenbrauen: »So? Nun, wenn du wirklich beweisen willst, dass du einer der Unsrigen bist, Judas, dann will ich dich mit einer Aufgabe prüfen, die nur besteht, wer wahrlich fromm und standhaft ist: Bring mir den Kreuzsplitter Jesu Christi aus Glarus und du sollst reingewaschen sein von aller Sünde, zu der dein wankelmütiges Herz dich einst verleitete. Mehr noch: Tu dies und du kannst deinen Verräternamen abwerfen, Judas Ischariot!«

Wenn mein altes Gedächtnis mich nicht täuscht, dann gab es zu dieser Zeit achtundsechzig Reliquien in der Kirche von Glarus: die berühmte, in der »güldenen Trucke« aufbewahrte Reliquie des Sankt Fridolin, ein Stücklein von der Krippe unseres Herrn, ein Knöchlein von den Kindern von Betlehem, die der König Herodes hatte töten lassen, ein Bruchstück von der Säule, an welcher Christus gegeißelt worden, und noch reichlich andere. Unter all ihnen war jedoch keine so heilig und wertvoll wie der Holzsplitter, den Glarus während des Schwabenkrieges im Jahre 1499 vom Freiherren von Brandis geschenkt bekommen hatte. Zu Ehren dieser Reliquie – und wohl auch, weil der damalige Papst Julius II. zur selben Zeit Glarner Söldner warb und daher den Splitter mit einem überaus kräftigen Ablass bedachte – wurde anno 1510 anstelle eines simplen Altars eine Kapelle errichtet. Es ist ein bitterer Witz des Schicksals, dass sich der damalige Pfarrherr zu Glarus sehr für diese Sache einsetzte, weshalb die Kreuzkapelle im Volksmund noch heute unter dem Namen »Zwinglikapelle« bekannt ist. Die Durchtriebenheit seiner List verriet mir, wie sehr es den Wolf nach dem größten Heiligtum des Landes verlangt hatte. Sein Plan sah vor, dass ich es entweder schaffen oder dann aber meine ewige Verdammnis finden würde. Diese angsterfüllten Zeiten der Rechtlosigkeit ließen zu, dass der Pöbel seine Verzweiflung an den Aufwieglern ausließ. Die stille Melodie des Totentanzes entfesselte der Menschen Blutdurst in irrer Verzückung. Sollte ich scheitern, so würden sie mich vielleicht als Reliquiendieb an einem Baum aufknüpfen. Sollten sie mich als Täufer erkennen, so würden sie mich wohl gefesselt in die Linth werfen. Doch am wahrscheinlichsten war, dass sie mich mit bloßen Händen blind vor Wut in Stücke rissen. Und so war meine Reise nach Glarus gleich einem letzten, traurigen Gang zum Galgenbüchel.

Unter unseren Füßen knisterte das trockene Laub, als wir dem Lauf der Linth folgten, der »Straße nach Zürich« entlang. Der Himmel über uns war von trüben, grauen Wolken verhangen, und von den hölzernen Gerippen der Bäume hörte man Raben krächzen. Sie flogen an diesem Tage tief über die herbstlichen Auen und Weiden, die geheuten und die brachliegenden Felder. Neben mir gingen Johannes und Jakobus. Kyrios hatte sie mit mir entsandt. Er sagte, sie sollen mir Beistand und Hilfe leisten, doch mir entging nicht, dass ihr eigentlicher Zweck meine Überwachung war. Sie sprachen von Zeit zu Zeit, erzählten einen

Witz und lachten dann unruhig auf, in der vergebenen Hoffnung, die Stimmung gelockert zu haben. Sie waren angespannt und ich hörte ihnen gar nicht erst zu. Stattdessen blickte ich mich um, denn bei jedem Schritt war es ein reges Aufleben vergessener Erinnerungen. Die Wege, die wir gingen, waren jene, die Johannes und ich einst neben dem seligen Jörg Grebel gegangen waren, ehe der Tod ihn zu Schwanden ereilte. Ich sah ihn wieder vor mir, mit seinen dunklen Augen, in der Farbe gerösteten Brotes, und seinem bestimmten Gang, der ihn ins Verderben geführt hatte. Ja, er war immerzu fromm gewesen und wahrlich standhaft geblieben. Bis zum Schluss.

Als sich die Schatten des Abends über das Tal legten, erreichten wir Glarus. Das letzte fahle Licht der Sonne verschwand hinter dem Glärnisch, als wir an den kleinen Häuschen bei der Abläsch vorbeigingen. Neben uns hörten wir das beständige Rauschen der Linth. Hier hatten wir auf Jörg Grebel gewartet, dachte ich. Hier hatte unsere Reise ihren Anfang genommen. Ich seufzte: »Ein Jahr ist's her!«

Hinter mir hörte ich Johannes tief einatmen, und ich sah, wie er seinen Blick aufs Oberdorf richtete, wo er hinter den Feldern des Erlen sein Elternhaus erahnen konnte. Ich fragte mich, ob sie ihn noch erkennen würden und ob es noch etwas in diesem Johannes gab, das an den Peter erinnerte, der er einst gewesen war. War er noch der Junge, dem ich damals in Glarus gelobt hatte zu folgen? Er öffnete kurz den Mund, als wolle er etwas sagen, doch er schloss ihn wieder. Schweigend liefen wir auf der Landstraße weiter. Wir kamen zwischen der oberen und unteren Allmeind vorbei, wo wir so oft nach dem Veh geschaut hatten. Wie fern und unwirklich das alles schien an diesem traurigen Tag.

Die Straßen und Gässlein in Glarus waren verlassen. Blasse Nebelfäden umschleierten die Häuser, wie dies manchmal im Herbst geschah. Wir gingen an der Mauer unter dem Tschudirain vorbei, als es zu dunkeln begann. Aus den Fenstern der Häuser flackerte das Licht von Feuerstellen, Öllampen und Kerzen und warf geisterhafte Schattenbilder der Vergangenheit auf den Nebel der Straßen. Ich sah den Leichenjörg Marti, wie er einen bleichen toten Körper aus einem Pesthaus zog. Ich sah die mageren Hunde, wie sie an ihren Ketten zerrten und ihren Hunger in die Nacht heulten. Ihr Klagen vermischte sich zusammen mit der Warnglocke des Leichenwagens zur schaurigen Musik der *pestis*, welche die Stille des Sterbens zerriss. Die Nebelfetzen lichteten sich und die Geisterwesen verwandelten sich zurück in die vergangenen Erinnerungen, aus denen sie gewoben waren. Ich versuchte sie zu vergessen, denn all dies war vorbei. Glarus war nicht mehr dasselbe Glarus von damals, und auch wir hatten uns seither verändert. Unsere Leben dienten nun einem höheren Zweck, einem, der in seiner Heiligkeit die Zeiten überdauern würde. Der Rest war vorbei wie der Schnee vergangener Jahre und in seiner Vergänglichkeit nicht von Belang. Oder etwa doch? Zweifel plagten mein Herz. War es denn so vermessen, in dieser sterblichen Welt irdisches Glück zu suchen? War ich gottlos, ich, der ich mein Glück in einer Liebe fand, für die ich bereit gewesen war, die Welt zu verändern? Was nützten mir denn die Schätze des Himmels, die weder Motte noch Wurm zerstören und die uns auch von Dieben nicht gestohlen werden können, wenn der einzige Schatz, nach dem es mir verlangte, hier auf Erden, hier in Glarus war? Was bedeutete mir das Paradies, wenn sich doch die wahre Liebe im flüchtigen Leben erfüllte, gerade weil der Tod eines Tages die Liebenden einander rauben würde? Hinter einem Kürbisbeet erhaschte ich zwei Häuserreihen weiter einen Blick auf eine traurige, fast blattlose Linde. Ich erkannte sie, denn zu oft hatte ich sie von meinem früheren Zimmer aus beobachtet. Sophie, du Unvergessene und ewig Geliebte; Gottes unerforschliche Wege führten uns endlich wieder zusammen.

»Hier entlang, wir gehen über die Meerenge zum Spielhof!«, unterbrach Johannes meine Gedanken und führte uns in die dunkle, enge Gasse. Wir bogen um das Wirtshaus zum Schwarzen Adler. Die Türe unter dem schmiedeeisernen Schild des Greifvogels war verschlossen, und der Stille nach zu urteilen schien die Schänke – wie auch die Straßen des Hauptorts – menschenleer zu sein. Als wir ums Hauseck bogen und den Friedhof betraten, hörten wir von der Kirche her Gesänge, und wir verstanden, dass die Leute von Glarus allesamt in der Abendmesse waren. Schlagartig wurde mir wieder bewusst, wie altgläubig Glarus noch war. Ein Ort, wo Messen gelesen, Beichten gehört, Brot zu Fleisch und Wein zu Blut wurden. Ich blickte Johannes an und ich las dasselbe Gefühl in seinem Blick; wir waren Fremde in unserer eigenen, alten Heimat.

»So, und nun?«, fragte Jakobus. Er war ein ehemaliger Bäckergehilfe aus Matt, mit wirrem, strohblondem Haar und einer zu großen Nase. Er mochte zwar an die sechzehn Lenze zählen, doch der Himmel hatte ihn mit einer gutgläubigen Einfalt geschlagen, welche in der Gegenwart eines klügeren Menschen in scheuen Gehorsam umschlug.

»Nun müssen wir warten, bis die Messe vorbei ist«, antwortete Johannes und blickte aufmerksam auf die vom Kerzenlicht erhellten Kirchenfenster. In seinen Augen spiegelte sich das warme Licht und es loderte sein Blick, wie ich es so oft gesehen hatte in diesem gemeinsamen Kampf für den Wandel.

»Findest du nicht, dass wir *jetzt* gehen sollten, wo doch alle Menschen mit Brotessen und Weintrinken beschäftigt sind?«

»Nein, Jakobus, das ist kein guter Einfall. Sie werden auch bei all ihrem Ketzerschmaus kaum genug abgelenkt sein, um nicht zu bemerken, wie wir nebenan in die Kreuzkapelle einbrechen ...«

»Nun gut, aber Kyrios hat gesagt, dass wir –«

»Kyrios hat gesagt, dass wir beide für Ablenkung sorgen sollen, während Judas den Splitter alleine beschafft. Es ist dies ein Kreuz, das *er* zu tragen hat; nicht wir, Jakobus.«

»Du sprichst wahr, Johannes. So sag, was wir tun müssen«, antwortete der Jünger und senkte unterwürfig den Kopf, wie er es sich bei Kyrios angewöhnt hatte.

»Judas Ischariot wird hier im Schatten des Friedhofs versteckt warten, bis die Abendmesse vorbei ist. Du und ich, Jakobus, werden gebührend für Ablenkung sorgen, sobald die Menschen die Kirche verlassen haben ... Wir werden in die Burgkapelle einbrechen und die Bilder zerschlagen!«

»Die Burgkapelle?«

»Ja, Jakobus, *Sancti Michaelis supra urbem*. Die schöne, alte Kirche auf dem hohen Burghügel, keine zwei Steinwürfe von hier. Bestimmt hast du sie schon gesehen«, antwortete Johannes mit trockenem Witz. Als Jakobus sich tatsächlich umsah und dann noch in die falsche Richtung blickte, wo sich doch die Burgkapelle direkt vor uns hoch über Glarus erhob, schlug ihn Johannes auf den Hinterkopf und schimpfte ihn einen Tölpel.

»Aber wenigstens *du* weißt, was du zu tun hast, Judas?«, fragte er mich.
»Sehr wohl!«, antwortete ich. »Ich will euch nicht enttäuschen.«
Er blickte mir tief in die Augen, und ich spürte, wie meine Seele von dem Feuer seines Blickes geprüft ward. Dann schaute er erneut zu den erleuchteten Kirchenfenstern.
»Du musst geschwind sein, Judas. Wir können dir nicht viel Zeit verschaffen ...«
»Gewiss, Johannes! Ich will mein Bestes geben!«
»Nun gut, komm, Jakobus!«
»Sehr wohl!«, antwortete dieser, und zwischen den Grabsteinen schlichen sie weg. Ehe sie die tiefe Friedhofsmauer übersprangen, zischte mir Johannes noch etwas zu: »Judas!«
»Ja?«
»Behüte dich Gott, Bruder!«
Ich las die Sorge in seinen Augen.
»Dich auch, Bruder!«, sagte ich, und sie verschwanden in der Finsternis der nebligen Nacht.

Einundzwanzigstes Kapitel

Am Sonntag vor St. Gallen tag giengend unrühwig Buben auf Burg, und wurfend alle Kirchenzierd auf die Lindt [...] und Brachend auch in unsere Kilchen, zerbrachend auch die engel vor der Frauen altar. Und als der Dieben arth ist, dass Sie forchtsam sind giengend Sie widrum außhin [...] dann dass Sie etlichen Bildern die nasenabhüwend. Uss dem treffenlich unruh entsprang mit vil hässlicher und schandtlicher tathen.

Chronik des Valentin Tschudi

Worin ich nach viel Schmerz endlich
den rechten Weg finde.

Als meine Brüder verschwunden waren, vermochten weder die Schatten des Friedhofs noch mein gegebenes Versprechen meine Sehnsucht zu zügeln. Voller Wärme und Trost war der Lockruf der Liebe in dieser kalten, nebligen Nacht zwischen Angst, Zweifeln und den Grabsteinen. Sophie. Mein Herz zog mich zu ihr hin und lenkte meine Schritte fort vom Friedhof durch die Gassen. War es denn falsch? War dies denn nicht die Erfüllung meines stürmischen Werdegangs durch die Wirren dieser Zeit? War denn dies nicht meine Rolle in Gottes gewaltigem Weltenplan?

Der Rausch der Liebe erfüllte mein Denken, und der Traum, den so oft ich träumte, veränderte sich: Ich sah mich heimkehrend von einer langen und leidvollen Schlacht, die es zu schlagen gegolten hatte, und in ihren Fängen hatte ich lange von meiner Geliebten getrennt geweilt und gewartet. Nun aber kam ich über den Trümmern einer zerfallenden Weltordnung endlich zurück zu ihr, und schwer fiel es mir, die Tränen zurückzuhalten. Bitter war es, mir einzugestehen, dass ich ihre sanften Züge nicht mehr genau bestimmen konnte; da war ein Gesicht, aber war es das ihre? In ihrer vornehm hellen und makellosen Haut sah ich jene meiner sterbenden Mutter, weiß wie die Milchpfütze, in der sie klagend lag. Ihre feinen Lippen waren wie das Morgenrot, unter dem der Wandel in das Land hereinbrach, purpurn wie der Messwein, der sich über den Boden der Kirchen ergoss. Ihr heimwärtslockendes Lächeln war geheimnisvoll, ein süßes, unausgesprochenes Versprechen. Die Strähnen ihres Haares, welches in wallenden Wogen über ihre Wangen fiel, waren goldbraun wie der Herbst in seiner letzten, seufzenden Wärme. Und ihre Augen waren von jenem tiefen, unergründlichen Grün, in welchem die Mühsal der Welt sich verlor, die Last des Zweifels sich dankbar entlud, die beschwerliche Reise endlich ihr Ende fand. Wahrlich, das Gesicht der Geliebten war zu alledem geworden, was ich auf meinem Weg durchlebte, und während ich es in meinem Traume zärtlich betrachtete, war es mir, als blicke ich aus unendlicher Ferne auf eine schmerzlich verlorene Heimat zurück. Eine, die erst wieder mein sein sollte, wenn sich unsere Liebe erfüllte.

Ich sah die wenigen welken Blätter an der Linde und den Nebel sich in den kahlen Ästen verfangen. Ich stand vor dem Haus der Hässis und empfand dasselbe wie am ersten Tag. Damals wie jetzt schien es mir groß und fremd. Ich blickte auf die Malereien an der Wand, das Bild der kämpfenden Reisläufer. Mit grüner Farbe waren sanfte Hügel angedeutet und ich wusste nicht, welches Land gemalt war; das Mittelland der Eidgenossenschaft, das große Frankreich oder gar Italien, wo die großen Kriege unserer Zeit zwischen der Kurie und dem Kaiser geschlagen wurden? Die Kriege, in denen auch mein tapferer Vater fiel ...
Ja, sagte ich mir und malte mir aus, wie dies die Hügel Norditaliens seien. Mit geschlossenen Augen stellte ich mir vor, wie ein lauer Abendwind mein Gesicht umspielte. In ihm lag nicht die Kälte der Bergluft, nicht der Nebel des Herbstes; sanft trug er Düfte von fremdländischen Pflanzen und Kräutern, *rosmarinus* und *thymum,* von denen Heinrich Hässi mir einst erzählt hatte. Von fern hörte ich die Erzählungen des Söldnerveterans über die Länder des Südens: Die Winter seien mild, doch im Sommer brenne die Sonne mit solcher Hitze, dass sie einem die Haut versenge. Unter dem gepanzerten Harnisch werde es unerträglich heiß, man atme immerzu dicke, schwüle Luft, und in der Schlacht fließe einem der Schweiß salzig über das ganze Gesicht. Und wenn man weiter gen Süden gehe, so werde die Erde tiefrot, wie geronnenes Ochsenblut, nein, wie die Sonne über dem Mittelmeer, wenn das Himmelsgestirn nah am *finitor* aus Wasser stehe und das weite Meer küsse, ehe es untergehe. Und ich konnte mir nicht vorstellen, was ein *finitor* war oder wie die Sonne jemals so tief sinken konnte, dass sie flammend rot wurde und im Wasser des Meeres unterging, anstatt einfach

und wie gewohnt hinter den Bergen zu verschwinden. Fremd war mir dies alles. Meine Welt war umgeben von Bergen, die auf ihren Schultern das Sternengewölbe trugen. Und auf der höchsten Alp würde ich Gott und dem Himmel näher sein, als ich es je auf Schlachtfeldern sein könnte.

Aber hör auf, solche Dinge zu denken, sagte ich mir. Die Liebe hat dich hierhergeführt, durch alle Gefahren und Prüfungen hindurch. Ich blickte zu Sophies Fenster und sah das schwache Licht einer Kerze. Sie war nicht in der Abendmesse, natürlich. Sie wartete auf mich.

Leicht war es, sich vom Herzen treiben zu lassen. Ich ging zur Abstellkammer, wo die Holzscheite für den Ofen und die Werkzeuge gelagert wurden und welche eine Seitentüre zur Nebengasse hin besaß. Ich wusste, wo der Zweitschlüssel der Knechte hing. Ich nahm die Holzleiter und trug sie ums Haus, unter Sophies Fenster. Während ich die brüchigen Sprossen der Leiter erklomm, war es mir, als lichte sich der Nebel um mich.

Durch das dünne Glas des Fensters sah ich Sophie mit gefalteten Händen am Bettrand kniend. Mein sanftes, liebevolles Klopfen riss sie aus ihrem stillen Gebet. Sie erschrak kurz, als sie jemanden an ihrem Fenster sah, doch die Angst wich schnell von ihr, als sie mich erkannte und langsam und zögernd das Fenster öffnete. Endlich sah ich sie wieder. Und anders war sie als das Bild, welches die lückenhafte Erinnerung mir stets in die Träume gezeichnet hatte. Da war kein Blumenkranz in ihrem zu Zöpfen geflochtenen Haar und kein mildes Lächeln. Ich erkannte, dass die Zeit sie gezeichnet und verändert hatte. Ihre Augen offenbarten die Trauer des Verlusts und gaben eine Ahnung davon, wie viel sie geweint haben musste. Doch mehr als nur

Schmerz hatte die Zeit in ihre Züge gekerbt; sie hatte Sophie zur Frau gemacht. Ich erkannte es an ihren vollen Lippen und an ihrem ganzen Körper. Ihr Nachthemd spannte sich über ihren Busen, umfing anmutig den Umriss ihrer bezaubernden Gestalt. Mir ward bewusst, dass auch ich mich verändert haben musste. Ich war magerer geworden und mein Haar war filzig. Ich fühlte mich rau. Sie blickte mich an. Erkannte sie mich noch, unter all den Narben?

»Balthasar!«, flüsterte sie.

Fast fiel ich von der Leiter, als ich meinen alten, abgelegten Namen aus ihrem Mund hörte. Wahr musste er sein, wenn sie ihn sagte.

»Sophie, du ewig Geliebte, endlich vereinen uns Gottes Wege erneut!«, sagte ich und die Wörter kamen, weil sie richtig waren. Ich hielt ihre Hand.

»Wo warst du nur?«

»Fort, Sophie, und doch immer bei dir.«

»Aber weshalb gingst du fort?«

»Für uns, Sophie! Nur um unserer Liebe willen brachten wir den Wandel ins Glarnerland und zerstörten damit die alte Weltordnung, welche sie verunmöglichte! Jedes Bild, das zerstört wurde, war der Preis unserer Liebe. Die neue Welt, die daraus erwuchs, ist mein Geschenk an dich!«

Ich blickte in die Unendlichkeit, die sich in ihren grünen Augen eröffnete, tief und unergründlich wie der Sternenhimmel. Sie war sprachlos. Dann senkten sich ihre Augenlider, und es war, als seien Wolken vor den Himmel getreten. Der Nebel kroch enger um mich und ich hörte Raben krähen.

»Oh«, sagte sie, wie schon einmal. Doch diesmal klang es nicht

erstaunt. Es klang verletzt. Klagend. »Gehörst du denn zur Sekte, von der man überall hört?«
»Ja, Sophie!«
»Dann bist du des Teufels, Balthasar!«
»Des Teufels?«, stammelte ich.
»Ja, denn du trägst Mitschuld an allem Übel!«
»Wie meinst du das?«
»Als Ketzer, Balthasar! Gott hat dich verlassen. Doch schon immer lag ein Schatten über deiner Seele. Die *pestis* folgte dir aus dem Unterland und forderte in Glarus ihren blutigen Zoll. Meine Mutter wurde krank, als du hier warst ...«
»Aber das war doch nicht ich, Sophie! Ich tat alles, um das Unheil abzuwenden!«
»Trauer, Balthasar. Wusstest du, das Trauer töten kann?«
»Ja, Sophie. Meine Eltern –«
»Schweig! Die Trauer über das Elend im Land brachte meine Mutter um. Der Gallati nennt es überschüssigen Gallensaft – doch mein Vater und ich wissen, dass es Trauer über den Niedergang der Welt war!«
Ihre Unterlippe zitterte, doch sie weinte nicht. Ihr Blick war ausdruckslos.
»Aber Sophie!«
»Meine Mutter war eine feine Frau gewesen, weißt du? Sie gehörte nicht in dieses armselige Land. Sie gehörte an den Hof Frankreichs, wo auch ich bald sein werde!«
»Du gehst?«
»Ja, weg von hier. Weg vom Elend, von der Armut und der Not. Und weder du noch deine ketzerischen Machenschaften werden dies ändern können.«

Ich fand keine Worte. Es gab nichts, was ich hätte sagen können. Nichts, um die Schmerzen in meiner Brust zu beschreiben. Ich hatte ihr eine neue Welt geschenkt, doch sie liebte mich nicht. Schlimmer: Sie hasste mich.

»Als du kamst, schienst du harmlos, Balthasar. Ein einfacher Bauer. Es fällt mir schwer, es einzugestehen, aber ich mochte dich und deine traurige, verlorene Art. Ich habe dich des Nachts in meine Gebete geschlossen, Balthasar, sogar nach deiner Flucht. Aber jetzt bist du hier und offenbarst dein wahres Gesicht. Und so grausam bist du, dass du alle Zerstörung und das Unheil mir widmen willst. Für mich soll all dies geschehen sein? Für mich soll meine Mutter gestorben sein? Willst du mich denn etwa auch noch mit in dein Verderben reißen? Oh, möge mich der Herrgott von deiner Sünde befreien und möge Er …«, und sie griff dabei die Leiteransätze außerhalb des Fensters mit ihren Händen und stieß mich nach hinten, ohne dass ich mich wehrte, »… deiner Seele im Fegefeuer gnädig sein!«

Die Leiter fiel in hohem Bogen rückwärts zu Boden und ich mit ihr. Ich schrie nicht einmal auf, als ich mit dem Rücken hart aufschlug. Ich sah noch, wie Sophie über mir das Fenster schloss. Dann trübte der kriechende Nebel mein Gesichtsfeld und es wurde mir schwarz vor Augen. Ich starb.

Im selben Augenblick kündeten die Glocken das Ende der Abendmesse an.

War ich tot?

Ich hatte mein Leben umsonst gelebt, schoss es mir durch den Kopf, also hoffte ich, tot zu sein. Ich wollte nicht mehr weiterkämpfen in dieser Welt, die nichts als Leid und Schmerz für

mich barg. Alles hatte seinen Sinn verloren und gern wäre ich schon früher gestorben, damit mir wenigstens diese letzte und bitterste Enttäuschung erspart geblieben wäre. Und warum war ich denn nicht schon lange tot? Welch grausamer Witz des Schwarzen Todes, mich als einziges Kind meiner Sippe überleben zu lassen, nur um all diese Qualen zu überstehen, die einander durch mein Leben jagten. Wie viel einfacher wäre es zu sterben. Süßes Loslassen.
Doch ich lebte noch. Der allzu lebendige Schmerz in meinem Rücken bestätigte es mir und die Glocken, die ich hörte, waren nicht jene des Paradieses. Ich lebte und war in Glarus.

Es war der Gedanke, dass ich noch eine Aufgabe zu erfüllen hatte, der mich zum Aufstehen brachte. Vielleicht auch die Einsicht, dass die Sinnlosigkeit meines Lebens nur noch von der Sinnlosigkeit eines solchen Todes übertrumpft würde. Nicht so, sagte ich mir. Nicht auf diese Weise wollte ich sterben. Denn wenn schon nicht mein Leben, so sollte doch immerhin mein Tod fromm und standhaft sein! Ich taumelte durch die Gassen, an gesichtslosen Menschen vorbei, die aus der Abendmesse kamen. Ich ging zum Friedhof und zwischen den Grabsteinen hindurch, bis vor die Kirche, wo die Zwinglikapelle angebaut war. Die Türe war leicht aufzutreten. Das schwache Schloss gab nach drei starken Tritten nach, und hinter dem aufgebrochenen Holz sah ich in die Kapelle.
Die Dunkelheit lag über allem wie ein schwarzes Tuch, und meine Augen brauchten einige Zeit, bis sie sich daran gewöhnten. Nur schwach erkannte ich das Innere. Ich schritt voran, auf den kleinen, steinernen Altar zu, wo – von ausgelöschten Kerzen

flankiert – eine schwach schimmernde Monstranz stand. Ein mir unbekanntes Wappen war in den Fuß des güldenen Kreuzes eingelassen. Durch eine kleine Glasscheibe machte ich mit größter Anstrengung meiner Augen ein etwa daumengroßes, schlichtes Stück Holz aus.

Die Erkenntnis brannte sich durch all das, was der Wandel mich gelehrt hatte. Ich stand vor einem Bruchstück des Kreuzes unseres Herrn und Erlösers Jesus Christus. Auf ihm hatte das Lamm Gottes sein Leben ausgehaucht, um die Sünde dieser unserer leidgeplagten Welt hinwegzunehmen. Die Gegenwart des Splitters ließ mein Herz hart in meiner Brust schlagen. War dies die Unrast des Diebes oder das Schuldgefühl des Sünders? Zitternd streckte ich meine Hand aus, um den Splitter an mich zu nehmen, als ich erkannte, dass sie voller Blut war. Es brannte auf meinen Handflächen und tropfte schwarz von meinen Fingern. Und ich wusste, dass dies das Blut war, das so achtlos wir verschüttet hatten über die Kirchen dieses Landes. An mir klebte das Schandmal. Ich versuchte, es am Stoff meiner Kleider wegzuwischen, doch es war vergebens. Nur noch heißer sengte es sich in mein Fleisch.

Da offenbarte sich mir die Wahrheit, hell und blendend: Meine kämpferische Irrfahrt für den Wandel war falsch gewesen! Ich hatte geglaubt, die alte Ordnung mit der Gewalt eines Sturmes umwerfen zu können, im Glauben, die Welt zu einem besseren Ort zu machen, in der Vorstellung, der Liebe meines Lebens näher zu kommen. Doch das Wort Gottes sprach nicht die Sprache der Gewalt und seine Gnade verbarg sich nicht im Verbrechen. Nichts als Leid entsteht dort, wo der Glaube nicht aus den Herzen kommt, sondern einem Joch gleich auferlegt wird. Weh der

armen Christenheit und den Jahrzenten der Dunkelheit und des Krieges, die ihr auf diesem Pfad folgen würden. Und weh mir, der ich so lange auf diesem falschen Pfad gewandelt war. Jesus Christus, mein Erlöser, der du mich aus finstrem Tal herausgeführt, was, oh was, war aus mir nur geworden?
Reuevoll fiel ich auf die Knie. Das Feuer der Sühne durchströmte meinen Körper und brannte schmerzhaft in meiner Brust. Tränen liefen meine Wangen hinunter und wuschen mich frei von der Sünde, die so schwer auf meiner Seele lastete. Ich warf mich gänzlich zu Boden.
Süßes Loslassen. Endlich.

Und während ich dies schreibe, im welkenden Abend meines reumütigen Lebens, weine ich erneut die Tränen jenes Tages. Worte versagen, denn sie sind nicht fähig zu umschreiben, wie ich fühlte und womit ich erfüllt war in diesem Augenblick der Verklärung. Bis heute weiß ich nicht zu sagen, was dort geschah. Aber, frage ich den Leser meiner chronica, *was konnte dies gewesen sein, wenn nicht eine göttliche Erscheinung? Steht denn nicht schon in der Apostelgeschichte der Heiligen Schrift geschrieben, wie Saul durch eine Begegnung mit Jesus die Augen geöffnet wurden und wie er in seiner Blindheit das Geschenk der Klarsicht erhielt? Es steht geschrieben: »Und sogleich fiel es von seinen Augen wie Schuppen und er wurde wieder sehend; und er stand auf und ließ sich taufen.«*
Wohlan, nur der Herr im Himmel kennt die Bedeutung dessen, was zu erleben mir einst in meiner Jugend wiederfuhr, und unbegreiflich bleiben uns Menschen Seine Gerichte und Ratschlüsse. Doch ich red' mir, wenn ich des Nachts nicht einschlafen kann, gern ein, dass unser Herr Jesus höchstselbst mich, sein so lange

verloren geglaubtes Schäflein, zurück in die Herde nahm. Ja, so findet mein altes Sünderherz Ruhe.

Hinter mir trat jemand in die Kapelle. Erschrocken wandte ich mich um, noch immer tränenüberströmt. In der Hand des Mannes brannte eine Fackel und ihr gleißend helles Licht blendete meine Augen, sodass ich nichts sehen konnte.
»Vaterloser Einbrecher!«, polterte der Unbekannte und warf mich rüde auf den Boden zurück. Doch dann musste er mein verweintes Gesicht in dem Feuerschein gesehen haben, denn er rief verwundert: »Grundgütiger!«
Langsam zog er die Flamme zurück und hielt sie neben sich, sodass auch er vom Feuerschein erhellt wurde. Ich erkannte die Züge des Valentin Tschudi, Pfarrherr zu Glarus, und es war, als ob mir ein Engel erschiene. Ich kroch zu ihm und griff den Saum seines hellen Pfarrgewands. Meine Hände, so bemerkte ich, waren wieder sauber.
»Herr!«, flüsterte ich schluchzend. »Bitte helft mir!«
Er sah mich überrascht an, und die Wut in seinem Gesicht kippte in Sorge um. Er tätschelte meinen Haarschopf, während meine Tränen sein Pfarrgewand durchnässten.
»Ruhig, mein Sohn, ruhig ...«, sagte er fortwährend mit seiner sanften Stimme. Dann hörten wir von draußen das unverkennbare Klirren einer Glasscheibe. Valentin Tschudi drehte sich um und stürzte aus der aufgebrochenen Kapellentüre. Ich folgte ihm und sah, wie zwei dunkle Schatten aus der Kirche rannten. Sie hatten ihre Kapuzen tief ins Gesicht gezogen, sodass man sie nicht erkennen konnte, und mit sich trugen sie große Leinensäcke. Vom Spielhof her hörte man viel Geschrei, und ich er-

kannte, wie eine wütende Gruppe bewaffneter Männer angestürmt kam. Sie trugen brennende Fackeln, Schwerter und Mistgabeln. Eine der Kapuzengestalten rief mir zu: »Judas! Hast du es?!« Es war Johannes' Stimme. Aus der Gruppe der Verfolger wurden Pfeile geschossen, die jedoch ihr Ziel verfehlten und im Boden oder im Holz der Häuser stecken blieben. Johannes rannte weiter, während ich schweigend zusah.

»Komm schon, Judas, du Narr!«, rief nun auch Jakobus. Kaum hatte er diese Worte gesprochen, da traf ihn ein Pfeil in der Brust. Er schrie und fiel hin, wobei sich allerlei Wertgegenstände scheppernd auf dem Boden verteilten. Ein zweiter Pfeil traf ihn im Oberschenkel. Johannes indes rannte weiter und verschwand wie ein Geist im nächtlichen Nebel.

Meine Tränen tropften auf den hustenden Körper des Jakobus, zu dem ich geeilt war. Sein Gesicht war bleich und weiß wie Milch. Unter seinem zerzausten, strohblonden Haar blickten mich seine Augen an. Der Ausdruck darin war ratlos und fragend. Dort auf dem Boden sah er kleiner aus als sonst, und ich sah, dass er eigentlich noch ein Kind war; ein Bäckergehilfe, der in einer viel zu stürmischen Welt Kämpfer gespielt hatte. Welch schrecklich hoher Preis für seine Frömmigkeit und Standhaftigkeit. Schwach röchelte Jakobus unverständliche Worte, während blutiger Schaum aus seinem Mund trat.

»J-Ju-Judas ...« Ich wusste nicht, was ich sagen sollte. Ich wusste nicht einmal seinen wahren Namen. Unter ihm breitete sich eine dunkle Pfütze aus. Die Menschen mit den Heugabeln und Fackeln schlossen einen Kreis um uns. Jakobus hustete und zitterte am ganzen Leib. Er packte meine Hand und flüsterte blutig das Wort: »Verräter!«

Dann ließen seine Finger von mir ab und sein Kopf sank nach hinten. Sein Blick wurde trüb, ein matter Schleier legte sich über seine Augen, und mit einem letzten, hustenden Stöhnen verließ er die Welt. Weinend schloss ich ihm die Augen, denn für das, was er jetzt sah, brauchte er sie nicht mehr.
Ich bemerkte, wie meine Hände erneut besudelt waren. Schwarz tropfte das Blut von meinen Fingern. Hinter mir hörte ich eine Stimme sagen: »Verdient hat er's, dafür, dass er in der Burgkapelle gewütet hat, der gottlose Ketzer!« Und jemand stieß seine Mistgabel durch den toten Körper meines einstigen Mitbruders. Erschrocken fiel ich zurück und bekreuzigte mich: »Gott möge sich seiner Seele erbarmen!«
»Seiner Seele sagst du? Er war dein Freund, was? Natürlich war er das, ihr tragt dieselbe Kleidung. Du bist sein Spießgeselle und bist mit ihm in die Burgkapelle eingebrochen!«, beschuldigte mich ein älterer Mann mit ungepflegtem Bart. Verachtung lag in seinem Blick und ich roch den Geruch von saurem Wein in seinem Atem.
»Ich ... Nein!«
»Nein? Mir scheint, dass du nicht nur ein ketzerischer Bilderstürmer, sondern obendrein auch noch ein Lügner bist!«
»An den Pranger mit ihm!«, riefen einige der Männer im Hintergrund.
»Genau, wir werden dich an den Pranger stellen! Siehst du ihn dort hinten, beim Spielhof?«, und er deutete mit der blutigen Mistgabel zu der Steinsäule mit dem Halseisen. »Dort wirst du hängen, auf dass alle wissen, wer die Burgkapelle zerstört hat! Sie werden dich bespucken und bewerfen ...«
»Aber ich war es nicht!«, schrie ich. *Der Verräter leugnet immerzu sein Verbrechen, dieweil ein Christ gerechten Herzens zu seiner*

Schandtat steht, hallten mir die Worte Kyrios' nach. *Verräter*, so hatte mich auch Jakobus genannt. Sei kein Feigling, Judas Ischariot. Sei fromm und standhaft, bis in den Tod. Wenigstens im Tod.

»Nicht? Nun, mit Peitschenhieben werden wir dies herausfinden, Ketzerkind! Und wer weiß, vielleicht reicht auch schon der Hass der Leute, der Durst, der Hunger oder die Kälte! Oh, gestehen wirst du dein Ketzerwerk, wenn dir erst einmal die Raben die Augen auspicken!«

»Haltet ein mit dem Wahnsinn!«, schrie eine Stimme durch die Nacht. »Seht ihr denn nicht, dass das arme Kind unschuldig ist? Der Spießgeselle des Toten ist in südlicher Richtung verschwunden. Dieses Kind hier ... steht unter meinem persönlichen Schutze!« Und Valentin Tschudi trat – die Hände schützend ausgebreitet – zwischen mich und den rachedurstigen Mann.

Dritter Teil

Der Sohn aber sprach zu ihm: Vater, ich habe gesündigt gegen den Himmel und vor dir; ich bin hinfort nicht mehr wert, dass ich dein Sohn heiße.

Evangelium nach Lukas 15,21

*Ihr werdet die Wahrheit erkennen
und die Wahrheit wird euch frei machen!*

Evangelium nach Johannes 8,32

Zweiundzwanzigstes Kapitel

Du bist der teuerste der Lehrer und der Liebwerteste unter den Teuersten. Mein ganzes Glück, mein Wissen hängt von Dir ab. Würdest Du gestorben sein, so wäre ich einem Schiff gleich, das den Steuermann verloren.

Valentin Tschudi in einem Brief an Ulrich Zwingli, 1519 in Paris

Worin ich beichte.

Ich ward errettet, denn Gottes Gnade hatte mich in die Arme Valentin Tschudis geführt. Und wie kann ich auf den Seiten, die meiner chronica *noch bleiben, dem geneigten Leser auch nur eine ferne Ahnung von all dessen geben, was ich ihm verdanke? Mein Leben, gewiss. Wenig hätte es den Altgläubigen in Glarus zu dieser rechtslosen Zeit gegolten. Gut ist es möglich, dass ich am Pranger im Spielhof den Tod gefunden hätte, als Ketzer gebrandmarkt, als Verräter gezeichnet. Doch Valentin Tschudi gab mir ein noch größeres Geschenk: Er spendete mir jenen Trost, der so lange mir versagt geblieben, und schenkte mir somit neuen Mut in diesem Leben, das so grausam mit mir gewesen war. Doch alles zu seiner Zeit.*

Ich wachte in einem einfachen Bett auf. Das Zimmer, in dem ich mich wiederfand, war klein und schlicht. Außer dem Bett gab es noch einen kleinen Tisch mit einer Kerze darauf und ein winziges Fenster, durch welches das Licht des erwachenden Morgens drang. Der Hahnenschrei hatte mich geweckt.

Das Gefühl in meiner Brust war ein dunkler Nachhall der Trauer, die ich verspürt hatte, dennoch konnte ich mich im ersten Augenblick nicht mehr erinnern, woher es rührte. Etwas Schlimmes musste geschehen sein. Kurz gab ich mich der schönen Vorstellung hin, dass ich schlichtweg schlecht geträumt hätte und mit dem Licht des neuen Tages dieser unwahrscheinlich lange Albtraum endlich sein Ende gefunden habe. Ja, ich wollte mich umsehen, nach meiner Mutter und dem Fritzli rufen, ehe mir die Tumbheit dieser Einbildung bewusst wurde. Nein, ich Narr, ich hatte nicht nur geträumt. Alles war echt gewesen. Und mit dieser Erkenntnis kamen die Erinnerungen wieder.

Ich warf mich in die Tücher des Bettes zurück, spürte den jähen Schmerz in meinem Rücken, sah mich selbst, von einer Leiter fallend, vor einem steinernen Altar kniend, neben einem toten Jungen weinend. Sein Gesicht war weiß und das Blut, das er röchelnd hustete, war schwarz. Unter seinem struppigen, blonden Haar fragten mich kindliche, verlöschende Augen, weshalb sie sterben mussten.

»Judas. Verräter«, flüsterte ich die letzten Worte des Jakobus. Was tat Judas, nachdem er unsern Herrn Jesus verraten hatte? Trieb ihn das Blut, das an seinen Händen klebte, in den Wahnsinn? Würde es dasselbe mit mir machen? Ich erinnerte mich an die dunklen Flecken, die meine blutigen Finger auf Jakobus' Augenlidern hinterlassen hatten, als ich sie ihm für immer schloss.

Ich blickte auf meine Hände. Sie waren sauber, also musste ich sie gewaschen haben, bevor ich eingeschlafen war. Nachdem ich errettet worden war, dachte ich, und mir kam wieder in den Sinn, wie knapp ich meinem Verhängnis entkommen war und Zuflucht gefunden hatte. In diesem Augenblick klopfte es an der Türe und herein trat der Leutpriester Valentin Tschudi. Er warf ein Stoffbündel auf den Tisch.
»Zieh diese alten Kleider von mir an und dann komm nach unten.«

Ich kannte Valentin Tschudi damals schon von den allsonntäglichen Messen, die ich während meiner Zeit in Glarus – auch während der Pest! – mit dem ganzen Hause Hässi besucht hatte.
Er zählte achtundzwanzig Lenze, wenngleich er um einiges älter aussah. Sein braunes Haupthaar war unnatürlich hell und dünn und es zeigten sich erste Anzeichen eines Haarrückgangs an den Schläfen. Seine Haut war blass, was aber nicht verwunderte, wo es doch häufig die Hautfarbe der Gelehrten und Geistlichen ist, welche als Licht bekanntlich nur den Schein der Kerzen in den scriptoria, *den heutigen* typographea *und den Bibliotheken kennen. Dennoch zogen sich durch die Haut Valentin Tschudis tiefe Falten, von der Art, wie man sie erst nach einem langen und sorgenvollen Leben erwirbt. Er machte den Eindruck eines Mannes, der innert weniger Jahre um Jahrzehnte gealtert war. Und obwohl er noch zu jung war, um als verwittert oder abgewetzt beschrieben zu werden, und ihm deshalb wohl auch das fehlte, was man bei alten Männern gerne als Weisheit bezeichnet, hatten die Erfahrungen dieser stürmischen Zeit sich als Müdigkeit in seine Züge gekerbt. Und diese matte Erschöpfung verlieh ihm*

wiederum jene respekteinflößende Würde, die ihn umgab und seinen Worten solche Kraft verlieh.

Das Haus war verkommen. Es hatte überall Löcher und ein eisiger Luftzug zog durch alle Zimmer. Wenn es regnete, musste es überall tropfen, was die Wasserspuren auf dem zum Teil sehr morschen Holz eindeutig zeigten. Die Treppe knarzte laut, als sei sie ein Relikt aus der Zeit der Römer, und nur noch bleiche Farbreste kündeten von der einstigen Bemalung des unteren Teils der Steinwand; der Rest war gänzlich abgeblättert.
Ich schlotterte beim Hinuntergehen und das verwunderte mich. Ich hatte geglaubt, in Obfurn gelernt zu haben, wie man die beißende Kälte erträgt. Es war, als sei ich ein neuer Mensch; oder etwa wieder der alte? War ich Judas Ischariot, der Verräter, oder Balthasar Hauser, der Bauer? Herzlich wenig war mir von diesen beiden Leben geblieben. Ich hatte Sophie verloren, und der Kampf für den Wandel war sinnlos geworden. Alles, was übrigblieb, war der Schmerz in meinem wehen Herz. Und die Kälte. Als ich die Küche betrat, sah ich den Pfarrherrn von Glarus, wie er beim Ofen stand und sich am Feuer die Hände wärmte. In einem Kessel erhitzte er Milch. Als er mein Zähneklappern hörte, drehte er sich zu mir um und sagte: »Der Mann, der vor mir hier wohnte, pflegte zu sagen, dass es in diesem Haus kälter sei als draußen!« Er lächelte matt. Um seinen Hals hing ein schönes Silberkreuz. Ich scheute mich davor, etwas zu sagen, und setzte mich stumm an den groben Holztisch. Es klopfte an der Türe und der Priester ging, um sie zu öffnen. Ich hörte eine Frauenstimme und wie Valentin Tschudi sich bedankte. Als er erneut in die Küche trat, trug er einen Korb in den Händen, der mit ei-

nem Tuch zugedeckt war. Unter dem Tuch nahm er vier Eier, ein warmes Stück Brot und einen Schlauch Wein hervor. Auf meinen fragenden Blick hin fügte er hinzu: »Jeden Tag bringt sie mir einen Teil von dem, was das Pfarrgut hergibt. Leider ist dies nicht viel, jetzt, wo der Winter naht. Ich nehme jedoch an, dass bald ein Schwein geschlachtet wird …« Er schnitt zwei dicke Stücke Brot ab, goss die schaumig warme Milch in zwei Becher und gab mir von beidem. Dann setzte er sich ebenfalls an den Tisch, nahm einen Schluck und fragte: »Du bist der kleine Hässi, nicht wahr?«

»…«

»Natürlich bist du es. Du hast dich verändert, seit du das letzte Mal bei mir in der Messe warst … Du bist gewachsen und siehst magerer aus. Der Blick hinter deinen Augenringen ist traurig geworden. Ja, ich sehe große Trauer in deinen Augen.«

»Ich bin nicht traurig«, log ich. »Ich bin fromm und standhaft.«

»Spiel mir nichts vor, Kind. Es ist schon in Ordnung, traurig zu sein. Wir leben in traurigen Zeiten.«

»…«

»Es tut mir leid um deinen Freund. Er wurde unter dem Galgen verscharrt und erhielt somit ein Verbrechergrab. Ich hege keine Liebe für Bilderstürmer und Wiedertäufer, aber bei Gott, er war noch ein Kind. So wie du …«

»Was wollt Ihr sagen, Herr?«, fragte ich. Er blickte mich streng an.

»Fürwahr, die Zeiten sind traurig. Christen legen die Liebe nieder und vermögen in ihrem Nächsten nur noch zu sehen, was sie unterscheidet, nicht, was sie verbindet. In diesen dunklen Tagen, die uns gegeben sind, zerfällt, was uns vor Kurzem noch zusammenhielt. Die Menschen werden einander fremd, sie werden kalt und vergessen in ihrer Angst, was Liebe ist und Gnade heißt. Ja, sogar jene Liebe und Gnade Gottes, um die so närrisch wir uns bekriegen, scheint fern und unwirklich, wenn Kinder dafür kämpfen und sterben ... Sag mir deinen Namen, Kind. Bist du ein Hässi? Oder hörst du auf den Namen *Judas*?«

»Ich ... Nennt mich Balthasar, Herr. Balthasar Hauser.«

»Gut, Balthasar. Wo war diese Liebe und Gnade am gestrigen Abend?«

»Nur in Euch«, sprach ich demütig. »Ihr wart es, der mich rettete.«

»Falsch, Balthasar. Ich bin kein Heiliger, denn weder Liebe noch Gnade kannte ich, als ich sah, was unserer Burgkapelle angetan worden war. Ich weiß, aus welcher Sekte ihr stammt, Balthasar, und ich fragte mich schon lange, wann der gottlose Wiedertäufer, der euer Anführer ist, sein Auge auf mein Glarus werfen würde. Und wütend war ich, als ich zu spät begriff, dass die Burgkapelle nur eine Irreführung gewesen war. Natürlich wollte er den Kreuzsplitter, ich hätte es wissen müssen. Oh, mein Zorn war groß, Balthasar, und keine Strafe wäre mir für den Dieb jener Reliquie zu hoch gewesen. Doch dann sah ich dich in der Kapelle liegen. Und in deinen schmerzverzerrten Augen sah ich die Reue des Sünders, der zu Gottes Liebe gefunden und seine Gnade erfahren hatte. Wahrlich, Balthasar, deine Tränen schrien das Leid dieser Welt hinaus und in ihnen fand ich zu dem, was ich verloren geglaubt hatte. Du musst mir nicht danken, Balthasar, im Gegenteil. Es war deine Gnade, die dich errettete.«

Ich warf den Stuhl um und fiel vor ihm auf die Knie. In meinen Augen brannten die Tränen. Fest schloss ich sie, ehe ich sprach: »Mein Herr, ich bitte Euch, ich flehe Euch an: Gewährt mir das heilige Sakrament der Beichte!«

Ohne weitere Worte führte Valentin Tschudi mich in die Kirche, welche neben dem Pfarreihaus stand. Wie eine Wunde klaffte die aufgebrochene Türe an der Kapelle. Mit großen Schlüsseln öffnete er ein Seitentor der Kirche. Innen boten sich mir noch mehr Wunden. Farbige Glassplitter bedeckten den Boden, wo Johannes und Jakobus durch ein hohes Kirchenfenster eingebrochen waren. Steinerne Engelsabbilder lagen zerstört am Boden, als seien sie vom Himmel gefallen. Ich sah Heilige, welchen sie die Nasen abgeschlagen hatten, Bilder, welche hastig aus ihren Halterungen gerissen worden waren und schräg an der Wand hingen. Auf dem Altar lag Jakobus' Leinensack, den er vor seinem Tod fallen lassen und den jemand offenbar hier abgestellt hatte. Weh tat es, das grimmige Werk meiner Mitbrüder zu sehen.
Valentin Tschudi führte mich zu einem Seitenaltar, wo sich ein Beichtstuhl befand. Die Luft darin war stickig, und in der Dunkelheit der Kammer schien es mir, als sei der Schatten auf meinen Händen dunkles Blut. Nur schwach konnte ich Valentin Tschudis Gesicht vor mir ausmachen. Er nickte ermunternd und ich atmete tief ein, ehe ich anhob: »Vergib mir Vater, denn ich habe gesündigt ...«

Der Leser fragt sich, ob dies denn nicht ein Verstoß war gegen all das, wofür ich gekämpft hatte. Ja, vielleicht war es das. Doch

was bedeutete mir noch der Wandel? Wo waren die Versprechen, die Kyrios uns gegeben hatte, wo die Welt, in der alle gleich waren, und wo, oh wo, war Sophie? Alles hatte sich als Trug erwiesen, und ich zweifelte, ob ich überhaupt jemals dem Worte Gottes gedient hatte.
So öffnete ich mein Herz und schüttete es vor Valentin Tschudi aus, denn ich vertraute ihm. Und was gibt es Schöneres, als jemanden zu haben, der einem zuhört, wenn die Last der Sorgen einen zu erdrücken droht? Die Beichte war etwas Gutes, denn sie barg Trost, und das Gute hatte seinen Sinn in der Schöpfung und kam von Gott als Geschenk für uns Sterbliche.
Ich begann am Anfang, in Bilten, und ich erzählte ihm alles: Wie der Schwarze Tod schaurig knöchern durch mein Leben tanzte und mir geliebte Menschen nahm, wie ich nach Glarus kam und von der Liebe kostete, wie ich in Peter einen Bruder fand, den ich nicht mehr hatte. Ich schilderte das Feuer in seinen Augen und wie er mich dazu gebracht hatte, für eine bessere Welt zu kämpfen, wie wir gemeinsam Jörg Grebel nach Schwanden folgten, wo jener in den Schatten des Unterholzes schließlich seinen Tod fand. Und ich erzählte von Kyrios, von der Taufe, von mir als Judas Ischariot und meiner letzten Aufgabe. Meine Erzählung stockte, als ich von Sophie sprach, der Liebe meines Lebens, und wie alles, was gewesen war und noch sein würde, an Bedeutung verlor, als sie mein Herz brach. Schließlich berichtete ich von der Verklärung meines Geistes, als ich vor dem Kreuzsplitter stand und die Berührung Jesu in meiner Seele spürte. Ich weinte stumme Tränen, als ich mit meiner Beichte endete.
Oh, süßes Loslassen!

Lange schwieg Valentin Tschudi, ehe er ernst antwortete: »Und was gedenkst du nun zu tun, Balthasar? Wo führen Gottes Wege dich als Nächstes hin?«
Ich wischte mir die Tränen weg. Fromm und standhaft antwortete ich: »Hochwürden, wenn es irgend möglich ist, dann möchte ich gerne bei Euch bleiben, um zu lernen! Vieles hörte ich, was aus der Schrift gelesen ward, doch scheint es mir, dass sich die Lüge wie Gift in Gottes unumstößliche Wahrheit mischte. Lange war ich Bauer und lauschte dem Latein der Pfarrherren und den Reden der Altgläubigen zu Glarus, ehe ich für eine Sache kämpfte, die mir der gerechte Wandel schien. Zweifel zerfressen mich, Herr. Deshalb will ich Euer untertänigster Schüler sein, auf dass ich jetzt, zu guter Letzt, die Wahrheit erfahren darf.«
Valentin Tschudi schien erstaunt. Dann lächelte er gutmütig und sprach: »Nun denn, so sei es, Balthasar! Lerne Lesen und Schreiben und die *lingua latina*, sodass das Lesen der Heiligen Schrift deiner Sünden Sühne sei! *Ego te absolvo a peccatis tuis in nomine Patris et Filii et Spiritus Sancti. Amen.*«

Dreiundzwanzigstes Kapitel

Du bist der Erste gewesen, der mich unwissenden und unerfahrenen Knaben in den schönen Wissenschaften unterrichtete, und hast nicht versäumt, mich auf das Gründlichste zu lehren.

Ich habe noch niemanden zu sehen bekommen, der in der Erklärung der Schriftsteller Dir an scharfsinnigem Urteil gleichkäme. [...] So sehr übertriffst du alle andern, dass du nicht einmal hinter Apollo zurückstehst.

Valentin Tschudi in einem Brief an Ulrich Zwingli, 1515 in Basel

... denn bei keinem andern Gelehrten möchte ich lieber sein als bei Dir.

Aegidius Tschudi in einem Brief an Ulrich Zwingli, 1515 in Basel

Worin ich lesen und schreiben lerne.

Es begann eine der schönsten Zeiten in meinem jungen Leben. Und das, während im ganzen Lande der Hader noch immer weiterging, während die Räte noch immer nicht tagten und in den Gerichten kein Recht gesprochen wurde. Böse Schmähschriften wurden gedruckt, wobei die meisten von der Feder Aegidius Tschudis stammten, dem Vetter Valentins. Er schrieb auf schimpfliche

Art und Weise, wie die Altgläubigen nicht zu Ruhe kommen würden, solange sie mit zwei Glauben haushalten müssten, und eher dabei zusähen, wie das Land Glarus an den Neugläubigen zerbräche, als sich zu einigen. Natürlich schürten solche Schriften den Hass nur noch mehr und als wenig hilfreich erwiesen sie sich. Besagter Aegidius oder Gilg Tschudi war – obwohl er ein, wie alle Tschudis, überaus nobler, studierter und gescheiter Mann war – schon immer ein großer Feind der Reformation gewesen. Fast dreißig Jahre später unternahm er als erzaltgläubiger Ammann den Versuch, das Land Glarus mit Waffengewalt zum alten Glauben zurückzubringen, ein trauriges Kapitel unseres Landes, welches heute gemeinhin als der »Tschudikrieg« bekannt ist. Doch davon wird anderswo berichtet und lieber erzähle ich den weiteren Verlauf meiner chronica.

Noch am selben Montag führte mich Valentin Tschudi in seine Schreibstube, wo er einen dreibeinigen Hocker für mich hinstellte und feierlich verkündete, dass dies fortan mein Schreibpult sei. Erst aber, sagte er, müsse ich im Alphabet unterwiesen werden.
Und es begann das schwere Studium des *abecedariums*. Ich musste die dreiundzwanzig *litterae* auswendig lernen, wobei mir Wörter und Sprüche helfen sollten, sie zu merken: A wie *agnus Dei*, B wie *benedictus, qui venit in nomine Domini*, C wie *confusio linguarum* und immer so weiter. Und nicht klein war bei diesen *exercitia* meine eigene *confusio linguarum*! Mein *magister* lächelte jedoch nur ob meines bäuerlichen Ausrufens und meinte tröstend: »*Ratione, Balthasare, non vis!*«, oder: »*Non scholae, sed vitae discis!*«

Dann ging er dazu über, mir das Schreiben beizubringen. Zuerst schrieb ich mit einem Griffel auf Wachstafeln, welche man mit der Wärme einer Kerze wieder bereinigen konnte. Ich schrieb Sätze aus Büchern ab und las sie laut vor, während ich zitternd wacklige Buchstaben in das Wachs einkerbte. Nicht selten war ich der Verzweiflung nahe, und am liebsten hätte ich da den Griffel hingeworfen, doch Valentin Tschudi beruhigte mich wieder. Dies sei, so sagte er, die beste Art zu lernen, denn nebst den *litterae* lerne man auch das Latein selbst, und so habe es nämlich auch sein *magister* gemacht, welcher einer der klügsten Männer auf der Welt sei.

»Wer war denn Euer *magister*?«, fragte ich eines Tages neugierig, als er diesen Satz zum wiederholten Male benutzte.

»Nun, es war der alte Bewohner dieses Hauses und somit der ehemalige Pfarrherr von Glarus«, antwortete er und fügte dann hinzu: »Du kennst seinen Namen. Ulrich Zwingli.«

Valentin Tschudi erzählte mir nie gern von seiner früheren Bindung zum großen Reformator. In den ersten paar Wochen ließ er mich nur wissen, dass er sein Schüler in dessen Lateinschule gewesen war, zusammen mit vielen andern Kindern, als da waren: Ludwig, Peter und Aegidius Tschudi sowie auch Peter Heer und andere Kinder jener Tage. Nicht wenige von ihnen wurden zu bedeutenden Männern, welche die Feder der Geschichtsschreibung in die Hand nahmen, um mit Tinte oder Blut an unserem geliebten Land weiterzuschreiben. In dieser Hinsicht waren sie ihrem einstigen Lehrer nicht unähnlich, er, der er doch ebenfalls einen solch hohen Blutzoll in den Kappeler Kriegen für sein Vorhaben fordern und zahlen würde. Ich fürchte jedoch, dass das Vermächtnis der

Worte Zwinglis und Luthers noch nach ihrem Tode weiterbestehen wird, und wer weiß denn schon, wie viele Kriege ihretwillen in ferner Zukunft noch gefochten werden?

Manchmal ließ sich Valentin Tschudi hinreißen und erzählte mir von seinen Studienjahren in Wien, beim berühmten Humanisten Vadian, mit dem er später auch gen Pavia zog – lange noch bevor sich Karl V. mit dem Papst Leo X. aus dem noblen Hause der Medicis verbündete, um in der Schlacht dieser Stadt die Soldaten von Franz I. herniederzumetzeln, worunter sich auch mein seliger Vater befand. Zu dieser Zeit tobten nämlich noch die Kriege der Heiligen Liga und es fanden die Riesenschlachten von Novara und Marignano statt, bei dessen Namen die Eidgenossenschaft noch heute zittert und um ihre gefallenen Söhne weint. Doch Valentin wusste unter der Führung Vadians diesen Kriegsschauplätzen zu entgehen, denn als in Marignano der Kampf wütete, war er schon wieder in der behüteten Eidgenossenschaft, in der Rheinstadt Basel, beim Glarner Gelehrten und vom Kaiser gekrönten Dichter Glareanus. Selbigem folgte er bis nach Paris, wo er die Wunder Frankreichs bestaunen durfte. So kann der Leser sich denken, wie viel mir der weltgewandte Valentin Tschudi an Wissen weiterzugeben wusste. Neben dem Latein und der Studie des abecedariums *lehrte er mich noch Geographie. Über große Pergamentblätter gebeugt, zeigte er mir auf schön bemalten Karten den Weltenkreis; von den Ständen der Eidgenossenschaft über die Länder der Christenheit und jenen entfernten der Heiden.* Hic sunt leones *stand an den Grenzen der bekannten Welt, wo die Karten weiß wurden, und diese geheimnisumwobenen drei Worte beflügelten meine Gedanken und ließen meine Träume wirre Länder spinnen, wo Löwen und Fabelwesen lebten und herrschten.*

Ulrich Zwingli hatte eine große Bibliothek in Glarus besessen, und viele Bücher hatte er seinem Schüler und Nachfolger zurückgelassen. Unter diesen befanden sich zahlreiche lateinische Werke der Römer und manchmal sogar einige in Griechisch, und auch wenn Valentin Tschudi mich nicht diese heidnischen Texte lesen ließ, so erzählte er mir doch manchmal von den großen Helden jener Tage; und die uns verbleibenden nackten Namen des Vergil, Ovid, Cicero und des Feldherren Scipio Africanus kündeten mir von einem vergangenen Rom, das einst ruhmreich erglänzte zur Zeit der Caesaren.

Nach einigen Wochen konnte ich das *Ave Maria* lesen und verstehen. Ich las sehr langsam, meine Stimme stockte mehrfach und meine Finger fuhren über die Buchstaben, wie vor langer Zeit auf den Glocken Schwandens, doch eines Tages gelang es mir fehlerfrei:

>*»Ave Maria, gratia plena,*
>*Dominus tecum; benedicta tu in mulieribus,*
>*et benedictus fructus ventris tui, Jesus.*
>*Sancta Maria, Mater Dei, ora pro nobis peccatoribus,*
>*nunc et in hora mortis nostrae.«*

Zufrieden schaute Valentin Tschudi von der Schrift auf, an der er immerzu schrieb, und er lächelte, als er meine Freude sah. Ich ging zu ihm, umarmte ihn und sagte: »Habt tausend Dank, liebster Herr!«
Er fuhr mir väterlich über das Haar und meinte dann lächelnd, ich solle nichts überstürzen, denn es gäbe bekanntlich Texte und

Texte. Nun aber, da ich lesen könne, solle ich als Belohnung für meinen Fleiß von allen Büchern im Hause jenes auswählen, welches mein Herz begehre. Er führte mich vor das Büchergestell und sprach: »Wähle mit Bedacht, Balthasar. Hier hast du mehrere Reiseberichte, jenen des Marco Polo, genannt Milione, worin von den Wundern des fernen Orients berichtet wird, oder aber auch Berichte von den Kreuzzügen und dem Heiligen Land. Des Weiteren findest du hier lustige Schankliedersammlungen und Schwankbücher, wobei ich nicht weiß, ob es sich in deinem Alter ziemt, diese zu lesen. Vor allem jenes von diesem Schalksnarren, das vor ein paar Jahren gedruckt worden ist, wie hieß es noch gleich? Ah hier: *Ein kurtzweilig Lesen von Dyl Ulenspiegel, geboren uss dem Land zu Brunswick, wie er sein leben volbracht hat*, ein schimpfliches Buch! Aber ich kenne die Neugier der Jugend, Balthasar, und ich will es dir nicht vorenthalten. Nimm denn also nun eines!«

Ich zögerte nicht: »Wenn es mir gestattet ist, teuerster Lehrer, dann möchte ich gerne die Heilige Schrift lesen!«

Valentin nickte und fragte mich, welche ich denn wolle: »Hier hast du die lateinische *Vulgata*, wie der Heilige Hieronymus sie uns hinterließ. Dazu kann ich dir aber auch die neue, teutsche *Zürcher Bibel* geben, wie sie von Leo Jud und Ulrich Zwingli übersetzt wurde. Von jener existiert aber bis dato nur das Neue Testament, da das Alte sowie die Apokryphen erst noch übersetzt werden müssen. Welche willst du?«

»Ich möchte gerne die teutsche Fassung lesen, denn Teutsch ist die Sprache des Volkes, und so anmutig und gelehrt die *lingua latina* auch sein mag, sie bleibt den einfachen Menschen eine fremde Zunge und schafft Schranken in Gottes Volk, welches doch eins im Glauben sein sollte!«, sagte ich und Valentin Tschudi schaute mich mit anerkennendem Blick an, ehe er mir das gedruckte Exemplar der *Zürcher Bibel* gab. Ich setzte mich an das Lesepult am Fenster, wo das Licht am hellsten durch das Glas schien, und beschaute das Buch, welches ich so oft in Kyrios' Hand gesehen hatte.

Auf dem Titelblatt erkannte ich kleine Holzschnitte des Lebens Jesu Christi; wie er zu den Fischern predigte, das letzte Abendmahl und natürlich auch seine Kreuzigung auf Golgatha. In der Mitte des Titelblattes befand sich ein kleines, beschriebenes Kästchen. Ich setzte den Finger an den ersten Buchstaben und begann langsam und flüsternd zu lesen: »Das Neüe Testament/ der ursprüngliche Ebraischen und Griechischen waarheyt nach/ auffs aller treüwlichest verteütscht. Gedruckt zuo Zürich bey Christoffel Froschouer/im Jar als man zalt M·D·XX·VIII«

Mich überkam ein große Demut, als ich mir bewusst machte, was die Heilige Schrift war. Zärtlich fuhren meine Finger über das Papier, folgten den Buchstaben, welche vor mehr als tausend Jahren von den Evangelisten niedergeschrieben worden waren. Ich meinte die Wärme ihrer schreibenden Hände durch die Worte hinweg fühlen zu können, das Kratzen ihrer Federn zu hören und dadurch Gottes Herrlichkeit einen Hauch näher zu kommen. Denn die Gleichnisse, welche jahrhundertelang von gelehrtesten Männern gedeutet, von frömmsten Mönchen ausgelegt und nur von Priestern von der Kanzel herunter gepredigt worden waren, die begann ich hier nun zu lesen, ich, Balthasar Hauser, ein geborener Bauer: »Dis ist das buch von der gschicht Jesu Christi, der da ist ein sohne Davids, des sohnes Abrahams ...«

Vielleicht, so dachte ich glücklich, sind dies doch nicht so schlechte Zeiten.

Lange blieb ich wach an diesem Tage und ich merkte, wie ich immer schneller und sicherer las. Doch als spät nach Mitternacht die dritte Kerze fast heruntergebrannt war, meine Augen brannten und die Müdigkeit mich denselben Satz mehrmals lesen ließ, schloss ich das Buch der Bücher. Und als ich mich nach einem Dankgebet müde in meine Betttücher legte, dachte ich noch, welch glückliche Welt wir hätten, wenn irgendwann einmal alle Menschen lesen und schreiben könnten. Denn was gab es Schöneres auf Erden?

Vierundzwanzigstes Kapitel

Ich sehe, wie etliche, die Liebe hintansetzend, stürmisch vorwärtsgehen und der Christenheit mehr Schaden zuziehen als Gutes tun. Den Streit haben wir so hartnäckig wegen der Schale aufgerührt und übersehen den Kern. Unter dem Vorwand des Glaubensstreites sehe ich die Gottlosigkeit, die Verachtung der Obrigkeit, die Misshandlung der Gerichte und ein zügelloses Leben einschleichen. [...] Nicht diese alten Gewohnheiten haben mich geleitet, wohl aber die Gemeinschaft, in vertraulichen Rathschlägen geübt. [...] Mir wird die öffentliche Ruhe mehr am Herzen liegen als die Sorge um die alten Bräuche.

Valentin Tschudi in einem Brief an Ulrich Zwingli, 15.3.1530

Worin Valentin Tschudi vom christlichen Glauben spricht und ich sein Schreibergehülfe werde.

Ich kann's genau bestimmen: Es war im Dezember, als die frohe Adventszeit bereits begonnen hatte und der Schnee ellenhoch über dem Lande Glarus lag. Vorfreudig zählte ich die Tage bis zum Fest Christi Geburt, denn dies sollten besondere Weihnachten für mich werden. Ich würde sie im behüteten Kreise Valentin Tschudis feiern, der mir ein Gefühl von Geborgenheit gab, welches ich einstmals in Bilten gefühlt haben musste, jedoch mit meinen Eltern gestorben geglaubt hatte. Die Liebe, die er mir entgegenbrachte, war die eines fürsorglichen Vaters. Zumindest war sie

so, wie ich mir jene eines fürsorglichen Vaters immer vorgestellt und gewünscht hatte.
Doch jenseits dieser Liebe gab es Wesenszüge an Valentin Tschudi, die ich nicht verstand. Vieles wurde über ihn gesprochen, und es war kein Geheimnis, dass er in der Wirtschaft zum Schwarzen Adler – wo sich die mehrheitlich neugläubigen Bauern und Knechte zum Abendtrunk und Würfelspiel trafen – sogar als Feigling verschrien wurde. War er ein Feigling, mein neuer Vater, der in meinen Augen so fromm und standhaft schien?

»Euer Hochwürden?«, fragte ich ihn daher eines Tages, als wir zusammen in der Schreibstube saßen. Er schrieb schweigend an seinem großen Werk, von dem ich nicht wusste, was genau es war, und ich sollte unterdessen die Genesis abschreiben, weil er meinte, dass mein Schriftbild noch zu grob sei. Doch ich hatte die Feder inzwischen abgelegt und wärmte meine klammen Finger über einer kleinen Kohlenpfanne, welche in sicherem Abstand von den Büchern und dem vielen Papier stand, jedoch für das Schreiben im Winter unabdingbar war, wenn die Kälte den Schreibfluss lähmte und die Fingerspitzen zu schmerzen begannen. Valentin Tschudi blickte von seiner Arbeit auf.
»Ja, Balthasar?«, antwortete er freundlich auf meine Frage. »Was liegt dir auf der Seele?« Behutsam legte er die Feder ins Tintenfässchen zurück.
»Schon seit vielen Wochen bin ich nun bei Euch, und sehr viel durfte ich von Euch lernen, Gott sei's gedankt! Ich kann mir keinen besseren Lehrer vorstellen und bei keinem möchte ich lieber sein als bei Euch.«
»Worauf willst du hinaus?«

»Es gibt da eine Ungewissheit, die meinen Geist plagt und viele Fragen für mich aufwirft …«
»Sprich es offen aus, Balthasar.«
»Nun, mein Herr. Wir leben in einer Zeit, in welcher die Welt entzweit wird. Ich war Zeuge der beiden Achsen des Glaubens, welche gegensätzlicher nicht sein könnten, und keiner weiß besser als Ihr, auf welch schmerzliche Weise ich den Wandel durchlebte. Doch auch wenn noch offen steht, ob der vielbeschworene Umsturz jemals erfolgen wird, so kann man doch eines mit Bestimmtheit sagen: Nichts ist mehr, wie es war. Die Gesellschaft der Menschen hat sich gespalten, und wo früher Christen ein und desselben Glaubens waren, gibt es nun deren zwei und jeder beansprucht sein Recht auf Wahrheit und Gültigkeit. Und in dieser Lage nun, welche wahrlich nur höchste Verwirrung stiften kann, in diesem Tal der Linth, welches solchermaßen von Frevel und offener Feindschaft gezeichnet ist, steht Ihr teilnahmslos über dem Streit. Ich sehe Euch sonntags zuerst den Altgläubigen Messe lesen und Brot brechen und anschließend zu den Neugläubigen eine Predigt halten. Meister, es steht mir vielleicht nicht zu, dies zu fragen, aber woran glaubt Ihr?«
Valentin Tschudi seufzte. Langsamen Schrittes ging er zum Fenster, wo er lange stehen blieb und auf den Schnee hinausblickte. Das helle Licht zeichnete tiefe Schatten in die Falten seines eigentlich noch jungen Gesichts.
»Der Welten Schmerz ist groß, Balthasar. Die Sünde des Menschen greift tief in Gottes Schöpfung, und das Leid und die Ungerechtigkeit sind die Narben, an denen man sie erkennt. Ich sah vieles auf meinen weiten Reisen und in meinen langen Studienjahren: Kriege, Plünderungen, Missernten, Hunger, Seu-

chen. Des Todes Lied, beinern durchzieht es das Leben der Menschen und hallt durch die Jahrhunderte. Doch so schlimm des Schicksals Schläge auch gewesen sein mochten, es gab immerzu einen Trost für den Menschen; die süße Gegenstimme im Lied, welche noch ewiger ist als der Totentanz selbst. Ich spreche vom Glauben, Balthasar, dem Glauben, den die Kirche seit jeher den Völkern gab. Und ob die Menschheit schon wanderte im finstern Tal, so fürchtete sie kein Unglück, denn der Herr versprach, sie wieder auf rechter Straße zu führen, seines heiligen Namens willen. Nun aber, Balthasar, leben wir in traurigen Zeiten, denn fürwahr: Nichts ist mehr, wie es war. Wessen sollen sich nun die Menschen trösten, wenn sie nicht mehr auf den Glauben hoffen können, weil Mutter Kirche in sich zerfällt? Wohin wird sich die Herde verlieren, wenn ihr Hirte nicht mehr da sein wird? Oh, meine Seele weint, während ich stiller Zeuge bin, wie die Welt um mich herum zusammenbricht ...«

»Aber bringt denn der Wandel nicht auch Gutes mit sich? Seine hehren Grundsätze sind nicht zu leugnen, und schließlich war es ja Euer einstiger Lehrer und Meister, der die Reformbewegung der Eidgenossenschaft in Zürich begründete!«

»Gewiss, Balthasar, gewiss. In vielem haben ja er und Luther auch recht, wenn sie die Augen vor den Irrtümern der Kirche und des Papstes nicht verschließen wollen. Auch ich seh' wohl, dass das Haus Gottes – um ein Gleichnis für den christlichen Glauben zu finden –, dass der himmlische Bau der heiligen Vorväter über die Jahrhunderte morsch und alt geworden ist und vielleicht einiger Änderungen und Neuerungen bedarf. Aber sind nicht vor jedem Bau die Kosten zu berechnen, ob denn die Mittel zur Vollendung ausreichen? Ich vermag nicht zu erwägen, wie dieser neue himmlische Bau ohne die Einigkeit im Geiste, ohne die Gemeinschaft der Heiligen, bloß mithilfe des Wortes zu festem Stand kommen mag! Zudem ist ihr Vorhaben – wie auch der Heilige Stuhl zu Rom – zutiefst menschlich und somit nicht frei von der Sünde des Menschen. Viele unverzeihliche Fehler sind auf dem Irrweg begangen worden, der da von so vielen hoffnungsvoll ›Wandel‹ genannt wird. Du solltest es wissen, Balthasar. Du, der du dem Wahnsinn der Bilderstürme teilhaftig warst!«

»Aber wir erfüllten doch im Grunde Gottes Gebot, Meister. Jedes Bild, das zertrümmert wurde, war ein Nachhall der Worte, die Er auf Sinai zu Mose sprach!«

»Oh, natürlich kenne ich jene Stelle der Bibel, und lobenswert ist euer Eifer, die Anbetung von Menschenwerk zu verhindern. Dennoch war euer Handeln falsch und vielen tatet ihr unrecht damit.«

»Und weshalb?«

»*Pictura est laicorum litteratura*, Balthasar. Sowohl Zwingli wie auch Luther hätten die Worte Gregors des Großen berücksichtigen sollen, ehe sie blindlings zum Bildersturm aufriefen. Denn etwas anderes, als ein Gemälde oder ein Steinbild anzubeten, ist es, darin den Gegenstand der Anbetung kennenzulernen. Du hättest es wissen sollen, da du damals noch nicht lesen konntest: Was die Schrift den Lesenden bietet, das bietet ein Gemälde den Gläubigen, die nicht lesen können. Es stellt den des Lesens Unkundigen ein nachahmungswürdiges Beispiel vor Augen und lehrt so, ohne Buchstaben zu lesen. Was also nicht zur Anbetung, sondern nur zur Belehrung des einfachen Volkes in der Kirche aufgestellt war, das hätte nicht zertrümmert werden sollen. Und noch groß wird das Bedauern über all jene Meisterwerke sein, die ihr der Nachwelt auf ewig nahmt.«

»Und was ist mit den Reliquien der Heiligen? Wozu ist diese Abgötterei nötig?«

»Nötig mag sie nicht sein, aber ist sie deshalb gleich so verwerflich? Wer kann schon sagen, ob der Holzsplitter in der Kreuzkapelle wirklich vom Kreuze des Herrn stammt? Wer weiß, ob der Vorfahre des Freiherrn von Brandis nicht von einem Krämer am Heiligen Grabe getäuscht worden ist? Niemand. Was man hingegen mit Gewissheit sagen kann, ist, dass die Reliquie dem vor ihr knienden Gläubigen eine große Labsal ist. Vielleicht ist es die Einbildung eines übernatürlichen Duftes, welcher ihr zu entströmen scheint, vielleicht auch eine ferne Ahnung der Heiligkeit des Dinges, dessen Bruchteil sie ist, wer weiß? Auf alle Fälle bildet sie – wie auch die Gemälde – einen Weg zu Gott, der den Laien andernfalls verwehrt bleibt. Letztlich ist es nämlich der Glaube, der die Reliquie echt macht, nicht umgekehrt. Und auch hier will ich dich wieder fragen: Fand denn nicht auch *dein* Herz zu Gottes Gnade, als du vor der Reliquie des Kreuzes knietest?«

»Ich ... mir fehlen die Worte, Meister.«

»Spar sie dir, liebes Kind. Wenn diese traurige Zeit mir eines gezeigt hat, dann ist es der Schmerz und der Schaden, den Worte verursachen können. Ich wollte dich nicht betrüben, Balthasar. Aber ich hoffe, du verstehst nun vielleicht besser, weshalb ich jede Nacht Gott um Verbundenheit und Eintracht bitte. Meine Herde scheint nur noch zu sehen, was sie unterscheidet und einander fremd macht. Nun denn, so ist es also meine Aufgabe, sie zu erinnern, was sie trotz allem Hader auch weiterhin bleiben: Söhne Gottes und somit Brüder als Christen. Dies ist, was ich glaube, und mein beschwerlicher Pfad auf Gottes unerforschlichen Wegen. Oh, es ist ein schweres Los, Balthasar, denn mein Joch ist die Undankbarkeit und das Unverständnis. Die Freundschaft ist ein Opfer, das nur allzu oft ich bitterlich darbringen musste. So auch jene, die mich mit Ulrich Zwingli verband, den wie einen Vater zu achten ich ihm eigentlich schuldig bin. Ich habe ihn enttäuscht, und keine Liebe verbindet uns mehr. Aber vielleicht ist es das alles wert, Balthasar. Vielleicht erkennt die Christenheit eines Tages, dass sie *ein* Volk Gottes darstellt und dass sie mehr verbindet, als sie jemals etwas trennen könnte.«

Draußen begann es wieder zu schneien und winzige Flocken tänzelten gen Boden. Valentin Tschudi verharrte vor dem Fenster, starr wie die Steinbilder der Kirchen, welche wir zu Boden geworfen hatten. Wahrlich, er war stummer Zeuge einer zusammenbrechenden Welt. Er war derjenige, der sich verzweifelt und vergebens gegen den Umsturz stemmte, still um deren Opfer weinte und langsam an alledem zugrunde ging.

»Aber sieh, Balthasar!«, erwachte er irgendwann aus seiner Trübsal. Er drehte sich um und ging zu seinem Schreibpult, wo sein *manu scriptum* lag. »Dies ist, woran ich seit dem Jahre 1523 arbeite!«

Ich las auf dem ersten Blatt:

Kurze historische Beschryb- oder Erzellung, der, in Kriegs- und Fridenszeiten verloffenen Sachen und Händlen, zu Glarus und in einer Eidgnoschaft, auch angrenzenden Orten:

Aufgesetzt von Valentin Tschudi, Priestern.

Von Meyländischen Kriegen, und dero Ursachen und Außtrag

Der trefflichen Kriegen, so sich erhebt zwüschet Carolo dem Römischen König in Hispanien, und Franzisco König in Frankreich; wellichte vil Bluts allenthalben kostet hand und Uns Eydtgnossen vil tapferer leuthen hingenommen, und Italien gar übel verderbt; anfang und ursach ist ...

Bewundernd blickte ich zu Valentin Tschudi auf.
»Eine Geschichte?«, fragte ich.
»Eine Chronik!«, berichtigte er mich. »Denn wenn auch traurig, so sind dies doch einmalige Zeiten, Balthasar, und die Ereignisse, deren Zeuge wir sind, werden noch in Hunderten von Jahren erzählt werden. Diese Seiten sind mein bescheidener Beitrag für die Nachwelt, auf dass sie übrigbleiben, wenn der Staub unserer Knochen längst im Winde verweht ist. Jenen, die nach uns kommen, sollen sie ein unverfälschter Bericht unserer Tage sein, frei von Urteilen, die zu machen ich mich nicht anmaßen will, zumal ich ja keine Partei ergreife. Ich vermag nicht zu sagen, welcher Glaube siegreich aus diesem Streit hervorgehen wird, denn unabhängig von dem Gewinner werde ich der Verlierer bleiben. Und vielleicht wird dieser Umstand meiner Chronik dereinst zu jener getreuen Wahrheit verhelfen, die den meisten Geschichtsschreibern entgeht. Es wäre dies ein Trost für mich.«
Mit einer eigenartigen Mischung aus Trauer und Zärtlichkeit blickte Valentin Tschudi sein Werk an. Ich las verschiedene Auszüge und erkannte all das wieder, was in den letzten Jahren vor-

gefallen war. Von dem Kriegsgeschehen in Norditalien und der *pestis* über das mordende Voranschreiten der heidnischen Türken in Ungarn. Und natürlich war die Glaubensspaltung beschrieben mit jeder einzelnen Landsgemeinde und dem Geschehen in den restlichen Ständen der Eidgenossenschaft. Und plötzlich erkannte ich die Gelegenheit, die sich mir bot. War dies vielleicht mein Ziel gemäß Gottes Ratschlüssen?
»*Carissime magister!*«, rief ich. »Bitte lasst mich teilhaben an dieser Chronik! Ich kann Euch helfen, mit all dem Wissen, das so schändlich ich erwarb. Somit würden meine bitteren Erfahrungen letztlich sogar einem guten Zweck dienen, denn sie würden der Wahrheit zum Siege verhelfen. Oh bitte, lasst mich auf diese Weise meine Sünden reinwaschen, Meister! Gebt mir bitte den Glauben, dass meine eigene Geschichte vielleicht doch einen Sinn hatte ... Es wäre dies ein Trost für mich!«
Ich hielt seine Hand und blickte hoffnungsvoll in seine müden Züge. Er lächelte mild.
»Du hast recht, Balthasar. Wahrheit bedarf umfassender Vollständigkeit. Sieh her!«, sprach er und zeigte mir eines der obersten Blätter. »Ich schrieb auch auf, was am elften Oktober hier in Glarus geschah, als ich dich aufnahm.« Er verwies auf die Stelle:

»*Bilder zu Glarus lyden noth*

Am Sonntag vor St. Gallen tag giengend unrühwig Buben der obengenamten ketzer Sekt uss dem Hinterland auf Burg, und wurfend alle Kirchenzierd auf die Lindt, dem Rein abhin; und Brachend auch in unsere Kilchen, zerbrachend auch die engel vor der Frauen altar. Einer brach gar in die Seitencapell des hei-

ligen kreuzes Jesu Christi um die Reliquie zu stelen, ward aber davon abgehalten. Und als der Dieben arth ist, dass Sie forchtsam sind giengend sie widrum außhin und wurdend verfolgt von vilen unruhig Leüth mit gewehr sodass einer tödlich getroffen ward von einem Pfeil und verstarb, was wohl die göttlich straff für seine tathen was.«

Umfassende Vollständigkeit, tatsächlich. Dann war es also als gemeiner Dieb, wie ich in die Geschichte eingehen sollte. Scham erfüllte mich, ich spürte sie im Bauch. Valentin Tschudi suchte schweigend durch die Blätter, bis er die Stelle fand, welche auf die Verbannung der Priester aus dem Lande im Oktober 1527 folgte:

»*Item groß uneinigkeit und zänk entsprungen in unserem land, die drey kilchhörinen namlich Schwanden, Betschwanden und Math warend ohn Priester. Dann der mehrtheil hetend gern ghabt von der neüen Sekt, das wolt man nit Lyden. Item entstunden aber allerley radikale und tief täufferische bewegungen im süden des landes und man hörte vil über den unfug und die predigten von ketzern in Schwanden und wie sie die Leüth zum kampfe aufbrachtend und vil schändlich und freflich tathen machten. Es war vil unruh im Land.*«

»Herr, ich …«, begann ich zögernd, doch Valentin unterbrach mich.
»Sag nichts, Balthasar. Sieh, ich habe mich mit dieser Chronik zur Wahrheit verpflichtet, denn die Liebe zur Wahrheit ist selten in Zeiten wie den unsrigen. Aber erneut bin ich in einem Zwie-

spalt und du darfst mich meinetwegen ruhig einen unentschlossenen Dummkopf schelten«, sprach er und lächelte.
»In einem Zwiespalt, Herr? Weshalb?«
»Wegen dir. Ich habe oft über deine Geschichte nachgedacht. Du hast vieles durchgemacht, mehr als manch einer ertragen hätte. Die Welt war grausam zu dir, Balthasar, ich lese es in der ungewöhnlichen Abgestumpftheit deines Kindsgesichtes. Doch noch immer funkelt in deinen Augen jener Glanz, den ich erstmals sah, als du vor dem Kreuze knietest. Ich bewundere dich, Balthasar, denn du bist trotz allem fromm und standhaft geblieben.«
»Fromm und standhaft? Meint Ihr dies wirklich?«
»So wirklich, dass ich meine Pflicht vor der Wahrheit niederlege, um Platz für meine Liebe zu dir zu lassen. Es sollen dir nicht Vergehen nachgetragen werden, die dir durch Gott verziehen wurden ... Ich glaube, dass es daher richtig ist, gewisse Sachen unerwähnt zu lassen.«
Er lächelte, wie ein stolzer Vater lächeln musste, und tunkte die *penna* tief in die schwarze Tinte. Mit dicken Strichen fing er an, jene Sätze zu streichen, in denen ich Erwähnung fand. Es war, als nähme er mir die Last vom Herzen. Oh, süßes Loslassen.

Mein Name blieb daher auf den Seiten der Chronik Valentin Tschudis unerwähnt und es war darin, als hätte es die Sekte des Kyrios nie gegeben. Der geneigte Leser sei ermutigt, selbst nachzusehen. Er wird außer vagen Andeutungen nichts finden, dafür aber vielleicht verstehen, was meine chronica *ist: der seinen Gegenstück und Ergänzung. Denn sie decken sich nicht und erzählen nicht die gleiche Geschichte; und doch ergeben sie erst zusammen das, was Wahrheit zu nennen ich mich im greisen Alter erkühne. Valentin Tschudis geliebte Wahrheit. Ich hoffe, ihr gerecht zu werden.*

Und schon damals versuchte ich, sein Geschenk an mich mit Liebe und Fleiß aufzuwiegen. Geflissentlich half ich, die Begebenheiten, welche er mir ansagte, in sein Werk nachzuschreiben. Denn das Schreiben ist ein schwieriges und mühevolles Handwerk, und sehr beschwerlich erweist es sich für einen einzelnen Mann. Es will nämlich gelernt sein, die Tinten richtig zu mischen und mit dem Bimsstein oder dem scalpellum *gelegentliche Schreibfehler zu tilgen oder mit der* regula *und dem* circinus *geschickt die Zeilenabstände einzutragen. Oh ja, welch hohe Kunst das gute Schreiben ist! Doch wenn man dies den einfachen Leuten sagt, dann verstehen sie einen nicht, und manche Bauern, denen ich dies erzählte, lachten gar laut auf und meinten in ihrer Einfalt, Schreiben sei doch keine wahre Arbeit im Vergleich mit den Mühen ihrer Tätigkeit. Aber schon ein Schreiber aus dem achten Jahrhundert schrieb: »O wie schwer ist das Schreiben: Es trübt die Augen, quetscht die Nieren und bringt zugleich allen Gliedern Qual. Drei Finger schreiben, der ganze Körper leidet.« Und wie wahr diese Worte sind, merk' ich vor allem jetzt, da ich vom Alter gebeugt in meiner schattigen Schreibstube sitze. Es fällt mir je länger, je schwerer. Das Schreiben mag Erlösung für den Geist sein, doch dem Körper ist es die reinste Kasteiung!*

Ach, meine chronica *neigt sich dem Ende. Ich bin müde und werde jetzt ein wenig ruhen. Ehre sei Gott in der Höhe!*

Fünfundzwanzigstes Kapitel

Niemand kann zwei Herren dienen: Entweder er wird den einen hassen und den andern lieben oder er wird an dem einen hängen und den andern verachten. Ihr könnt nicht Gott dienen und dem Mammon.

Evangelium nach Matthäus 6,24

Ihr Narren und Blinden! Was ist mehr: das Gold oder der Tempel, der das Gold heilig macht?

Evangelium nach Matthäus 23,19

Worin ich Abschied nehme.

Finis coronat opus, *und so komme ich nun zur letzten Begebenheit meiner* chronica.
Die Monde kamen und gingen, während ich unter der Obhut Valentin Tschudis lebte und die Tage wieder länger wurden. Im beginnenden Frühling anno Domini nostri Iesu Christi 1529 hatte sich die Lage im Lande noch immer nicht beruhigt. Im Jänner griffen die Neugläubigen aus Glarus, Schwanden und Rüti zum Harnisch und den Waffen, weil es nämlich erneut hieß, die altgläubigen Näfelser würden von den Pfaffen jener Dörfer blutige Vergeltung fordern. Ammann Aebli konnte zwar die Auseinandersetzung schlichten, doch das Land zu einem geordneten Beisam-

mensein zu führen, schien ihm nicht möglich. Zu schwer waren noch die Übergriffe. In Weesen, wo sich der ehemalige Schwandner Priester Johannes Schindler niedergelassen hatte, war es zu Bilderstürmen gekommen sowie auch in Schänis, Benken und anderen Orten des Gasters. Zur Zeit der Altfasnacht wurden daher Boten der Eidgenossenschaft in jene Orte geschickt, um den Aufruhr zu schlichten und Strafe für die Missetäter zu fordern. Es kamen hohe Herren von Schwyz sowie Vögte aus Luzern, Uri und Zug. Von Glarus gingen der Ammann Aebli, Vogt Ludwig Tschudi, Hans Wichser und Fridli Elmer. Doch die in Weesen gehaltene Versammlung mit den Bilderstürmern und Anwohnern des Gasters endete unselig, denn obwohl sich alle auf Gott beriefen, war doch alle Liebe erkaltet. Es kam zu einem Aufstand, die Schwerter wurden gezogen, viele wurden verwundet, doch dem Himmel sei's gedankt, dass niemand starb. Und wie's geschehn war, so trocknete gleich darauf die Tinte der Aufzeichnungen, welche mir Valentin schweren Herzens ansagte.

Ich mochte nicht mehr an den Streit im Lande denken, denn obwohl ich ihn durch Gerüchte und Berichte hindurch miterlebte und über die Wörter, welche ich schrieb, weitererzählte, hatte er für mich längst an Bedeutung verloren. Der Wandel hatte mich enttäuscht. Deshalb ging ich, wann immer möglich, außer Haus und genoss die ersten wärmenden Strahlen der Frühlingssonne. Mein Herz taute auf. Ich vertrat mir die Beine, schlenderte durch die knospenden Wälder, bestaunte das Schmelzen des Schnees, das Erwachen des Lebens und die Rückkehr der Singvögel. Und immer öfter bemerkte ich, wie es mich zu den Weiden, Feldern und Auen zog, wo Kühe,

Schafe und manchmal auch Ziegen standen. Der Geruch und die borstigen Felle des grasenden Vehs inmitten blühender Wiesen – all dies waren Zeichen einer verloren geglaubten und bitter vermissten Heimat; ich spürte, wie sie mich warm und einladend zu sich zurückrief.

Vergangenes kehrte in den Nächten wieder: Ich sah unsere Hütte zu Bilten neben der Maag, meine liebe Mutter, wie sie frischen Anken machte, und den kleinen Fritzli, wie er friedlich schlief. Auch die Blums sah ich wieder, und die Erinnerung an sie war salzig wie Schweiß. Unter der Sonne des Spätsommers arbeiteten sie im hohen Gras mit Sense und Gabel und die Luft war erfüllt vom herrlich angenehmen Duft frisch geschnittenen Heus. Und manchmal kam mir im Schlaf auch jener Traum, der mich immerzu verfolgt hatte. Doch die Erlebnisse der jüngsten Zeit hatten auch ihn verändert: Ich sah mich heimkehrend von einer der höchsten Alpen, wo ich lange geweilt hatte, fernab der Welt und ihren Sorgen. Mein Weg führte mich an einem Gebüsch bei einer fröhlich plätschernden Quelle vorbei, und für einen Augenblick war es mir, als fehle dort etwas, denn das Gras an dieser Stelle war flachgedrückt, als habe bis vor Kurzem jemand dort gesessen und auf mich gewartet. Doch dort war niemand mehr und nur noch ein schwaches Gefühl der Einsamkeit blieb mir in der Brust als Spur jenes Menschen, der letztendlich nicht auf mich gewartet hatte. Und im Traum wandte ich mich von dieser bedeutungsschweren Stelle ab und ging weiter auf meinem Weg ins Tal. Und glücklich war ich, endlich heimzukehren!

Und tatsächlich blieb mir von Sophie nicht mehr als jene schmerzliche Enttäuschung, die den Platz in meinem Herzen ein-

nahm, der auf ewig ihr gegolten hatte. Valentin Tschudi erzählte mir eines Tages, dass Heinrich Hässi sie nach den Ereignissen in der Kreuzkapelle in einen Zweispänner gesteckt und gen Frankreich geschickt habe, wo sie sicherer sei und die Gepflogenheiten jenes Landes kennenlernen könne, ehe sie ihren Verlobten eheliche. Lange Jahre verfolgte mich die Erinnerung, wie sie mich von ihrem Fenster stieß, als das letzte Bild, das mir von ihr blieb. Heute jedoch bin ich alt und welk und meine Jugend erscheint mir fern und unwirklich. Der Schmerz verliert sich im Staub der Zeit, und so sind mir letztlich nur die nackten Namen der Vergangenheit geblieben. Sophie. Meine spröden Lippen hauchen ihren Namen, doch ich kann mich nur noch der Leere entsinnen, die sie in meinem Herzen zurückließ. Ihren Geruch, ihre Stimme, ja, sogar ihr Gesicht habe ich vergessen ...

Am Freitag der letzten Aprilwoche entließ mich Valentin Tschudi früh von der Schreibarbeit. Er musste noch an der Predigt für den nächsten Sonntag arbeiten, welcher der erste Sonntag des Monats Mai und somit Tag der großen Landsgemeinde sein würde. Jedes Wort an das Volk wollte wohl überlegt sein, denn es würde großes Gewicht haben an jenem Tag, auf dem so viel Hoffnung lag.

Die Sonne schien hell und warm an diesem Freitag, als ich fröhlich pfeifend auf der Reichsgasse in Richtung Unterland spazierte. Meine Füße führten mich die Linth entlang, ohne festes Ziel, einzig getrieben von der Freude an der Schönheit eines solchen Tages. Die Straße war friedlich und kaum jemand kreuzte meinen Pfad. Ein älterer Mann kam mir auf einem grauen Maultier entgegengeritten, nickte mir beim Vorbeigehen zu und wünschte mir sichere Wege. Aus den Wäldern hörte ich, wie jemand Holz hackte, und kurz vor Netstal begegnete ich einem Mann, der ganz in eine dunkle Kutte gehüllt war, um die er eine Schnur als Gürtel gebunden hatte. Er hatte einen Leinensack geschultert und war schon wortlos an mir vorbeigegangen, als ich mich zu ihm umdrehte. Ich erkannte ihn. Es war Andreas, ein Jünger aus der Gefolgschaft des Kyrios. Seinen früheren Namen hatte ich vergessen, aber ich wusste, dass er einst Hufschmiedsgehülfe in Linthal gewesen war.

»Andreas!«, rief ich ihm zu. Er benötigte einige Zeit, ehe er mich in meinen neuen Kleidern erkannte. Erstaunt ließ er den Leinensack zu Boden fallen. Hell klimperten Münzen darin.

»Ist es das, Judas?«, fragte er und in seinem Blick funkelte die Verachtung. »Ist dies das neue Leben, das du mit dem von Jakobus erkauft hast? Sieh dich an, Judas, gut siehst du aus, ja, du bist fetter geworden.«

»Ich ...«

»Wie schmeckt dir dein Essen, Judas? Hältst du es für verdient, wenn du zurückdenkst, wie du bei uns hungern musstest? Oder bleibt es dir nicht eher im Halse stecken, wenn du an das tote Fleisch und das kalte Blut von Jakobus zurückdenkst? Oh, mach dir nichts vor, Judas, denn auch alle feinen Kleider können nicht den Menschen darunter verbergen. Du bleibst der Gleiche: ein Verräter und ein Mörder!«

»Ich habe Jakobus nicht umgebracht!«

»Lüg jetzt nicht auch noch, Judas! Ich weiß, dass du es getan hast. Alle wissen es«, sprach er und hob einen Stein vom Wegrand auf. »Eigentlich sollte ich dich umbringen, Judas, für all deine Vergehen. Es wäre deine gerechte Strafe. Kyrios wäre stolz

auf mich.« Er ließ den Stein wieder fallen. »Aber nein, es sind schon genug gestorben.«
»Wer ist gestorben?«
»Simon Petrus wurde in Rüti erschlagen, als er in ein Haus einbrechen wollte, kurz nachdem du uns verraten hast. Philippus und Bartholomäus starben an der Grippe, im letzten Winter. Die meisten anderen Jünger sind geflohen, seit Kyrios uns befohlen hat, die Häuser zu stürmen.«
»Und du?«
»Ich? Ich bin treu geblieben.«
»Und was tust du dann noch hier? Warum bist du nicht bei Kyrios?«
»Oh, ich erfülle seinen Auftrag. Ich komme aus Einsiedeln im Lande Schwyz, wo ich einige Götzenbilder und Messgegenstände an die Altgläubigen der Eidgenossenschaft verkaufte.«
»Gütiger Himmel!«
»Ich sollte herausfinden, ob die Waren sich jetzt schon verkaufen lassen. Wie konnte Kyrios je daran zweifeln?« Andreas lachte grimmig. »Die altgläubigen Pfaffen und wohlhabenden Herrschaften kamen wie die Fliegen zum Mist.«
Mir war, als fiele ich ein zweites Mal vom Fenster auf den kalten, harten Boden der Erkenntnis. Der Nebel in meinem Kopf lichtete sich und verschiedene Erinnerungen fügten sich plötzlich zusammen. Sie ergaben ein schreckliches Bild. Ich sah, wie Kyrios am Altar stand und die Schätze der Kirchen in die Leinensäcke packte. Ich sah, wie die Bäuerinnen und Mägde, Zofen und Ammen des Hinterlandes ihm demütig ihren Schmuck vor die Füße legten, um sich von ihm taufen zu lassen. Ich sah die namenlose Wut in seinen Augen, als ich in Schwanden die gestohlenen

Schätze in die Linth warf. *Bitter ist die Erkenntnis, Balthasar, dass alles, woran man festhielt, sich als Lüge erweist*, hatte er mir in der Nacht gesagt, als Jörg Grebel starb. Und wenigstens ein Mal hatte er damit die Wahrheit gesprochen.

Andreas las mit Freude die Bestürzung in meinem Gesicht und sprach sogleich weiter: »Wenn ich ihm berichte, wie gut das Geschäft auf den Märkten der Altgläubigen läuft, dann wird Kyrios bald selber gehen und die Reliquien verkaufen!«

Ich dachte an meinen Auftrag, die Beschaffung des Kreuzsplitters, der heiligsten Reliquie des Landes Glarus. Mir schwindelte es. Mehrmals öffnete ich den Mund, um etwas zu sagen, aber ich fand keine Worte. Ich drehte mich um und rannte den Weg zurück, den ich gekommen war, rannte und rannte, bis meine Beine schmerzten und meine Lungen brannten.

Wohlan, der Wandel hatte mich enttäuscht. Ich hatte stets geglaubt, das Recht zu besitzen, enttäuscht zu sein. Ich, der ich doch schließlich für ihn und für eine bessere Welt gekämpft hatte. Für Sophie. Was war mir geblieben? Ein zerstrittenes Land und eine Leere im Herzen. Doch wer war ich nun, die Versprechen des Wandels anzuprangern, wenn ich erkannte, dass ich nie für jenen Wandel gekämpft hatte? Wir waren nie Reformatoren gewesen. Wir hatten versteckt gekämpft, hinter falschen Namen, unter dem Banner einer Bewegung, welche eigentlich nur ein Mittel zum Zweck war, für ein Wort Gottes, nach dem wir nie gelebt hatten. Dahinter waren wir stets Diebe gewesen!

Als ich stehen blieb, war ich bei der Burgkapelle angekommen, die von ihrem Hügel aus über ganz Glarus blickte. Der Frühling ließ alles erblühen und die Stadt war in gleißendes Licht getaucht. Wie konnte die Welt nur so schön sein, heute, an diesem

Tag, an dem ich nicht nur erfuhr, dass ich sinnlos, sondern auch falsch gekämpft hatte. Oh, wie grausam war dies alles!
Vor der notdürftig ausgebesserten Türe der Kapelle fiel ich auf die Knie, wie schon einmal. Ich faltete die Hände und betete um meine reuige Seele. Und ich betete auch für Johannes, meinen besten Freund, den ich an diesen falschen und gottlosen Wandel des Kyrios verloren hatte. Wo mochte er sein?

Zurück bei Valentin Tschudi sagte ich nichts vom Vorgefallenen. Er war sehr in das Abfassen seiner Predigt vertieft, aß nur wenig und zog sich sogleich wieder in die Schreibstube zurück.
Ich indes durchlebte meinen eigenen Wandel.
Die Wahrheit über meine Zeit als Kämpfer hatte mich verändert. Mehr denn je zog es mich daher weg, in die Natur, zu den Kühen und Schafen, zu jener hohen Alp, auf der ich lange weilen konnte, fernab von der Welt der Menschen, welche so schlecht, finster und von Sünde zerfressen war. Es graute mir vor ihr. Doch noch konnte ich nicht fort, denn es wäre eine feige Flucht gewesen. Fliehen wollte ich nicht. Nur gehen.

Als ich am Samstag aufstand, verließ ich das Haus, ohne Valentin Tschudi etwas zu sagen. Ich ging zur Linth, dem großen, starken Strom, und ich saß lange am Ufer und dachte nach. Unablässig floss das kalte Schmelzwasser der Gletscher in ihr, es toste und brauste, formte Wirbel und spritzende Wogen, wo es auf einen Stein oder einen hineingefallenen Baumstamm traf. Ich saß den ganzen Tag dort und wartete.
Ich erinnerte mich an den Tag, den ich neben der Linth sitzend verbracht hatte, als ich über die *pestis* nachdachte. Ich erinnerte

mich an den Tag, an dem ich Peter zum ersten Mal begegnet war, an der Linthbrücke. Alles hatte sich seither verändert. Nichts ist mehr, wie es war. Nicht einmal die Linth. Das Wasser von damals war wie die Tränen längst weg und vergessen, gemündet im unergründlichen Meer der Ewigkeit. So viel Wasser war verflossen, so viele Tränen geweint. Die Nacht senkte sich in all ihrer Kühle über die Berge und man sah die ersten Sterne am Gewölbe des Himmels. Ich stand auf und ging zurück ins Pfarrhaus. Sie waren nicht gekommen. Morgen würde es aber so weit sein.

Der nächste Tag war der zweite Mai des Jahres 1529, der Sonntag der Landsgemeinde, und vom ganzen Land her kamen die Menschen. Alt- und Neugläubige, Glarner und Hintersäßen gingen zum großen Platz hinter dem Tschudirain. In ihren Gesichtern lag der Wille zur Versöhnung, denn sie waren des Streitens müde. Valentin Tschudi predigte ihnen vom Zusammenhalt und der Nächstenliebe, die uns alle zu Söhnen Gottes machte, und er sprach weder zu Alt- noch Neugläubigen, sondern zu Christen. Ich jedoch war nicht zugegen.

Ich saß wieder an derselbigen Stelle wie am Vortag. Seit dem Morgengrauen waren Hunderte Menschen vom Hinterland an mir vorbeigegangen, alle auf dem Weg zum Ring der Landsgemeinde. Jetzt aber war niemand mehr auf der Straße. Natürlich, dachte ich. Ich war kaum erstaunt. Es gab keinen besseren Zeitpunkt als jetzt, wo das ganze Volk versammelt war. Sie würden unbeachtet vorbeiziehen. Gewiss würden sie kommen, sehr bald schon. Ich musste mich nur gedulden. Ich würde warten.

Und tatsächlich sah ich sie. Lange erkannte ich sie nicht, denn es waren nur zwei Gestalten auf der Straße. Der Vordere war groß und hager, trug ein langes Gewand und hatte einen Reiseumhang darüber an. Hinter ihm ging jemand Kleineres, der hinter sich einen Wagen zog, auf dem mehrere Mehlsäcke lagen. Sie hatten sich geschickt getarnt. Kyrios und Johannes.

Johannes erkannte mich als Erster. Er blieb einen Steinwurf entfernt von mir stehen und blickte mich an. Er war sehr mager und hatte tiefe Augenringe. Schwach und krank sah er aus. Kyrios fuhr ihn gereizt an: »Was ist los? So ziehe doch weiter!« Doch dann sah er mich im Wege stehen. Über Kyrios' Gesicht huschte ein Lächeln und der Wolf sprach: »Grüß Gott, Judas Ischariot! Wie mir deucht, hatte ich damals recht, als ich dir den Namen des Verräters gab!«
Ich atmete tief ein und rief: »Doch Ihr hattet unrecht, als Ihr Euch selbst den Namen des Herrn gabt! Ihr seid ein Teufel und als seinesgleichen wird der Widersacher Satan Euch erkennen, wenn Eure sündige Seele in seine Hölle stürzt!«
Der Wolf lächelte weiterhin und Johannes schwieg betreten.
»Wo sind die anderen?«, fragte ich wütend.
»Die Zweifler sind längst geflohen. Geblieben sind nur jene, die wahrhaft fromm und standhaft sind. Geblieben ist letztlich nur mein getreuester und liebster Johannes.«
»Und Andreas?«, fragte ich.
»Er war mir eine Last. Ich fürchte, dass er fort ist ...«
»Wie fort?«
Immer noch dieses Lächeln.
»Auf ewig!«, antwortete Kyrios.

Ich taumelte kurz ob dieser Nachricht.

»Ihr werdet für Eure Schandtaten bezahlen! Für die Lügen aus Eurem Munde, die Gier in Euren Augen und das Blut, das von Euren Fingern tropft! Ihr habt uns alle verführt und benutzt, indem Ihr als Täufer im Namen des Wandels vom Wort Gottes spracht. Kyrios nennt Ihr Euch, doch zuletzt bleibt Ihr, was Ihr immer gewesen seid: ein gottloser Dieb und Mörder!« Ich schrie all meine Wut und meine Enttäuschung in dieses lächelnde Gesicht. Ich hasste ihn, ihn und die Art, wie er uns alle für seine Zwecke missbraucht hatte. Wie er mich um Sophie gebracht hatte. Neben uns floss die Linth laut und beständig weiter, unbeirrt von den flüchtigen und vergänglichen Sorgen der Menschen.

Ich schrie an Kyrios vorbei: »Peter!«

Bei der Erwähnung seines alten Namens zuckte Johannes zusammen. Der Blick, den er mir zuwarf, war kalt und leblos. Das Feuer in seinen Augen war erloschen.

»Peter!«, schrie ich erneut. »Ich versprach dir einst zu folgen, wohin du auch gingest, aber ich erkenne dich nicht mehr. Sag mir, was aus dir geworden ist, Bruder? Und was aus unserem Traum von einer besseren Welt? Alles ist zerschlagen, denn alles waren Lügen!«

Seine matten Augen sahen mich an, doch er sagte nichts.

»Peter, wir kämpften niemals für den Wandel! Der Wandel vollzieht sich nicht im Namen der Gier, das weißt du! Er geschieht in diesem Augenblicke an der Landsgemeinde, wo über die Zukunft abgestimmt wird. Unser Wandel, Peter, starb im Wald von Schwanden mit Jörg Grebel! Und der Herr möge sich unserer armen Seelen erbarmen, dass wir uns von Jörg Grebels Mörder zum Diebstahl und Raub verleiten ließen.«

Immer noch blickte mich Johannes stumm an. Er war bleich wie eine Leiche, weiß wie die Milch, wie die Haut meiner sterbenden Mutter, und seine matten Augen waren leer. Gab es noch irgendetwas in ihm, das an den Peter erinnerte, den ich einmal gekannt und wie einen Bruder geliebt hatte?
Dem Wolf war es genug. Schon während ich sprach, kam er auf mich zugestürmt.
»Das lasse ich mir nicht gefallen! Johannes, hör nicht auf ihn! Er ist Judas Ischariot und somit ein Verräter und Mörder, und mit Lügen versucht er dich vom gerechten Wege abzubringen! Bereuen soll er es!«
Er versuchte, mich zu packen, doch ich war darauf gefasst gewesen. Meine Hände kamen seinem Angriff zuvor und schlangen sich um seine langen Finger. Gegenseitig hielten wir uns und rangen miteinander.
»Peter!«, schrie ich im Kampf. »Du weißt, dass ich die Wahrheit spreche!«
Er begann den Kopf zu schütteln, als wolle er all dies nicht wahrhaben. *Bitter ist die Erkenntnis, dass alles, woran man festhielt, sich als Lüge erweist.* Noch einmal rief ich ihm zu: »Peter, du weißt es!«
Kyrios drängte mich immer weiter zurück. Hinter mir hörte ich das tosende Rauschen der Linth, von der mich nur noch wenige Ellen trennten.
»Peter!«
Verzweifelt bot ich all meine letzten Kräfte auf, doch es reichte nicht. Ich spürte den Abgrund unter meinen Füßen. Ich konnte nicht gewinnen. Der Wolf war stärker.
Da hörte ich plötzlich einen lauten Schrei. Johannes kam ange-

rannt. Er stieß Kyrios von mir weg und reichte mir die Hand. Für diesen kurzen Augenblick sah ich in seinen Augen den Funken jenes lodernden Feuers, das in ihm brannte. Er zog mich von der Linth weg. Kyrios rappelte sich vom Sturz auf und sein Gesicht war hassentstellt. Er blickte seinen letzten Jünger an, der nun zwischen ihm und mir stand: »Auch du, Johannes?!«
»Nicht Johannes. Peter!«, entgegnete mein verloren geglaubter Bruder.
Da stürzte sich Kyrios wütend auf ihn. Dieser wich seinem Angriff aus, packte ihn an beiden Seiten und stieß sich vom Rand des Abgrunds ab. Beide fielen sie schreiend in die kalten Fluten der stark fließenden Linth, welche vom Elend der Welt unbeirrt tosend weiterfloss und im Meer der Ewigkeit mündete, worinnen alles sein Ende findet. Ihre schwarzen Kutten verschwanden in der weißen Gischt des Schmelzwassers und tauchten nie mehr auf.

Sechsundzwanzigstes und letztes Kapitel

Wo bleibt nun das Rühmen? Es ist ausgeschlossen. Durch welches Gesetz? Durch das Gesetz der Werke? Nein, sondern durch das Gesetz des Glaubens. So halten wir nun dafür, dass der Mensch gerecht wird ohne des Gesetzes Werke, allein durch den Glauben.

Brief des Paulus an die Römer 3,27-28

Worin meine Geschichte ihr Ende findet.

Lange blickte ich damals in die Wasser der Linth, nachdem sie darin verschwunden waren. Gerne würde ich hier schreiben, dass ich weinen musste und dass die Trauer meine Kehle zuschnürte – doch wo Trauer sein sollte, war lediglich ein träges und bedrückendes Gefühl der Abgestumpftheit. Ich war, was diese Welt aus mir gemacht hatte, ein Kind jener Zeit, und es war mir unmöglich, noch mehr Schmerz zu schultern.

Meine Mutter hatte stumm geschrien, als ihr die Nachricht vom Tode meines Vaters überbracht worden war. Für manche Trauer gab es weder Tränen noch Worte, und mancher Schmerz war zu groß, um als solcher empfunden zu werden.
Wortlos ging ich zu den Mehlsäcken auf den Wagen. In fünf von ihnen befanden sich die Wertgegenstände und Reliquien der geplünderten Kirchen sowie der Schmuck der Menschen des Hin-

terlandes. Im letzten fanden sich nur Münzen. Ich nahm den Wagen und fuhr ihn durch das verlassene Glarus bis vor das leere Pfarrhaus. Ich ging hinein und packte ohne Eile all meine Bauernkleider in einen Leinensack. Mittlerweile mochten sie unansehnlich zerschlissen und zu klein für mich sein, doch als Einziges waren sie mir durch meine ganze Geschichte hindurch geblieben; und wohin ich ging, würde ich sie brauchen können. Wie im Anfang, so am Ende.
Ich ging in die Schreibstube, wo Valentin Tschudis unvollendete Chronik auf dem Schreibpult lag. Noch vieles hatte sie zu erzählen, denn die Geschichte des Wandels in Glarus war noch nicht zu Ende. Meine hingegen schon. Tief in mir fühlte ich, dass dies der Abschied war. Es drängte mich fort, ich wollte gehen. Und nun konnte ich in Frieden gehen, denn es war keine Flucht mehr. Alles war getan. Bis auf eines noch.
Ich nahm ein Blatt Papier und stand unter das Fenster, wo ich vor Monaten Lesen und Schreiben gelernt hatte. Ich nahm Feder und Tinte und hob an, einen Brief zu schreiben:

Liebster und teuerster magister

Von ganzem Herzen danke ich Euch für all die Liebe und Güte, die Ihr mir stets entgegenbrachtet. Alles, was ich weiß, verdanke ich Euch, und der Umstand, dass ich den rechten Pfad wiederfand, ist Euer Verdienst. Ich war bestrebt, Euch mit Eurer Chronik zu helfen, doch ich bemerke jetzt, dass sie sich meinetwegen einen Schritt von der Wahrheit entfernt hat. Gerne hätte ich dies irgendwann wiedergutgemacht. Gerne würde ich Eurer eines fernen Tages gerecht werden. Aber wie könnte ich Euch je zurück-

geben, was Ihr mir gabt, Euch, der Ihr mir Vater und Freund zugleich wart? Nur schon beim Gedanken daran überkommt mich ein tiefes Gefühl der Unzulänglichkeit, magister. Und so bleibt mir nichts, als ewig in Eurer Schuld zu stehen!
Heut hatte ich die letzte Begegnung mit dem Wolf im Schafspelz, jenem Teufel, dem ich damals ein so leichtes Opfer gewesen war. Er ist gebannt, für immer. Mit ihm ging jedoch auch mein Freund Peter Weber, und gnädig wäre es, in seinem Martyrium die Sühne seiner Sünden zu sehen. Er bewahrte mich vor dem Tod und ich glaube fest daran, dass Gott ihn als den Seinen erkennen wird! Nun bitte ich Euch, seinen Eltern zu übermitteln, wie tapfer, ja, wie fromm und standhaft ihr Sohn im Leben und im Tod war. Ich würde es selbst tun, doch ich kann nicht. Zu nahe liegt mir das alles. Zu nahe stand mir Peter. Seinetwillen werde ich noch viel weinen.
Vor dem Pfarrhaus werdet Ihr in Mehlsäcken verpackt die gestohlenen Schätze der Kirchhören finden. Verfahrt damit, wie es Euch weise deucht. Dazu werdet Ihr in einem der Säcke viele Münzen finden, die den Erlös bereits verkaufter Schätze darstellen. Mögen sie einen Teil des Schadens zurückzahlen, der durch uns entstand. Es wäre dies ein Trost für mich.
Was mich betrifft, so fühle ich, dass ich gehen muss, fort von all dem Leid. Wohin es mich verschlagen wird, vermag ich nicht zu sagen, aber so Gott will, finde ich irgendwo eine Anstellung als einfacher Bauer und eines Tages vielleicht Friede und Ruhe in meiner Seele. Denn nur danach verlangt es mich.
Zum Abschied wünsche ich Euch viel Kraft für Eure Aufgabe in diesem Lande. Ihr pflegtet zu sagen, dass die unsrigen Zeiten traurig sind. Vielleicht sind sie das, magister, aber ich zweifle

nicht, dass dank Eurem Einsatz jene Zeiten, die da noch kommen mögen, erträglicher sein werden. Dies wird man Euch nicht vergessen, sowie auch Ihr nicht vergessen werdet im Gedächtnis der Nachwelt. Eure Chronik wird das Ihre tun, und das ist gut so.

Lob und Dank sei Gott in der Höhe!

Balthasar Hauser

Ich ließ den Brief zuoberst auf seinem *manu scriptum* liegen. Dort würde er ihn finden, wenn er am Abend die Ereignisse der Landsgemeinde würde festhalten wollen. Sollte ich in seiner Chronik doch noch Erwähnung finden? Nein, mein Name war aus ihr getilgt und es war dies Valentin Tschudis Geschenk an mich gewesen. Meine Geschichte trug ich mit mir und es war noch zu früh, sie zu erzählen.

Ich schulterte den Leinensack mit meinen Kleidern und verließ das Haus. Ich ging durch ein menschenleeres Glarus. Das Volk stand im Ring der Landsgemeinde und entschied über seine Zukunft. Eine Zukunft freilich, die nicht die meinige war.

Fromm und standhaft. Ich wusste nicht, ob ich es je gewesen war. Und es war mir gleich. Ich begehrte nichts mehr von Gott, als dass er mir gebe, in dieser Welt ihm dienen und ihn loben zu können. Ich wollte mein Leben als Bauer führen können, in Gunst und ohne Neid, ohne viel zu haben oder um Brot betteln zu müssen. Denn das war das einfache und gute, ja, letztlich das sicherste Leben.

Und während also der Frühling um mich erblühte und die Hände in der Landsgemeinde zugunsten einer Einigung der Glaubensrichtungen gen Himmel zeigten, zog ich aus dem Lande, müde von der Welt. Ja, müde. Ich war zwar noch ein Kind, aber dennoch spürte ich die schwere Last unserer Zeit auf mir. Ich hatte genug gesehen und wahrlich genug durchlebt.

Epilog

Schreibe, was du gesehen hast und was ist und was geschehen soll danach.

Offenbarung des Johannes 1,19

Worin erzählt wird, was danach geschah.

Hier endet die Erzählung meiner Geschichte und mit ihr auch meine chronica. *Ich denke jedoch, dass ich dem geneigten Leser noch einige letzte Erklärungen schuldig bin, ehe ich die Feder für immer niederlegen kann.*

Es sei gesagt, dass die einigenden Vorschläge des Rates an der Landsgemeinde mit einem überwältigenden Mehr angenommen wurden. Diese Übereinkunft legte den Entscheid über die Einführung des neuen Glaubens in die Hände der Kirchgenossen, und somit fand die Reformation zum Volk, wo sie auch hingehörte. Jedem Glarner wurde in bedingtem Sinne die persönliche Glaubensfreiheit zuerkannt, etwas, was selbst den Teutschen erst vor wenigen Jahren in Augsburg gelang. Überall, wo noch Messe gehalten wurde und noch religiöse Bilder in den Kirchen hingen, sollten diese weiterhin bestehen, bis die Kirchhöre mit einer Mehrheit das Gegenteil bestimmte. Vorbei war damit die Zeit der Bilderstürme! Dort, wo die Bräuche der Altgläubigen bereits abgeschafft worden waren, sollte dies so bleiben. Wenn jedoch ein Altgläubiger desselbigen Dorfes in Todesnöten sich befände und die heiligen Sakramente begehrte, so dürften diese ihm nicht verweigert werden und niemand solle deswegen verspottet werden. Den Predicanten wurde die Pflicht auferlegt, einzig und allein das wahrhaftige Wort Gottes zu verkünden, wie es sich in der Heiligen Schrift finde. Wenn sie irrten oder Lügen verbreiteten, so sollten sie bestraft werden, ebenso aber auch jene, welche die Predicanten fälschlicherweise der Unwahrheit bezichtigen. Auch dürfe weder die Messe noch deren Anhänger als ketzerisch verschrien werden. Als Drittes sollten die Pfarrherren freien und sicheren Gang zur Kirche, zu den Märkten und Geschäften und im Allgemeinen nichts zu fürchten haben. Als gebotene Kirchen- und Feiertage, so einigte man sich, solle man neben den gewohnten Sonntagen auch die vier Marientage, jene der zwölf Apostel, den Fronleichnamstag und die Tage von St. Johannes dem Täufer, St. Maria Magdalena und der beiden Heiligen Fridolin und Hilarius bei Bußandrohung achten.

»Damit das feur am aller Bequemlichsten aussgelöscht wurde«, schreibt der selige Valentin Tschudi in seiner chronica, *tagte am Dienstag nach der Landsgemeinde ein zweifacher Rat, um den Vorschlag des Ammanns Aebli anzunehmen: Es wurde eine allgemeine Amnestie ausgesprochen. Man war bereit, jetzt, da man sich als Christen endlich wiedergefunden hatte, zu verzeihen und – mehr noch! – zu vergessen, was an Übergriffen, Beleidigungen und Schmähungen von beiden Seiten zur Zeit des Haders geschehen war. Sogar die dafür gezahlten Bußen wurden zurückerstattet. Und als Zeichen der Versöhnung verhalf die neugläubige Mehrheit dem Vorkämpfer der Altgläubigen, dem be-*

rühmten Aegidius Tschudi, zum Landvogtamt in Sargans. All dies kündet bis heute von tiefer Weisheit und wahrer Größe, und ach, wie selten findet man dies noch?
Vielen war unser Land ein Beispiel brüderlichen Zusammenlebens, als wenig später die Kappeler Kriege ausbrachen. Denn während Zürich und Bern gegen die fünf Orte der inneren Eidgenossenschaft kämpften, war das Land Glarus als Vermittler und Streitschlichter zur Stelle. Als Beweis, dass der Friede möglich war und ist.

Und um nun endlich zum Schluss zu kommen, will ich noch kurz berichten, was mit mir geschah, nachdem ich das Land Glarus verlassen hatte: Ich reiste lange Zeit durch mehrere Stände der Eidgenossenschaft, entkam glücklicherweise den Wirren des Krieges und zog einige Jahre als heimatloser Wanderer umher, der von der Hand in den Mund lebte und mit Aushilfen und kleinen Arbeiten in Werkstätten oder Höfen sein täglich Brot verdiente.
Schließlich jedoch kam ich in einem Ort der Eidgenossenschaft, den ich hier nicht nennen will, zur Ruhe. Ich fand Anstellung bei einem alten Bauern, der seine Frau früh schon an die Pest verloren hatte und daher kinderlos geblieben war. Er hatte einen schönen Hof mit vielen Kühen und Schafen, und bei ihm konnte ich endlich das so lange erträumte Leben eines Bauern leben. Im Sommer ging ich mit der Herde auf die Alp, wo ich sennte und guten Bergkäs machte, und im Winter las ich Bücher im schwachen Lichte der Öllampe. Jahr folgte auf Jahr, und vor meinem fünfundzwanzigsten Winter fand ich im Nachbarsdorf eine Bauerstochter, die mir sehr gefiel und die ich dann auch zum Weibe nahm. Ihre Augen waren von einem Grün, das in mir Erinne-

rungen an früher weckte. Wir kauften dem alten Bauern mit meinem wenigen Ersparten und ihrer Mitgift den Hof und die hohe Alp ab, und hier leben wir glücklich bis zum heutigen Tage, wobei uns der Herr im Himmel mit mehreren Kindern gesegnet hat. Mein Leben war gut.
Doch ich bin alt und grau und ich spüre, dass meine Zeit kommt. Der Tod tanzt um mich und so nah ist er schon, dass mir bisweilen deucht, sein stilles Lied zu hören. Doch ehe er mich mit sich nimmt, habe ich diese Blätter Papier, diese Feder und die Pigmente gekauft. Behutsam und liebevoll bereitete ich alles vor, wie in der Schreibstube des Valentin Tschudi vor so vielen Jahrzehnten, und endlich schrieb ich auf, was ich ihm noch schuldig war.

Nun aber bin ich fertig. Ich habe geschrieben, was ich sah, was war und was danach geschah. Jetzt bin ich froh und erleichtert, wiewohl auch traurig und voller Zweifel. Denn lang bin ich gewandert und weit geirrt auf den Pfaden meines Lebens, und ich weiß nicht, ob ich den Ereignissen meiner Zeit gerecht wurde. Schließlich sind sie unwiederbringlich vorbei und die Vergangenheit hüllt sie in dunkles Vergessen. Es bleiben nur Worte und Namen von der einstigen Herrlichkeit, der vergangenen Liebe und des verblassten Schmerzes. Habe ich sie gut gewählt und jene Wahrheit erzählt, welche lastete auf meinem Herzen schwer? Ich vermag Wahres von Erfundenem nicht mehr zu trennen, zu sehr ist meine Jugend mit Träumen durchwoben ...

Mein Rücken schmerzt fürchterlich sowie mein Daumen, und ich sehe sehr schlecht. Das Licht wird schwach in meiner Schreibstube und die Schatten werden länger. Ist es schon Abend? Mich über-

kommt die bleierne Müdigkeit der Sterbenden. Mors est quies viatoris, finis est omnis laboris.
Ich habe meine chronica *geschrieben; und mit ihr findet auch meine Reise ihr Ende. Bald werde ich vereint sein mit den Liebsten meiner Vergangenheit, und nur das Wiedertreffen ist süßer als das Loslassen. Wohlan, ich bin bereit zu sterben.*
Dixi et salvavi animam meam.
Amen.

Glossar

Anken	Butter
Bannermeister	Verantwortlicher für die Landesfahne
Büttel	Vollstrecker der Gesetze der Obrigkeit
Galgenbüchel	Galgenhügel
Hintersäße	im Lande wohnhafter Auswärtiger
Kilbi	Kirchweihfest
Kirchhöre	Kirchgemeinde
Landammann	Regierungschef
Landsgemeinde	Versammlung der Stimmberechtigten unter freiem Himmel mit Stimmabgabe per Hand
Landweibel	Amtsdiener (hier des Landammanns), zuständig für Dienst- und Botengänge
Malefizrichter	Strafrichter
Pfarrpfründe	kirchliches Organ
raten, mindern und mehren	Formel der Landsgemeinde und Verweis auf Kompetenz zur Beratschlagung, zur Minderung und Mehrung der Abgaben
Reisläufer	Söldner
Ring	Landsgemeindering, der durch die Stimmberechtigten um den Landammann und die Redner herum gebildet wird

Säckelmeister	Schatzmeister
Schaube	mantelartiges Kleidungsstück des 15. Jahrhunderts
Schotte	Molke
Stränze	Meisterwurz
Tagwe	Glarner Begriff für Bezirk oder Dorfteil bzw. politische Verwaltungs- und Nutzungsgemeinde mit eigenem Recht innerhalb eines Dorfes
Unschlitt	aus geschlachteten Wiederkäuern gewonnener Talg
Ziger	Magermilchkäse-Spezialität aus Glarus

Lateinische Begriffe

abecedarium	Alphabet
agnus Dei	Lamm Gottes
anno Domini nostri ...	im Jahre unseres Herrn Jesus Christus
a posteriori	im Rückblick
ave maria, gratia ...	Gegrüßet seist du, Maria, voll der Gnade, der Herr ist mit dir. Du bist gebenedeit unter den Frauen, und gebenedeit ist die Frucht deines Leibes, Jesus. Heilige Maria, Mutter Gottes, bitte für uns Sünder jetzt und in der Stunde unseres Todes.
benedictus, qui ...	Gelobt sei, der da kommt im Namen des Herrn.
bubo, bubones	Beule, Beulen
caput mundi	Rom (Haupt der Welt)
carcinoma	Krebs
carcinoma letalis	tödlicher Krebs
carissime magister	Liebster Lehrer
chronica	Chronik
circinus	Zirkel

confiteor Deo ...	Ich bekenne Gott, dem Allmächtigen, und allen Brüdern und Schwestern, dass ich Gutes unterlassen und Böses getan habe. Ich habe gesündigt in Gedanken, Worten und Werken: durch mein Schuld, durch meine Schuld, meine große Schuld.
confusio linguarum	(babylonisches) Sprachgewirr
credo	Glaubensbekenntnis
denarius sancti Petri	Peterspfennig
dixi et salvavi ...	Ich habe gesprochen und meine Seele gerettet.
Dominus, eripe ...	Herr, nimm mir diesen Schmerz oder verringere ihn wenigstens!
ego te absolvo ...	Ich spreche dich los von deinen Sünden, im Namen des Vaters und des Sohnes und des Heiligen Geistes.
exercitia	Übungen
fellis	Gallensaft
filius	Sohn
finis coronat opus	Das Ende krönt das Werk.
finitor	Horizont
Franciscus Assisiensis	Franz von Assisi
heu me miserum!	Weh, mir Armem!
hic sunt leones	Hier sind Löwen.

in maiorem Dei ...	zum höheren Ruhme Gottes
item	ebenso, ferner
itemque	sowie auch
laudate Deo	Lobet den Herrn!
laus Deo	Lob dem Herrn
lingua latina	lateinische Sprache
litterae	Buchstaben
magister	Meister, Lehrer
manu scriptum	Manuskript
marci panis	Marzipan (Brot des Markus)
media in vita ...	Mitten im Leben sind wir vom Tod umfangen.
medicus	Arzt
mors est quies ...	Der Tod ist die Ruhe des Wanderers, er ist aller Mühsal Ende.
nobiles	Edelmänner, -leute
nolens, volens	ob du willst oder nicht
non scholae, sed ...	Nicht für die Schule, sondern für das Leben lernst du.
o Domine Deus ...	Oh, Herrgott, vergib mir meine Sünden!
optimates	Adlige, Aristokraten
o quam cito ...	Oh, wie schnell vergeht der Ruhm der Welt!
penna	(Schreib-)Feder
pestilencia	Pest

pestis	Pest, Seuche
pestis bubonica	Beulenpest
phaenomenon	Phänomen (griech.)
pictura est laicorum ...	Die Malerei ist die Literatur der Laien.
Proselyt	Konvertit
pus	Eiter
ratione, Balthasare ...	Mit Verstand, Balthasar, nicht mit Gewalt!
regula	Lineal
rosmarinus	Rosmarin
salve	Sei gegrüßt!
Sancti Michaelis ...	(Kapelle) des Heiligen Michael über der Stadt
scalpellum	Messer
scriptoria	Schreibstuben
sectio	Operation, Eingriff
sola fide!	Allein durch den Glauben! (Grundsatz der lutherischen Reformation)
sola scriptura!	Allein durch die Schrift! (Grundsatz der lutherischen Reformation)
sub specie aeternitatis	unter dem Gesichtspunkt der Ewigkeit
symbola	Symbole

tempus fugit, amor ...	Die Zeit vergeht, die Liebe bleibt.
terra incognita	Neuland
thymum	Thymian
typographea	Buchdruckeinrichtungen

ALFONSO HOPHAN

Foto: Antonella N. Nicoli

Alfonso Hophan (*1992) aus Schwanden im Kanton Glarus studiert an
der Universität St. Gallen Rechtswissenschaften. Seine Passion für Literatur und Geschichte
lebt er als freischaffender Autor aus. »Die Chronik des Balthasar Hauser« ist sein erstes Buch.
Der Roman wurde mit dem Maturapreis der Theologischen Hochschule Chur ausgezeichnet.

ARNE NIELSEN

Der Elefantenbäcker

Roman

»Ein großartiger Roman über die langen Schatten einer beklemmenden Kindheit. Eine echte Entdeckung.«
Kerstin Herrnkind, stern

Arne Nielsen (»Donny hat ein neues Auto und fährt etwas zu schnell« bei Liebeskind) legt mit »Der Elefantenbäcker« ein erstaunliches Romandebüt vor. Der in Hamburg lebende dänische Autor erzählt die Geschichte von Johnny, der sich nach Jahren der Verdrängung mit seiner aufwühlenden Vergangenheit auseinandersetzen muss. Eine Vergangenheit, die auf komplexe Weise mit dem ambivalenten Verhältnis zu seinem Vater und seinem älteren Bruder verknüpft ist.

Aufgewachsen in einer dänischen Vorstadtsiedlung, hat Johnny den Sprung nach Hamburg geschafft, wo er mit seiner Frau und seiner kleinen Tochter lebt. Als Vater blickt er auf seine eigene Kindheit zurück, die im Sommer 1985 ein abruptes Ende nimmt. In diesem Sommer verlässt der alkoholabhängige und zunehmend gewalttätige Vater die Familie, worauf sich auch Johnny und sein älterer Bruder Johan immer fremder werden. Während Johnny noch versucht, die auseinanderbrechende Familie zusammenzuhalten und den Schein der heilen Welt zu wahren, steigen diffuse Ängste in ihm auf, die er niemandem anvertrauen kann und die fortan sein Leben bestimmen.

Mehr als 20 Jahre später hat Johnny selbst mit Alkoholsucht und Beziehungsproblemen zu kämpfen. Etwas widerwillig reist er auf die Bitte seines Bruders, der in die Vorstadtsiedlung ihrer Kindheit zurückgezogen ist, nach Dänemark. Mit einer entscheidenden Handlung versuchen die beiden Brüder, sich der Vergangenheit zu stellen, die ihr Leben bis in die Gegenwart prägt.

Arne Nielsen gelingt mit »Der Elefantenbäcker« ein subtiles Romandebüt, das durch eine präzise Bildsprache, greifbare Charaktere und eine starke Sogwirkung lange nachhallt.

Gebunden, 240 Seiten, 12.5 x 19 cm
ISBN 978-3-905801-92-7

ANDRI PERL

Die Luke

Roman

Mit seinem Debütroman »Die fünfte, letzte und wichtigste Reiseregel« gelang Andri Perl ein großer Wurf, der bei Kritik wie Publikum gleichermaßen Anklang fand. »Die Luke« nun ist sein zweiter Roman und eine Liebeserklärung an ein, das, sein Viertel in der Stadt. Perl kombiniert ein Kabinett von präzise gezeichneten Charakteren mit der latenten Spannung eines guten Kriminalromans. In konsistentem Stil und eleganter Sprache schreibt er über die ganz normalen Menschen und Tragödien.

Um ein Mietshaus in einer Stadt befinden sich Geschäfte, Restaurants; man kennt sich im Viertel, trifft sich, lernt sich kennen und geht wieder auseinander. Dieses Viertel, dieses Quartier, dieser Kiez könnte in jeder westeuropäischen Stadt sein, es ist fiktiv und doch genau erkennbar. Um dieses Viertel, um das Mietshaus und um eben »Die Luke« entstehen die zahlreichen Handlungsstränge von Perls kleinem, großen zweiten Roman.

»Die Luke« befindet sich im Keller ebendieses Mietshauses, ist der Ausgang eines längst nicht mehr benutzten Zivilschutzbunkers und dient einigen Hausbewohnern als Müllablage. Der Hausmeister Hans wollte sich schon längst darum kümmern, verschiebt es aber immer wieder. Sein Sohn Gilberto bietet die Luke bei einem Geocaching-Spiel Freunden als Versteck an, und der Antiquitätenhändler Ottavio Solari hält dort vielleicht auch etwas verborgen.

Mit subtilen dramaturgischen Kniffen und gepflegter Sprache versteht es Perl, das Alltägliche zu verdichten, eine Krimihandlung anzudeuten und Spannung zu entwickeln. Seine Figuren wachsen einem sofort ans Herz, man hofft das Beste für sie, freut sich mit ihnen, leidet mit ihnen und will vor allem nicht, dass dieses Buch je zu Ende geht.

Gebunden, 240 Seiten, 12.5 x 19 cm
ISBN 978-3-905801-90-3

DANIEL MEZGER

Land spielen

Roman

Der junge Dramatiker Daniel Mezger (»Balkanmusik«, »Findlinge«) präsentiert mit »Land spielen« ein virtuoses Romandebüt, das bereits im Sommer 2010 in Klagenfurt Aufsehen erregte. Im kleinen Haus, zuhinterst im Tal und weg vom Dorf, sucht die Familie ein neues Zuhause, ein neues Leben. Zunächst sind sie beschäftigt mit der Sanierung des Hauses, doch bald folgt der Wunsch nach sozialer Anbindung in der Dorfgemeinschaft. Die Kinder werden von den Mitschülern nicht akzeptiert und auch die Erwachsenen realisieren bald, dass es mit einem Besuch in der Dorfkneipe nicht getan ist. Ein wirklicher sozialer Kontakt entwickelt sich nur zu den beiden anderen Zugezogenen, dem Dorflehrer und seiner psychisch labilen Frau. Besonders gut scheinen sich ebendiese und der Familienvater zu mögen. Ausgelöst durch diese Spannung und durch die aufkeimende Freundschaft des ältesten Sohnes mit dem Försterjungen brechen alte und neue, innere und äußere Konflikte auf. Die Konstellationen kommen in Bewegung, plötzlich ist alles offen, alles möglich, nach oben, nach unten. Daniel Mezger gelingt es mit »Land spielen« sprachlich und formal grandios, diese Geschichte von der Suche nach dem Glück, von innerer und äußerer Fremdheit, modernem Zusammenleben und der Migration im Kleinen zu erzählen.

»Sanft und zugleich unerbittlich, nüchtern und doch mit Emphase begleitet Mezger seine Figuren auf ihrem Weg in die Schmerzzonen der Existenz. Dass der Verstossung aus den schönen Träumen eines besseren Lebens durchaus auch eine robuste Komik innewohnt, gehört zu den nicht wenigen Vorzügen dieses Debüts.«
Roman Bucheli, Neue Zürcher Zeitung

Gebunden, 320 Seiten, 12.5 x 19 cm
ISBN 978-3-905801-71-2

MARIO GMÜR

Meine Mutter weinte, als Stalin starb

Erzählungen

In den sieben Erzählungen von Mario Gmür lernen wir seine jüdisch-kommunistische Mutter im Zürich der 1950er-Jahre kennen und erfahren, wie es ist, als kleiner Junge die Weihnachtsferien im Irrenhaus zu verbringen. Wir kentern mitten auf dem Amazonas, lesen, was mit Elias Canettis Hosen und Max Frischs blonder Begleiterin passiert und welche Gemeinsamkeit alle Mörder haben.

Gmür arbeitet sich durch die kommunistische Vergangenheit seiner russisch-jüdischen Mutter und versetzt den Leser zurück in die Zeit des Kalten Krieges. Fast zärtlich erzählt er von den Tränen bei Stalins Tod und den Nachstellungen des Schweizer Geheimdienstes. Mit dem Großvater – dem in Russland die Schulausbildung untersagt worden war, was ihn nicht davon abhielt, später in der Schweiz Medizin zu studieren und die psychiatrische Klinik Rosegg zu leiten, obwohl er zeit seines Lebens »Sekundärarzt« blieb – setzt sich Gmür, selbst Psychiater, Psychotherapeut und Psychoanalytiker, ebenfalls auseinander. Er stellt Betrachtungen über Mörder an und konstatiert, dass ihnen allen eine einzige Eigenschaft gemein ist. In einer weiteren Erzählung beschreibt Gmür einen dramatischen Schiffbruch auf dem Amazonas, bei dem er seltsamerweise mit dem Leben davongekommen ist. Unbedeutende Begegnungen mit bedeutenden Persönlichkeiten wie Canetti oder Dürrenmatt spielen ebenso eine Rolle wie der Traum, Professor zu werden.

Mario Gmür vermag es in seinen sieben berührenden Erzählungen, dem Leser Aspekte seiner eigenen mit der Geschichte des 20. Jahrhunderts aus einem höchst spannenden autobiografischen Blickwinkel näherzubringen.

Gebunden, Leinen, 224 Seiten, 12.5 x 19 cm
ISBN 978-3-905801-80-4

MIREILLE ZINDEL

Laura Theiler

Roman

Laura Theiler lebt in Singapur. Als gut betuchte Ehefrau eines Pharma-Managers, als isolierte Ausländerin ohne Freunde. Sie verbringt die Nachmittage in der Lobby eines Luxushotels bei Gin Tonic und beobachtet die Reichen. Bis sie etwas wagt, was ihr Leben nachhaltig beeinflussen wird.

Laura Theiler bewegt sich vordergründig souverän auf dem Parkett der globalen Elite, sie kann alles haben, was für Geld zu kaufen ist, und doch gehört sie nicht dazu. In Singapur begegnet sie einem Schweizer Paar, für welches sie eine regelrechte Obsession entwickelt. Sie belauscht die Gespräche, folgt den beiden, bleibt dabei aber immer unerkannt. Was Laura zu den beiden hinzieht und auf welche Fragen sie so verzweifelt Antworten sucht, wird nach und nach immer klarer ...

»Laura Theiler« ist die Geschichte einer Frau, die Geld mit Glück und Einheiraten in bessere Kreise mit Liebe verwechselt. Zindel umkreist dabei auf einmalige Weise die Korrelationen zwischen Reichtum, Armut, Glück und Sinnlosigkeit und unterläuft dabei geschickt alle Erwartungen.

Mireille Zindels Debüt »Laura Theiler« (2008, Salis) war ein erfolgreicher Einstand und wurde unter anderem in der Frankfurter Allgemeinen Zeitung und der Neuen Zürcher Zeitung positiv besprochen.

»... intelligent unheimlich, als wären die Szenen aus einem Film von Alfred Hitchcock.« DRS3, Tania Kummer

»Diese Autorin versteht sich auf die kleinen Bewegungen, auf das Unscheinbare, in dem sich Ungeheuerliches offenbart.« Neue Luzerner Zeitung, Urs Bugmann

Gebunden, 128 Seiten, 12.5 x 19 cm
ISBN 978-3-905801-37-8

salis

Alle News, Infos zu den Autorinnen und Autoren, zu den Büchern, Veranstaltungen und vieles mehr finden Sie auf:

www.salisverlag.com

www.facebook.com/salisverlag

www.twitter.com/salisverlag

www.issuu.com/salisverlag

Wir freuen uns auf Ihre Rückmeldung:
info@salisverlag.com

Clonthaler See
Glaris.
Fl.
Mitlödi
Glär- nisch M.
Schwan
Guppen M.
S. u
Nitfüren
Hasle
Das grosse
Oberblegi See
Leugelbach
Hätzinge
Luchsingerbach
Luchsing
Adlerbach.
Diesbac
Diesthaler
Bettshwanden
Rüti.
Brunnbach
Durnagelbach.
Ander Matt.
Linthal
Brunwald Berg.